U0529499

本书为中国社会科学院重大创新项目"中华民族文学与铸牢中华民族共同体意识研究"(2023YZD039)阶段性成果

刘大先 著

万象共天

多样性文学与共同体意识

中国社会科学出版社

图书在版编目(CIP)数据

万象共天：多样性文学与共同体意识 / 刘大先著.
北京：中国社会科学出版社, 2024. 10. -- ISBN 978-7
-5227-3958-8

Ⅰ. K28

中国国家版本馆 CIP 数据核字第 202496PS04 号

出 版 人	赵剑英
责任编辑	慈明亮
责任校对	夏慧萍
责任印制	戴　宽

出　　版	中国社会科学出版社	
社　　址	北京鼓楼西大街甲 158 号	
邮　　编	100720	
网　　址	http：//www.csspw.cn	
发 行 部	010-84083685	
门 市 部	010-84029450	
经　　销	新华书店及其他书店	
印　　刷	北京君升印刷有限公司	
装　　订	廊坊市广阳区广增装订厂	
版　　次	2024 年 10 月第 1 版	
印　　次	2024 年 10 月第 1 次印刷	
开　　本	710×1000　1/16	
印　　张	19.25	
插　　页	2	
字　　数	271 千字	
定　　价	99.00 元	

凡购买中国社会科学出版社图书，如有质量问题请与本社营销中心联系调换
电话：010-84083683
版权所有　侵权必究

目　录

引言　多民族文学的中华民族共同体意识 …………………（1）

第一章　中国文化多样性理念的复合传统与当代实践 …………（6）
　一　本土理念：历史与经验 ……………………………（7）
　二　人民共和：现代性转型 ……………………………（14）
　三　多元文化主义：后现代与差异性 …………………（20）
　四　"新时代"的实践 …………………………………（27）

第二章　少数民族文学研究的范式嬗变与观念更新 …………（32）
　一　社会主义初期：平权、人民文艺与少数民族文学史 ……（33）
　二　从"新时期"到"后新时期"：族别与综合研究
　　　并进 ………………………………………………（46）
　三　新世纪的多样性与总体性潜能 ……………………（58）

第三章　当代文学视野中民族话语的变迁 …………………（76）
　一　国家话语一体性与兄弟民族文学互动 ……………（77）
　二　民族性泛化与少数民族文学主体性 ………………（83）
　三　多样性、收缩的族群观念与多民族文学 …………（86）

第四章　民族文学研究的方法、立场和理论命题的生产 ………（92）
　一　历史情境、话语建构与限度问题 …………………（92）
　二　整体研究、分解研究与价值问题 …………………（96）
　三　边缘研究与寻找"内含多样性的共同体" ………（101）

第五章　文学共和：作为社会主义文学的少数民族文学 ……（106）
　一　人民主体的确立：从革命到共和 …………………（106）

二　少数民族传统与国家意识形态的融合 ……………（113）
　　三　成为"新的人民的文艺" ………………………………（120）

第六章　从民间文艺到中华文学：民族民间文学研究的演进 ……………………………………………………（126）
　　一　从民族民间文艺开始 …………………………………（127）
　　二　史诗研究：形式与美学、认识与价值的统一 ………（130）
　　三　各民族文学关系与中华文学自觉 ……………………（135）

第七章　四十年来少数民族文学的发展：现象与问题 ……（141）
　　一　恢复与发展：多样性的平衡 …………………………（142）
　　二　休整与低迷：迟到的"现代性" ………………………（149）
　　三　繁荣与内卷：文化主义 ………………………………（154）

第八章　改革开放以来少数民族文学关键词概述 …………（159）
　　一　多元一体 ………………………………………………（161）
　　二　多元文化主义 …………………………………………（162）
　　三　多民族文学史观 ………………………………………（163）
　　四　各民族文学关系 ………………………………………（164）
　　五　国家通用语 ……………………………………………（165）
　　六　民族心理 ………………………………………………（166）
　　七　民族性 …………………………………………………（167）
　　八　母语文学 ………………………………………………（168）
　　九　人口较少民族文学 ……………………………………（169）
　　十　少数民族文学发展工程 ………………………………（170）
　　十一　少数族裔文学 ………………………………………（171）
　　十二　身份/认同 …………………………………………（172）
　　十三　未识别民族 …………………………………………（173）
　　十四　中国多民族文学论坛 ………………………………（175）
　　十五　中华文学 ……………………………………………（175）
　　十六　中华民族共同体意识 ………………………………（176）

十七　族别文学史 …………………………………………（178）
　　十八　族群 ………………………………………………（179）

第九章　族群性、地方性与国家认同 ………………………（182）
　　一　双重地方化中的身份意识 …………………………（184）
　　二　辛亥革命后的生计、情感与道德 …………………（189）
　　三　京旗、地方满人与国家想象/实践 ………………（195）

第十章　生活史、文化寓言与身份流动 ……………………（201）
　　一　大历史中的日常生活 ………………………………（203）
　　二　文化遗产与记忆的寓言 ……………………………（209）
　　三　空间的重置与身份的流动 …………………………（214）

第十一章　历史叙事的方式及其问题 ………………………（221）
　　一　讲述边地往事的方式 ………………………………（222）
　　二　抒情与神圣世界 ……………………………………（225）
　　三　地方历史的成长 ……………………………………（231）

第十二章　重寻集体性与文学共和 …………………………（237）
　　一　代言与集体性的寻找 ………………………………（239）
　　二　危机与自我阐释 ……………………………………（245）
　　三　文学的返魅与"共和" ………………………………（250）

第十三章　少数民族中短篇小说的现状与未来 ……………（258）
　　一　社会问题与复杂性呈现 ……………………………（259）
　　二　如何继承"纯文学"遗产 …………………………（262）
　　三　传统之变 ……………………………………………（264）

第十四章　远方、自我与集体性 ……………………………（269）
　　一　无穷远方的无数人们 ………………………………（269）
　　二　想象远方的三种方式 ………………………………（272）
　　三　在共同体中回归完整自我 …………………………（279）

参考文献 ………………………………………………………（283）

后　记 …………………………………………………………（300）

引 言

多民族文学的中华民族共同体意识

中国的"少数民族文学"或者"多民族文学"作为学术体系、学科建构及话语生成，与国家文化领导权的实施与规划密不可分，它本身就构成了意识形态的组成部分，既无必要也无可能对其进行"纯学术"的切割——事实上可能根本不存在游离于现实政治与生活之外的"纯学术"，甚至"价值无涉"的自然科学也难以摆脱特定情境的历史规定性。那么，在这种学术、学科与话语的自觉中，就必然会涉及多民族文学与整体性中国文学、族群认同与中华民族共同体意识（国家认同）之间的关系问题。

国家认同并非意识形态产物或者学术体制内部自转而产生的空洞话语，而是有其历史与现实的渊源。这来自于中国的复杂构成——她从来都是由多地域、多族群、多语言文化、多宗教民俗的"多元一体"，其核心凝聚力来自于主体文化与亚文化之间的互动交融。历史上的"华夷同风""胡汉一家"并不仅仅是帝国文化的话语建构，而是植根于共同风险、共同利益的具体实践。中国文化整体上也就形成了"大一统"与"因地制宜"的辩证关系，并且成为时移势迁的历史脉动中历久弥新的宝贵传统，维护了近代以来中国在全球范围内民族主义扩散、民族—国家的国际体系形成过程中的统一与完整。这一点尤其体现在19世纪中叶之后，面临殖民主义与帝国主义的入侵，中国各个不同民族逐渐由自在的存在，凝聚为自为的"中华民族",进而共同缔造了社会主义的中华人民共和国,并且继承了大清帝国的版图与人口,对比世界上其他老帝国(莫卧儿、奥匈、俄罗斯、奥斯曼)的解体,中国这种跨体系的"文明体国家"在文化、疆域与民族上的连续性就尤为明显。

也就是说,"中华民族共同体"有着历史、现实与话语的多重实在性,并非纯然"想象的共同体"。作为中华人民共和国内部的文化组成部分,多民族文学是从属于"中国文学"这一话语的,正如少数民族语言文字与汉语文都从属于"中文"一样。"少数民族"与"国家"之间构不成二元关系,国家认同是内在于各民族的题中应有之义。虽然考古学研究证明了中国各民族发端时遍地开花、满天星斗的源流,晚近的历史研究尤其是侧重历史人类学的"华南学派"研究则强调了历史脉络中的地方传统,然而无论如何,以中原华夏民族为主体的历史叙述一直是中国历史叙述的主流。并且,中国革命的遗产渗透在少数民族政策之中,作为一种现代性规划,"人民共和"的政治协商与带有启蒙色彩的"移风易俗"的扬弃与改造齐头并进,才形成如今的多民族文化态势和现代化发展目标。这种多元共生的历史与现实格局,与美国式"熔炉/坩埚"[60年代黑人革命和民权运动,尤其是1964年《平权法案》(Affirmative Action)之后,官方也进行多元文化主义的推动,但21世纪以来盎格鲁—撒克逊中心观重新浮现在台面之上]或者加拿大式"马赛克/彩虹桥"那样的"主流与移民、原住民"关系大相径庭,同南非那样有着长久殖民经验的少数族裔情况也有所不同,是实实在在的多元一体。

体现在中国多民族文学的实践中,我们可以看到,一方面各个不同民族有其自身悠久的文化传统和文学传承,从而形成了风姿各异的文类、体裁、题材、审美心理和美学风格;另一方面,经过文学的现代性变革,各民族在文体上有着逐渐向小说、诗歌、戏剧、散文等体裁规范化方向转变的趋势,更主要的是,因为有着共同的生活目标,即追求物质与精神生活的共同富裕,一个都不能少,因而在主题上也有趋同的一面。差异与趋同的两方面形成了张力结构，也使得中国文学拥有着无与伦比的内在动力，这是拥有多样性传统的中国文学在世界文学之林中不可多得的文化优势。

从政治体制来看，中国少数民族是社会主义公民的政治身份与法理命名，各民族团结共荣、享有平等的权利，是写入宪法中的准则，在实际权利领域尊重少数民族乃至给予优惠政策是一直以来的基本国策。西方尤其是欧美"少数族裔"的权利则是经过60年代民权运动之后陆续兴起的观念，许多国家在多元文化主义理念下也采取了一些相关措施，如原住民保留地等，但在"政治正确"背后隐形的种族歧视近年来则日益凸显为现实问题，甚至引发出BLM（black lives matter）这样的社会运动。更为关键的是，就现实而言，少数族裔话语及多元文化主义作为差异政治的产物很容易成为全球化资本的同谋——将差异性塑造为一种文化资本，以便在符号市场上贸易，从而将差异板结化和绝对化，反而加深了文化的等级制。少数族裔话语和多元文化主义固然有其可以借鉴的价值，但不加辨析地移植挪用，不仅无助于理解中国现实，也不利于全面认识与理解少数民族文学背后"政治规划与文化诉求的相互博弈"。

如此一来，那些"边缘话语"，比如后殖民主义和少数族裔文学的理论就未必适用于少数民族文学；而像葛兆光"从周边看中国"或者王明珂"华夏边缘"的表述，也只有在严格限定对象时才是有效的，因为前者的"周边"只是东亚，较少涉及南亚、中亚与西亚；后者有限的田野对象也无法应用到经过元、清这样多民族大帝国的族群历史叙述之中。清理少数民族文学研究中"边缘话语"的机械挪用，可能需要详尽而漫长的辩论过程，兹不赘述。

回到创作实践中来，许多人可能会在前理解中不自觉地接受了"国家"与"社会"之间二元分立的认知框架。这个问题需要追溯到此种话语产生的根源，即在社会主义中国初期个人与集体、国家与社会之间并没有清晰的界限，事实上正是个体融入集体之中，国家强力推进了社会的建构。只是在20世纪90年代以降，随着西方"市民社会"理论的译介与传播，以及市场经济改革带来的公共领域的转型，才形成了话语中（而非实际中）的"国家"与"社会"的分离。而恰恰国家与社会的统合是中国特色社会主义建设中具有创造性的实践。就中国多民族的历史与现实而言，身份可以多重，认同也并不一定是排他的，一个人既是某个民族的，也是某个地域的，同样也是中华民族共同体的一员，一个平等的中国公民，协商共识所型构的"中华民族共同体"意识是珍贵的遗产。

　　为了避免由于将差异性扩大化而带来的文学书写的板结与内卷，多民族文学可能需要走出此前创作中的几个误区：一是避免传统与现代之间的二元对立，即不再去想象某种静止、固化的"原生态"，而是立足现实，在不断流变的生活中重新认识、激活、塑造与改造传统；二是不再盲目地认为"越是民族的就越是世界的"，而是自觉地认识到全球化时代语境的文化接触与转变，即任何一个民族及其个体都是"同时代人"，要面对的是当下彼此之间在政治、经济、文化、观念上的不断互换过程，尤其要警惕新技术与新媒体时代的自我风情化与自我他者化；三是走出文化的封闭圈，在书写历史与现实、想象未来愿景时，将某种单一文化从内部打开，敞开与他民族、他文化的关联性，进而建构起命运共同体的叙事。在做到上述自觉之后，还需要意识到关于"世界主义"的言说的界限，因为所有的认同都要有其落脚的依归，目前的国际关系体系中，国家依然是一个无法动摇的单元，尤其是在当代民族主义回流、保守主义回归的语境中，铸牢中华民族共同体意识是维护各民族利益的根本基础。

　　2020年8月底，我去湖南参加夏季乡村文化旅游节。在邵阳隆回县与潇湘电影制片厂主办的"少数民族题材系列电影研讨会"上，中国电影评论学会的饶曙光先生有一个观点与我的看法不谋而合。他说少数民族电影创作既要"向内"也要"向外"，既要挖掘呈现民族文化，同时也要面向现代化，实现"民族文化叙事"与"共同体叙事"的平衡与统一，有效建构"共同体美学"。将这个提法放置到少数民族文学创作中同样适用。在当下的少数民族文学主体想象偏于强化差异的语境中，打捞社会主义新中国成立初期对于共同理想与共同利益的遗产，认清现实中中国独特的国家与社会关系，可能会为增进各民族的交流与认同提供公约数的基础，进而为中华文化的伟大复兴提供智力支持与精神资源。

第一章

中国文化多样性理念的
复合传统与当代实践

中国各个族群在人口构成、地理风土、经济形态、语言习俗、宗教信仰等方面有着复杂的差异性，但在战争与统一交替绵延数千年的历史中维持了基本的稳定。虽然近代以来进入到以"民族—国家"为国际单元的全球史进程，中国却并没有像其他老帝国如奥匈帝国、奥斯曼帝国一样分解为不同的民族国家，而是在各方协商中扬弃地继承了帝国的遗产，并经由反封建反殖民斗争获得民族解放与独立，并在社会主义理念中重新整合构建为各民族团结、共荣、和谐的新型国家。在近现代堪称天崩地坼的政治理念与社会变迁中保持统一延续的重要原因之一，就在于中国有着处理文化多样性的丰富治理观念与经验，这些观念与经验在现代历史情境中的转化与发展，使得中国各民族历经磨难而终究葆有了相对稳固的共同体意识和认同。

我这么说，并非是从结果倒溯原因的目的论，以证明当下的合法性，而是回眸历史，总结经验，以应对现实，进而为未来中国与中国人的文化认同和身份意识提供借鉴。而引发关于文化多样性理念重新梳理与塑造的缘由，可以归为以下两方面：（1）现实的后退。我们身处冷战终结的"后革命"氛围中，伴随华约体系的终结与北约体系的衰落，以及各种新兴民族国家的崛起，世界似乎向多极化方向发展，但实际中显示出来的是保守主义回归（比如美国墨西哥边界树立的界墙、一些国家移民政策的紧缩）与新一波以族裔、宗教为基础的民族主义与极端主义浪潮（比如库尔德、魁北克、加泰罗尼亚、ISIS）。对于中国而言，民族与边疆问题更多表现为90年代以来全球性的"族性自觉"以及由此形成的族群认同与国家认同之间的并立局面，而前者常有挤压后者之势。（2）理论的自主性。资本、技术、信息、消费和风险的全球化与共有化，使得民族—国家遭受质疑并且面临危机，但这种危机体现在认同问题上的文化主义、功能性或差异性解释，还有经院化倾向，使得理论变成了"室内游戏"① 与"杯水风波"，缺乏现实感，无助于认识与解决实际问题。现实与理论都要求将问题历史化与现实化。

身份认同固然有着特定的基础（语言、肤纹、体质、地理等），且与政治权利、经济利益直接相关，但文化与想象也在其中扮演了重要角色。在媒介融合与文化融合的当下，网络空间叠加在地理空间之上，虚拟现实进入物理现实之中，文化与想象有时候甚至能跨越血缘、地域、经济与生活的共同体发生作用。重新分析文化多样性理念的复合传统，有助于在"文化帝国主义"与"多元文化主义"互为一体的话语中，确立自主性的认知与实践。

一 本土理念：历史与经验

前现代中国的政体形态、典章制度、族群构成、地理疆域经历

---

① 马克·里拉认为："严肃的思想者就严肃的论题从事的写作并不是在做几何学的室内游戏；他们的写作是源于自身经验这眼最深邃的井，因为他们意欲在世界中找到自己的方位。"［美］马克·里拉：《当知识分子遇到政治》，邓晓菁、王笑红译，新星出版社2010年版，第3页。

起承转合,关于"中国"内涵与外延的认知也屡经变异。秦汉分别从"车同轨,书同文,行同伦"的度量衡、文字和行为规范,以及"罢黜百家,独尊儒术"的意识形态整合等方面,建构起延续两千年之久的"大一统"王朝帝制观念与治理方式,应对地理、人口、文化风俗的具体情况采取了"因地制宜"的原则,"量地制邑"与"分民而治""山川形便"与"犬牙交错"相结合①,除了直接统辖,还有和亲、结盟、羁縻、朝贡、土司、流官等多种治理技术与操作。这种"大一统"与"因地制宜"的辩证,成为处理帝国文化多样性的有效理念,在维护统一与连续性中发挥了至关重要的作用,而追溯其渊源,显然是从先秦元典中而来,它们构成了天下式世界观中经久不衰的精神遗产。

《诗经·北山》曰:"溥天之下,莫非王土;率土之滨,莫非王臣"②,在这种世界观中天子的疆域没有外部与边界,显示出文化先发地带极大的文化自信;因而在对待他者时也有包容并举的气度,如同《论语·颜渊》所说:"敬而无失,与人恭而有礼,四海之内,皆兄弟也。"③ 所谓"四海"从地理结构上来说,处于"中国"(实际地域就是九州)之外,是从华夏中心一层一层往外推延的所在。《尚书·禹贡》勾勒了这种外推图示:"九州攸同,四奥既居。九山刊旅,九川涤原,九泽既陂,四海会同。六府甚脩,众土交正,致慎财赋,咸则三壤成赋。中邦锡土姓:'只台德先,不距朕行。'令天子之国以外五百里甸服:百里赋纳緫,二百里纳铚,三百里纳秸服,四百里粟,五百里米。甸服外五百里侯服:百里采,二百里任国,三百里诸侯。侯服外五百里绥服:三百里揆文教,二百里奋武卫。绥服外五百里要服:三百里夷,二百里蔡。要服外五百里荒服:

---

① 周振鹤:《中国地方行政制度史》,上海人民出版社2005年版。
② 程俊英、蒋见元注:《诗经注析》,中华书局1991年版,第643页。
③ 程树德撰,程俊英、蒋见元点校:《论语集释》,中华书局1990年版,第830—833页。

三百里蛮，二百里流。东渐于海，西被于流沙，朔、南暨：声教讫于四海。"① "五服"（甸、侯、绥、要、荒）沦漪般地扩大结构，是西周重要的邦国畿服制度，后来也有三服、六服、九服的不同划分，大致从"要服"开始已经不是自己人了，清人江声注"要结好信而服从之"②，基本算是称服的友邦；其中的"夷"孔安国注："守平常之教，事王者而已"；"荒服"《史记集解》马融曰："政教荒忽，因其故俗而治之"，有着因俗而治的自治意味，而"流"则是"流动无定居"，属于化外的游牧族群。这种沦漪模式以关系的远近亲疏扩展，类似于费孝通所谓的"差序格局"："以'己'为中心，像石子一般投入水中，和别人所联系成的社会关系，不像团体中的分子一般大家立在一个平面上的，而是像水的波纹一般，一圈圈推出去，愈推愈远，也愈推愈薄。"③ 王柯曾将先秦天下观念归纳为"三重的天下"：理论与现实中的"四海之内"与"九州"，阶级制的"内服"与"外服"，"中国"与"四夷"的有机统一，④ 颇为精当，但"阶级制"的提法则属后设叙事，用"亲疏制"可能更符合彼时的理想类型。

"中国"之外的"四海"是边缘族群及其生活区域和习俗文化。《尔雅·释地》称："东至于泰远，西至于邠国，南至于濮铅，北至于祝栗，谓之四极。觚竹、北户、西王母、日下，谓之四荒。九夷、八狄、七戎、六蛮，谓之四海。"⑤《风俗通》解释："夷"，"东方人，好生，万物抵触地而出。夷者，抵也"；"蛮"，"慢也。君臣同

---

① 孙星衍撰，陈抗、盛冬铃点校：《尚书今古文注疏》，中华书局1986年版，第201—207页。
② 徐乾学等编：《古文渊鉴》上，吉林人民出版社1998年版，第19页。
③ 费孝通：《乡土中国》，《费孝通文集》第5卷，群言出版社1999年版，第335页。
④ 王柯：《民族与国家：中国多民族统一国家思想的系谱》，中国社会科学出版社2001年版，第5—30页。
⑤ 郭璞注，邢昺疏，李传书整理，徐朝华审定：《十三经注疏·尔雅注疏》，北京大学出版社1999年版，第198—201页。

川而浴，极为简慢";"戎"，"凶也";"狄"，"辟也，其行邪辟"①。三国时经学家孙炎解释"海"为"晦，晦暗于礼义也"。可见，"四海"并非单指地理概念，与"中国"一样，更多是文化概念。"中国"的华夏与"四海"的蛮夷戎狄，形成了五方之民，因为气候、地理、风俗、文化的差别，而需要实事求是地对待。《礼记·王制》言："凡居民材，必因天地寒暖燥湿。广谷大川异制。民生其间者异俗，刚柔、轻重、迟速异齐，五味异和，器械异制，衣服异宜。中国戎夷，五方之民，皆有其性也，不可推移。东方曰夷，被髪文身，有不火食者矣。南方曰蛮，雕题交趾，有不火食者矣。西方曰戎，被髪衣皮，有不粒食者矣。北方曰狄，衣羽毛穴居，有不粒食者矣。中国、夷、蛮、戎、狄，皆有安居、和味、宜服、利用、备器，五方之民，言语不通，嗜欲不同。达其志，通其欲：东方曰寄，南方曰象，西方曰狄鞮，北方曰译。"② 这段话经常被引用，因为它确立了一个以"中国"为中心的不同族群的相处模式：修其教，不易其俗；齐其政，不易其宜。从而成为此后处理族群关系灵活机动原则的滥觞。需要注意的是，器物、服饰、饮食、气味的差别，成为区别文明与野蛮的标志，但茹毛饮血、披发文身、生食穴居、气味腥膻这些外在因素，并不构成种族主义式的排斥，而存在着接受教化而转化的可能，"和而不同"的终极目标当然是"天下大同"，但在理想状态达到之前并不妨碍"求同存异"。

　　本书并不意在阐释此种类似"文化民族主义"的观念，相关讨论已经很多。我想指出的是，"夷夏之辨""尊王攘夷"之说固然显示出某种华夏中心主义，但"中心"并未固化不变，而"夷夏变态"的交流也从未停止过，而是双向互化：一方面是因利乘便、顺

---

① 严可均辑：《全后汉文》上，商务印书馆1999年版，第395页。
② 孙希旦撰，沈啸寰、王星贤点校：《礼记集解》，中华书局1989年版，第358—360页。

势而为，如墨子论"节葬"时所言"便其习而义其俗者"①；另一方面则是趋利避害、经变从权，如赵武灵王之胡服骑射。华夏礼乐所构成的文教叙述，如果换用今天的话来说，可以类比为文化话语权和主流价值观的塑造——正是因为有主流文化强大的实力与价值观的向心力，才造成了后来历史进程中"华夷一体"的可能性，为现代的"中华民族"塑造奠定了基础。这种情形在中原王朝衰落、游牧民族南下的碰撞与交流过程中体现得最为明显。在国力强盛的年代，文化中心的强盛足以使之具有巨大的兼容、吸附与转化的力量，"夷夏之辨"往往隐匿不显，凸显的是胡汉一家、华夷一体，如唐太宗所说："自古皆贵中华，贱夷、狄，朕独爱之如一，故其种落皆依朕如父母。"② 只有在面对周边民族威胁之时，"正统论"才会浮出水面，如魏晋南北朝、唐末五代十国、宋契丹辽金西夏并立，这几个动乱冲突年代，正朔、服色等问题才会成为政治和文化精英比较关注的问题。③ 从历史发展来看，夷夏之间的界限始终在绝对与相对之间游走，展现出不同的立场与抉择，引发不断的融合与创变。

在这个意义上，元和清这两个由北方少数民族建立的大一统王朝在中国历史转折中非常重要，不仅因为它们都在军事开拓和疆域扩展上留下了现代中国继承的广袤地域；更值得探讨的是，元使得汉地与江南的融合，清对西藏、新疆（包括西域与西南）的囊括，以及游牧渔猎民族与农耕民族甚至中亚色目人、东北亚的朝鲜、俄罗斯等族群也合并入中国族群的谱系中来，"小中国"由此走向了"大中国"。元、清两代其实都实行过民族歧视政策，因而也在后继的明朝和民国肇起之初引发带有种姓之别与民族主义色彩的反拨，但冲突融合的结果是"中华民族"观念的生发和拓展。如萧启庆在

---

① 方勇译注：《墨子》，中华书局2011年版，第209页。
② 司马光编著，胡三省音注：《资治通鉴》卷一九八，中华书局1976年版，第6247页。
③ 关于这一问题历史脉络的梳理，参见饶宗颐《中国史学上之正统论》，上海远东出版社1996年版。

谈到蒙元支配对中国历史影响时所说:"中原文明在蒙元时代虽经历空前严峻的考验,却能浴火重生,而且并未偏离原有的发展主线。在蒙元覆亡之后,中原文明的核心特质如儒教国家、君主专制、官僚组织、士绅社会、士大夫文化以及以汉族为中心的族群结构等皆无根本的改变。……元朝亦是以中原为政治中心不再是一个草原国家。忽必烈及其继承者虽号称为蒙古世界帝国的'大汗',但为加强其统治的合法性,不得不以中原的正统帝王自居,因而必须尊崇中原的典章文物,照顾臣民的生活福祉,对中原文明未曾过度摧残。"① 与某些带有殖民时期"满蒙史学"色彩的论述中强调元的蒙古中心世界帝国意味(比如日本学者杉山正明的一系列论述)不同的是,从成吉思汗的大帝国到忽必烈的元帝国,虽然都堪称世界帝国,但忽必烈之后,无论从经济还是从文化,都还是归入到了中国的正史系统之内②,主流文化的涵濡化育,使得元朝成为"多元一体"的中国的重要发展阶段。③

清更是成功地将汉满蒙群体为主的内地—东北、内亚少数民族为主体的藩部、改土归流后的西南"新疆"联为一家,多样性的疆域、经济、信仰、语言、文化在因地制宜的政策中得以协调。日本和美国的新清史学者乐于强调清帝王的"共时性君权"(simultaneous emperorship)或"复合君主制"(composite monarchy)式的特点,即认为在皇帝身上聚合了应对不同地区与族群的族长、大汗、活佛、皇帝、东亚共主等不同形象,因而建立起不同的法理关系。在这种论说中,清朝与此前汉人王朝不同,其同一性是非制度的同一性,甚至"满洲特性"是国家成功的关

---

① 萧启庆:《内北国而外中国:蒙元史研究》,中华书局2007年版,第60—61页。
② 吕正惠的《杉山正明教授的中华文明观:〈疾驰的草原征服者〉〈游牧民的世界史〉读后感》值得一读,张志强主编《重新讲述蒙元史》,生活·读书·新知三联书店2016年版。
③ 陈得芝:《蒙元史与中华多元文化论集》,上海古籍出版社2013年版,第194—209页。

键因素。① 但这种说法忽略了此前唐朝就有"天可汗"的称号与认同②，无疑本末倒置，忽略了主流③——因为清王朝要接续正统，无论从功利考量还是从文化权衡，要完善稳定的统治，都必须认同主体文化观念。最为典型的例子便是雍正要证明清朝合法性的《大义觉迷录》④，延续的就是文化民族主义的逻辑："本朝之为满洲，犹中国之有籍贯。舜为东夷之人，文王为西夷之人，曾何损于圣德乎？……盖从来华夷之说，乃在晋宋六朝偏安之时，彼此地丑德齐，莫能相尚，是以北人诋南为岛夷，南人指北为索虏，在当日之人，不务修德行仁，而徒事口舌相讥，已为至卑至陋之见。今逆贼等，于天下一统、华夷一家之时，而妄判中外，谬生忿戾，岂非逆天悖理，无父无君，蜂蚁不若之异类乎？"⑤ "夷狄本是论人，亦善恶五性克全，无所亏欠为人，五性浊杂，不忠不信，为夷狄。"⑥ 华夷一家、无分内外说明对正统价值观的接续，到了乾隆年间，"清朝统治者的正统观念已经发生蜕变，他们从北方民族王朝的立场彻底转向了中国大一统王朝的立场；所以在高宗看来，清朝与辽、金这些北

---

① 关于"新清史"各家、批评者及国内的反应，简略而直接的一本参考文集是刘凤云、刘文鹏编《清朝的国家认同——"新清史"研究与争鸣》，中国人民大学出版社2010年版。

② 罗香林：《唐代天可汗制度考》，《唐代文化史》，台湾商务印书馆1963年版，第54—87页。朱振宏：《大唐世界与"皇帝·天可汗"之研究》，新北：花木兰文化出版社2009年版。

③ 钟焓从清朝官修辞书中的君主称谓排序、"皇帝"在君权中的上升、藏传佛教法王在君主名称中的缺席以及君主的"同文之治"理想做了分析。参见钟焓《清朝史的基本特征再探究——以对北美"新清史"观点的反思为中心》，中央民族大学出版社2018年版，第129—158页。

④ 关于雍正颁布《大义觉迷录》的来龙去脉以及他用"文化建构论"对曾静的"本质化"的思想改造，参见［美］史景迁（Jonathan Spence）生动有趣的《雍正王朝之大义觉迷》，温洽溢、吴家恒译，广西师范大学出版社2011年版。此书另一个译本是《皇帝与秀才：皇权游戏中的文人悲剧》，邱辛晔译，上海远东出版社2005年版。

⑤ 雍正皇帝编纂，张万钧、薛予生编译：《大义觉迷录》，中国城市出版社1999年版，第3页。

⑥ 雍正皇帝编纂，张万钧、薛予生编译：《大义觉迷录》，中国城市出版社1999年版，第57页。

方王朝之间既没有任何传承关系，也没有任何共同点，清王朝的政治合法性乃是来自于中原王朝。正因为如此，高宗才会旗帜鲜明地坚持华夏正统的文化立场"①，甚至较之一般士人的认同还有过之而无不及。不同地方、族群、宗教组织在清帝国的联结，形成了今日中国的版图与文化基础，清帝似乎带有"复合君主"色彩，但从制度到观念，族性文化因素始终只是支流，而主流的则是先秦以来的正统观，"儒学为中华帝国提供了一个同质性的文化和认同感基础，从而在很大程度上弥补了古代帝国控制能力有限这一局限。儒学的存在使得帝国这一国家形态在中国这块土地上发展出一个难以逾越的高峰：古代中国有着强有力的国家，发达的官僚体制和精英层面上的认同感"②。这是维持了中国二千年"大一统"的政治与文化"大传统"。

二 人民共和：现代性转型

晚清到民初是古老的"大一统"天下观解体时期，中国面临古今中西的冲突与交融，民族主义作为一种欧洲地方性，伴随着文艺复兴、大航海时代、启蒙运动、工业革命等一系列近代变革，而逐渐获得其普遍性，并扩散到世界的其他角落。中国在19世纪中期之后也面临着文化的"语法之变"："西方给予中国的是改变了它的语言，而中国给予西方的是丰富了它的词汇。"③亦即中国既有的价值观被现代西方传来的观念所取代，"天下"的普遍性让位给了民族国家体系构成的"世界"的普遍性，而在"世界"之中，中国自身成

---

① 刘浦江：《正统与华夷：中国传统政治文化研究》，中华书局2017年版，第192页。

② 赵鼎新：《国家、战争与历史发展：前现代中西模式的比较》，浙江大学出版社2015年版，第91页。

③ ［美］列文森（Joseph R. Levenson）：《儒教中国及其现代命运》，郑大华等译，中国社会科学出版社2000年版，第139页。

为一种特殊的多样性构成分子。从洋务运动到维新立宪，再到排满革命，中国经历从天下主义到世界主义，再到民族主义的转型，意味着现在"民族"观念在模仿中诞生，而这种欧洲起源的民族论在现代性的强势进程中是排斥多样性的，这也造成了中国的民族与民族主义在实践过程中一度对于内部多样性的压抑。

  以推翻清帝国为目的的清末汉民族主义宣传对于中国的内部多样性与复杂性存在盲视（也可以视之为宣传动员的策略与权宜之计），所以一旦辛亥革命胜利，1912年1月1日，孙中山发表的《中华民国临时大总统宣言书》中便吸收了清末立宪运动中的"五族大同"理念，将同盟会改编自朱元璋的"驱逐鞑虏，恢复中华"一转为"五族共和"的理念，但直到1924年他在三民主义中的"民族主义"论述中，依然强调汉人本位，而意在通过团结"家族"，进为"宗族"，抵达为"国族"[①]。这种有着熔铸一体理念的民族主义观念，在彼时有着应对帝国主义和殖民主义入侵的针对性，而现实中则是民国政府建立后南方革命党与北洋军阀旧部之间内战不断，在晚清的"地方军事化"过程中坐大的地方势力也各有其利益与关切所在，整个国家虽然从领土上大体继承了清帝国的遗产，在事实中却处于松散的"联邦式"局面。国民政府在帝制崩解后的民族与边疆问题上一直游移不定且带有机会主义色彩，始终未有系统而一贯的政策。[②] 20世纪30年代日本帝国主义的直接入侵无疑激发了中国人身份认同的同一性——确立自我与他者只有在这种生死存亡的关头最为真切。1943年，蒋介石在《中国之命运》中，提出"国族同源论"，称汉族为"国族"，只有"汉、蒙、满、回、藏"有明显的文化和人种差异，而把汉族之外的少数民族称为"宗族"，认为他

---

  ① 孙中山：《民族主义》，《孙中山全集》第9卷，中华书局1986年版，第183—253页。
  ② 林孝庭：《民国初年国民党民族政治之再思考（1911—1928）》，中国社会科学院近代史研究所编《民国人物与民国政治》，社会科学文献出版社2009年版，第1—21页。

们是汉族的"大小宗支"——"五族共和"显然是以"国族一体"为目标。

与之相反，中国共产党最初接受共产主义理念，这种理念的理想状态中是没有国家概念的，对于多样性有着极大的包容与尊重，在其中国化的现实中则需要实事求是。关于国内多民族问题，共产党一开始认同民族自决主张，在其背后有着"一战"时美国总统威尔逊的倡议和苏联的民族政策影响，但在伴随着中国革命的推进以及对中国历史与现实的认识加深——显然威尔逊的主张不过是为了削弱老帝国的势力，而苏联加盟共和国的模式与中国历史沿袭下来的"大一统"脉络相互扞格，民族自决逐渐被修正为更符合中国国情的民族自治政策。1938年8月，在延安中央马列学院任教的杨松（吴平）发表了《论民族》，将中华民族定义为中国境内"由各种不同的部落、种族等等共同组成"①的共同体，这一点区别于国民党理论中将"中华民族"约等于汉族的观念。10月，毛泽东《论新阶段》用马克思主义对三民主义进行重新解释，否定了少数族群的分离权，产生了新的中华民族概念。②这一改变尤为关键，因为国际法中民族自决原则的主体权利和行使范围没有明确界定，从而造成了"二战"后直至今日一些国家内部的社会动荡和族群纷争，影响了国家主权的稳定性。中国共产党的民族区域自治政策吸收了现代理念，同时继承本土的多样性传统，为民族关系与民族团结奠定了和谐的基础，又在统一的社会主义国家框架之内解决了长期存在的多元地方的利益冲突问题。

1949年9月29日通过的《中国人民政治协商会议共同纲领》

---

① 杨松：《论民族》，参见中共中央统战部编《民族问题文献汇编》，中共中央党校出版社1991年版，第766页。
② [日]松本真澄：《中国民族政策之研究：以清末至1945年的"民族论"为中心》，鲁忠慧译，民族出版社2004年版，第222—229页。关于"中华民族"的观念史研究，参见黄兴涛《重塑中华：近代中国"中华民族"观念研究》，北京师范大学出版社2017年版。

第六章"民族政策"规定:"中华人民共和国境内各民族一律平等,实行团结互助……使中华人民共和国成为各民族友爱合作的大家庭。反对大民族主义和狭隘民族主义,禁止民族间的歧视、压迫和分裂各民族团结的行为。""各少数民族均有发展其语言文字、保持或改革其风俗习惯及宗教信仰的自由。人民政府应帮助各少数民族的人民大众发展其政治、经济、文化、教育的建设事业。"1950年下半年陆续派出了中央西南、西北各民族访问团,组织了少数民族代表国庆观礼团和参观访问团(包括军政人员、工人、农牧民、军烈属、教师学生、文艺工作者、活佛、王公、阿訇、堪布、喇嘛、土司、头人),进行物资支援,恢复经济、改善贸易,兴修水利等基础设施建设,培养少数民族干部,甚至给予特定需要以额外补助①。一系列切实可见的改善,使得1952年8月公布实施的《中华人民共和国民族区域自治实施纲要》受到了少数民族同胞的普遍拥戴。

　　少数民族族源的识别与族名的确定,可以视为社会主义中国的一种平权举措,即承认并确认曾经一度处于被侮辱与被损害的人群为国家主人的公民身份。少数民族成员由此转化成社会主义"人民"的有机组成部分。1954年《中华人民共和国宪法草案》中关于民族问题的阐述,体现了社会主义原则和人民民主原则。第三条和第四条则规定:"中华人民共和国是统一的多民族的国家。……各民族一律平等……各民族都有使用和发展自己的语言文字的自由,都有保持或者改革自己的风俗习惯的自由……各民族自治地方都是中华人民共和国不可分离的部分。""中华人民共和国依靠国家机关和社会力量,通过社会主义工业化和社会主义改造,保证逐步消灭剥削制度,建立社会主义社会。"6月12日,《人民日报》发表社论指出:

---

① 中央民族事务委员会和有关主管部门可以从政务院申请少数民族贸易、教育和卫生额外的补助经费。《中央人民政府政务院关于全国少数民族贸易、教育、尾声会议的报告的决定》(1951年11月23日通过),《民族政策文件汇编》第一编,人民出版社1958年版,第40页。

"我国各民族已经团结成为一个自由平等的民族大家庭，现在宪法草案又用法律保证了各民族在平等基础上的友好、互助、合作。但是……民族压迫时代所遗留下来的大民族主义和地方民族主义的思想还有相当的影响。因此全国各民族人民必须时刻警惕帝国主义和各民族内部的人民公敌的活动，反对大民族主义和地方民族主义，不断地巩固和加强我国各民族的团结，共同实现国家在过渡时期的总任务。"① 过渡时期党在民族问题方面的总任务是："巩固祖国的统一和各民族的团结，共同来建设祖国的大家庭；在统一的祖国大家庭内，保障各民族一切权利方面的平等，实行民族区域自治；在建设祖国的共同事业中，逐步地发展各民族的政治、经济和文化，逐步地消灭历史上遗留下来的各民族间事实上的不平等，使落后民族得以跻于先进民族的行列"，"少数民族地区政治、经济和文化的发展，一方面有赖于汉族人民的帮助，汉族人民也应当把帮助各少数民族当作自己的义务；另一方面，这也需要各少数民族人民提高觉悟，并把自己的能力和智慧充分发挥出来，才能逐步实现"②。

如何既保证稳定，又具备效率；既保障福利，又实现公正；既彰显个人、地方、少数者、边缘群体的权益，又要其作为平等公民、团体承担必要的义务与责任；在权力集中、民主参与、物质分享上的协商与平衡尤为重要。所以，人民民主专政与协商共和可以看作对多元冲突和权力专断的双重超越。它并非机械的"一刀切"，而是考虑到由于幅员辽阔、区域发展不均衡、历史地理以及文化与宗教信仰境况的差异，又不将这种差异固化下来，而在动态的改革中予以建设性发展，从而建构了一种"不齐而齐""不同而和"的平等观与关系论。

---

① 《宪法草案贯彻着民族平等互助的精神》，《民族政策文件汇编》第二编，人民出版社1958年版，第17页。
② 《怎样宣传过渡时期党在民族问题方面的任务》，《民族政策文件汇编》第二编，人民出版社1958年版，第18、22页。

体现于实践中，就是将原先自发的形形色色"共同体"发展为自觉的"社会"，其途径是在多样性基础上的移风易俗，形成一种公民社会与主权国家之间的正和博弈，通过各种现代化措施使得基于自发形成、约定俗成的或固有价值的纯粹信仰关系，向自觉建构、自由协议基础上的新型关系转变。在现代化（科学、民主、发展……）的思路中，少数民族的认同首先是社会主义中国的公民，然后才是族众、教民、地方人等多种身份的叠加，一旦出现由差异性生发的分离主义倾向，则毫不犹豫地进行整改。因为国内出现的类似情形，1957年7月民族委员会和民族事务委员会在青岛召开民族工作座谈会，次年2月在第一届全国人民代表大会民族委员会第五次扩大会议上发布了关于在少数民族中进行整风和社会主义教育问题的报告，指出过去几年党曾经强调反对大汉族主义，并在1952和1956年两次全国民族政策执行情况检查中进行了着重批判，但面对目前出现的地方民族主义表现，则要强调反对地方民族主义。①

支撑将多样性与同一性融为辩证一体的理论基础，是共同责任、共同利益与共同理想相结合的社会主义观念与实践。它的底色是阶级政治话语，因为解放了此前被"无名"和"污名"的人口及其文化，从而不仅在身份政治上，同时也在文化政治上提升了多样性的可能。这样说来，似乎同我们习惯从文学史上接受的此一时段文学是"一体化"的观念相冲突，事实上所谓的"一体化"不过是从审美与个人角度来看待这个问题；如果我们从这种习焉不察的知识范型中走出来，从政治与集体的角度来看，则翻身政治不仅体现在身体与身份上，也体现在观念与风格上。正是这个时期，"人民文艺"真正意义上在最广范围内抬升了民族、民间、口头文学的地位，而它们才是精英之外最多数人口实际上的文学生活的内容与形式，才是真正多样性的体现。这是对古老的"和而不同"理念的现代性发

---

① 汪锋：《是社会主义，还是民族主义》，《民族政策文件汇编》第三编，人民出版社1960年版，第2—22页。

挥。"和实生物，同则不继。以他平他谓之和，故能丰长而物归之；若以同裨同，尽乃弃矣"①说法中，"和"与"同"被人们谈论较多，但是"继"才是核心，保持对多样性的尊重（和而不同），对其进行创造性转换和创新，才能有着可持续性的发展（继）。这就不仅仅停留在消极地承认多样性，而要将多元与差异的排他性利益与同一性中的共同利益结合起来，形成一种"积极的多样性"，并且指向于团结奋进、共同富裕、社会主义的远景目标和共产主义的崇高理想。

三 多元文化主义：后现代与差异性

中华人民共和国成立初期，在处于冷战格局的社会主义与资本主义路线之争中，基于革命传统又迫于内外压力，因而强化了阶级话语，但即便在最为激进的时刻，文化表述中不同民族及其文化的多样性依然得以展示，并且成为塑造国家形象的主要方式之一，甚至成为彼时最为令人关注的现象。比如从1949—1979年，电影中涉及多民族题材的有《内蒙人民的胜利》（1950）、《金银滩》（1953）、《哈森与加米拉》（1955）、《猛河的黎明》（1955）、《暴风中的雄鹰》（1957）、《牧人之子》（1957）、《苗家儿女》（1958）、《五朵金花》（1959）、《金玉姬》（1959）、《友谊》（1959）、《云雾山中》（1959）、《天山歌声》（1959）、《刘三姐》（1960）、《羌笛颂》（1960）、《柯山红日》（1960）、《五彩路》（1960）、《达吉和她的父亲》（1961）、《远方星火》（1961）、《摩雅傣》（1961）、《阿娜尔罕》（1962）、《鄂尔多斯风暴》（1962）、《农奴》（1963）、《金沙江畔》（1963）、《冰雪金达莱》（1963）、《冰山上的来客》（1963）、《阿诗玛》（1964）、《草原雄鹰》（1964）、《天山的红花》（1964）、

---

① 邬国义、胡果文、李晓路撰：《国语译注》，上海古籍出版社1994年版，第488页。

《景颇姑娘》(1965)、《黄沙绿浪》(1965)、《沙漠的春天》(1975)、《阿夏河的秘密》(1976)、《山寨火种》(1978)……影片中除了像抗日救亡、解放战争、土地革命、社会主义建设这样的主流历史叙述，也关乎民间故事改编、跨境民族友谊等题材，尤为引人注目的则是爱情情节在反抗压迫、侦破敌特、劳动生产中的穿插，丰富了阶级性和集体性话语主导下叙述的多样性光谱，从而也在教育、宣传、感化、斗争的主基调中增加了通俗性、娱乐感与接受度。

在美术领域如同电影领域一样，也有着超过同时代文学书写的题材扩展与形式创造。叶浅予《中华民族大团结》(1953)、董希文《春到西藏》(1954)、周昌谷《两个羊羔》(1954)、黄永玉《阿诗玛》(1954)、李焕民《初踏黄金路》(1963)、朱乃正《五月的星光下》(1963)、阿鸽《彝寨喜迎新社员》(1975)、马振声《凉山需要你们》(1976)……这些油画或国画作品中，边疆风景、民族人物、服饰建筑、习俗民情等不仅仅是某种"异域风情"的存在，更是吸收了民族民间的素材与美学观念，并做了现代创新，形成了具有"中国风格"与"中国气派"的独特作品，洋溢着积极明朗、清新刚健的韵味。可以说，正是因为多样性的存在，才使得"一体化"时代的艺术作品在美学品格上再没有陷入同质化之中，反而开启了新型的文化生产道路，一直延续到当下。只是在后续的发展中，这条带有启蒙和理性色彩的新文化道路逐渐由主流退缩为支流。

20世纪60年代之后，全球性的激进革命普遍发生了宏观政治的退潮，由此带来宏大叙事的失败，解放政治、左翼革命及其背后的启蒙叙事、思辨哲学、进化论、阶级论话语逐渐失效。与此同时，其能量转移到微观政治领域，身体（性、LSD）与身份（族群、性别）问题被提升强化，后现代、后殖民、解构主义、新历史叙事学、女性主义、生态话语等陆续登场。从发达资本主义国家来说，这是经历两次世界大战和去殖民化斗争后，从政治到学术思想上的反思与推进；就后发国家与发展中地区而言，20世纪上半期反帝国主义、反殖民运动与民族解放、民族独立彼此促进，造成了整个世界格局的转变，从"不结盟国家""南北对话""南南合作"到"第三世界"理论，亚非拉的前殖民地或后发地区纷纷建立自己的国家并试图树立自己的话语。两方面构成了冲突、对话与调适，而最终伴随着市场、资本、消费主义的扩散，逐渐形成了一种价值多元的无意识。还有一个原因是，新兴科学与技术对于世界观与认识论的影响。20世纪以来的哥德尔不完备定理、量子物理、波粒二象性、混沌数学、控制论、信息论……改变了对于牛顿力学世界和启蒙理性的认知，一度被工具理性、数理逻辑压抑的非理性、"元逻辑""诗性智慧"之类在新的时代被萃取、提炼，生发出各种歧异性话语。边缘群体、少数者的权力、多样性的存在日益成为一种共识，对于平等和承认的诉求，逐渐发展为多元主义的理论与行动。

价值多元与合理性的分歧是现代社会的基本特征，现代社会从政教一体中分化，形成价值观的多元。社会群体发生分化，如同齐美尔（Georg Simmel）所说："它就会日益需要和倾向于超越它原先在空间、经济和精神等方面的界限，除了单一的群体开始时的向心性外，在日益增长的个体化过程以及因此而出现的它的各种要素的摩擦中，增加一种离心的倾向，作为通往其他群体的桥梁。"[①] 这个个体化过程同时也是与普遍化互动的过程，即形成新的历史主体与历史话语的过程。个体化与普遍化良性而平衡的互动才会产生有活力的文化。就社会主义中国而言，早期过于强势的阶级与革命话语在激进化过程中难免会部分遮蔽多样性，从而造成整个文化生态的失衡。80年代改革开放与思想解放时代某种程度上让"现代化"形成了新的全民族的"态度一致性"，延续并改变了革命年代文化多样性的形态，到了90年代因为市场及新自由主义意识形态的席卷而来，尤其是伴随世纪末全球化的到来，多元文化则构

---

① ［德］齐美尔：《社会是如何可能的：齐美尔社会学文选》，林荣远编译，广西师范大学出版社2002年版，第43页。

成又一种传统。

近代以来进入到世界史叙述的中国文化多样性已经不能仅在中国范围内理解,而应该将其置于全球的复合语境之中,理解其文化交融与文化间性。到了改革开放的此际,中国融入全球的程度则更深。大卫·哈维(David Harvey)将 20 世纪 70 年代初期视为"后现代"开始的时间,而从利奥塔(Jean-Francois Lyotard)到伊格尔顿(Terry Eagleton)也几乎都同意,"分裂,不确定性,对一切普遍的或'总体化'话语的强烈不信任,成了后现代主义思想的标志"①。与此同时的是多元文化主义的兴起。美国、加拿大等国家因为民权斗争和战后移民问题的现实,而逐步采纳了多元文化主义政策与倡议,在国家内部是少数族裔、边缘群体的权利合法化;就国际上来说,联合国教科文组织这样的机构则将文化多样性作为先验式的命题。多元文化主义存在不同理念,威尔·金里卡(Will Kymlicka)将文化多元主义分为社群主义的、自由主义框架内的以及对民族架构进行回应的三个阶段,并在"西方民主国家"内划分了少数民族、移民、奉行分离主义的种族宗教群体、非公民定居者、种族等级群体五种类型,具有"政治含混性","有时被自由主义用来反对守旧和狭隘的民族文化观,而有时又被保守主义者用来捍卫守旧和狭隘的少数群体的文化观"②,因而在各个国家表现不同。南非自 1948 年开始实行种族隔离制度(至 1997 年永久宪法生效而结束),是为了限制白人权利,而马来西亚 1974 年实行九个政党的"国民阵线",内在实质却是"马来人优先"③。这些含混而诉求不同的多元文化主义,理论上囊括了一系列

---

① [美]哈维:《后现代的状况:对文化变迁之缘起的探究》,阎嘉译,商务印书馆 2003 年版,第 15 页。
② [加]威尔·金里卡:《当代政治哲学》,刘莘译,上海三联书店 2003 年版,第 660 页。
③ [英]沃特森(William Watson):《多元文化主义》(吉林人民出版社 2005 年版)有很大部分篇幅用来讨论马来西亚的多元文化问题。

的边缘群体,包含诸如性别、宗教的少数派及各类亚文化等问题,但主要还是集中在少数族裔、有色人种、原住民的身份与认同上,以反对种族歧视、承认的政治和文化自由为基本诉求,① 进而在教育、就业、政治选举、经济发展、语言文字使用等方面实现权利平等。

多元文化主义在理念与实践中存在名实相违的情形,像布莱恩·巴利(Brian Barry)所说,多元文化主义生发的问题跟它要解决的问题一样多,"对于多元文化主义的追求,从两个方面使得广泛的平等政治更加难以成功。从最小的方面来说,它转移了政治努力的普遍目标。但更严重的问题是,多元文化主义可能严重毁坏有利于机会与资源全面平等的组成联盟的条件"②。一方面它可能只是资本掩盖其实质性压制的话术,从而引发了诸多批评③;另一方面,在后现代语境中,因为对于历史进化论的摒弃,多元文化主义很容易滑向缺乏共通价值标准的相对主义,使得平等尊严政治向"差异政治"转化。查尔斯·泰勒(Charles Taylor)曾经仔细分析过平等尊严政治与差异政治之间的差别,前者确认的原则普遍地意指同样的东西,而后者要求我们给予承认的是某个个人或群体独特的认同,是它们与所有其他人相区别的独特性。这有其"本真性"和内在性的现代合理性,但是"它有权要求我们以假设其具有价值的态度来研究不同的文化,但却没有权力要求我们最终做出的判断承认它们具有很高的价值,或者具有与其他文化平等的价值","真正的价值判断的前提是不同标准的视界融合……这里涉及文化多元主义政治

---

① David Theo Goldberg, ed., *Multiculturalism*: *A Critical Reader*, Oxford UK & Cambridge USA: Blackwell, 1994. Amy Gutmann, ed., *Multiculturalism*: *Examining the Politics of Recognition*, Princeton: Princeton University Press, 1994.

② Brian Barry, *Culture and Equality*: *An Egalitarian Critique of Multiculturalism*, Cambridge: Polity Press, 2001, p. 325.

③ 陈燕谷:《文化多元主义与马克思主义》,《原道》第三辑,中国广播电视出版社1996年版。

的另一个重要问题。强行要求肯定的价值判断，这种行为是同质性的，是完全自相矛盾的，也许我们还应当说是悲剧性的"①。2020 年 5 月 25 日，美国明尼苏达州警察暴力执法造成黑人死亡事件，所引发的 BLM（Black Lives Matter，"黑命贵"运动）抗议，这当然是奴隶制度、种族主义和阶级分化的恶果，在疫情焦虑和党派斗争之下，蔓延为全国性带有民粹性质的运动，却也暴露出多元文化主义所存在的一些问题。

多元文化主义原本不是中国少数民族文化所要面对的历史遗留问题，在现实中，《中华人民共和国宪法》和民族区域自治法律法规也已经从理念上解决了平等和承认的问题，但多元文化主义在翻译的旅行中强化了文化性与差异性，这一点在 20 世纪 90 年代进入到中国语境之后，成了文化话语中前提性的存在，而改变了社会主义中国早期的"积极的多样性"理念。后者正如前文所说是将文化多样性的发展视为一种过程与实践，而指向于未来某种理想主义的构想；但在多元文化主义成为某种具有普遍影响的思维定式之后，文化的差异性往往不自觉地被做了本质化的理解，从而使得文化多样性本身成为目标。也就是说，当我们论述到文化多样性时，它成了叙述与思考的框架，而不再仅仅是历史进程中的某个问题或主题——文化因此被凝滞化和静态化了。在实践上突出地表现为一种带有"地方全球化"性质的文化（创意）产业。举例而言，从《印象·刘三姐》开创出了一种可以称之为"文化印象生产"与"文化符号经济"的旅游观光模式，"通过将某些标志性元素从其原生处抽离出来，通过夸张的手法将其精细化与精致化，达到直击式的一眼难忘的传播效果。因而，'印象'的生产必然会走向刻板印象的生产"，"对于金钱和物质的欲望，显然是现代商品化、市场化的一种共通，但某一特定文化群落为了达到这种目的，需要为自己建立一

---

① ［加］查尔斯·泰勒：《承认的政治》，汪晖、陈燕谷主编《文化与公共性》，生活·读书·新知三联书店 1998 年版，第 327、329 页。

种特殊性或者差异性……差异性非常重要,因为具有差异特征的文化符号可以成为象征资本,这种资本能带来其他的利益……'文化差异性'或者'多样性',其实可能根底里恰恰表明了我们时代文化不可避免地走向了同一性"①。到 21 世纪之后,差异性更加变成了不证自明的正确与确凿无疑的真理性论述,这个时候多元文化主义已经超越了内容或者"问题"的层面,而成为思维或者"方法"。

我们可以将这种情形解释为历史主体性弥散的结果,乌托邦耗尽能量之后溶解了的现实——"一切坚固的东西都烟消云散"了,离散出来的个体、地方与族群小型共同体、民族国家……被叙述为彼此冲突而对立的存在,共同利益至少在某个层面上被打破,而共同理想则退隐为口号式的存在。于是,多样性变成了差异性,带来了"政治正确"的褊狭与相对主义:(1)差异的绝对化,比如世俗化背景中的宗教基要主义;(2)差异的符号化,对文化商业性与景观化的开发、销售与消费;(3)差异的虚无主义,颓废与"丧"的逃避与虚幻的快感追求。而这一切背后"不在场的主人"则是"资本—权力—科技"三位一体的统治:从生命政治到精神政治的结合体。

文化的"非领土扩张化不可能最终意味着地方性的终结,而是发生了转型,进入到了一个更为复杂的文化空间之中"②。同质化、差异化、杂交化成为当下时代文化的风貌,这不是用经济学意义上的"创造性破坏"③ 就可以解释的,"世界主义"也不过掩盖了"资本—权力—科技"统治的真相。多元文化主义原本作为一种民主与平权举措,有其现实意义。如果将这种手段当作目的,就走向了其反面,对此学术界已经有诸多反思。但作为一种在后现代语境中产

---

① 刘大先:《远道书》,安徽教育出版社 2018 年版,第 210、240 页。
② [英] 约翰·汤姆林森:《全球化与文化》,郭英剑译,南京大学出版社 2002 年版,第 216 页。
③ [美] 考恩(T. Cowen):《创造性破坏:全球化与文化多样性》,王志毅译,上海人民出版社 2006 年版。

生的话语，已经进入中国当下文化之中，因而也是我们需要在厘析中扬弃式继承的传统之一。

四 "新时代"的实践

以上简要的分析，萃取了中国文化多样性理念的三重传统：一是本土经验中"因地制宜"与"大一统"辩证互存的历史传统，即由先秦元典所构筑的宇宙论中的"五方之民""和而不同"的天下观念，"修其教不易其俗，齐其政不易其宜"的治理方式，"四海之内皆兄弟"的关系愿景。它们形成了儒家意识形态主流，与强势国家一起构成了多样性统一体的延续。二是民主主义革命与社会主义建设过程中的"共和"与"移风易俗"的现代性传统，近现代中国继承了前现代帝国的遗产，在向革命中国转型的过程中，社会主义国家"人民共和"的观念与民族区域自治的制度设计，吸收了共产国际理念结合本土现实，形成了"不同而和"的重叠认同和协商共识，同时又与现代化改造和可持续发展相结合，后一点尤其重要，对这段历史的厘析，有助于认清作为"同时代人"的不同民族之间"不齐而齐"与"不同而和"的政治与文化认同，确立团结、和谐、共同繁荣的基本观念。三是差异与平权的多元文化主义传统。20世纪60年代之后在全球性宏观政治的退潮与微观政治的背景中，来自于自然科学与人文社科的各类"后学"与铺展开来的文化多元主义，在改革开放的浪潮中汇入中国的文化实践之中。90年代之后，"资本—权力—科技"结合与消费主义，使得文化多元主义具有普遍影响，由此也引发诸多不满。这几种传统并非泾渭分明，而是在实践中复合在一起。

在当下中国语境中，文化多样性理念更多集中于多元文化主义话语，对本土历史经验以及社会主义实践的遗产缺乏有效发掘，而这直接关乎文化安全与国家认同问题。在这个普遍性共识断裂的时代，观察者发现，民族国家的危机以及由此生发出的全球化与多样性之间的纠葛，如何认识自我与他人的认同，凸显为时代命题。史密斯（Anthony D. Smith）在讨论全球化时代的民族与民族主义的时候，分析了个人认同与集体认同的差别：个人认同是多维度的，家庭、性别、阶级、地域、宗教、族裔和民族都能构成其基础，这些认同之间偶尔发生摩擦，但极少真正形成冲突；但集体认同则会受到外在性、黏合性的特定束缚，对某种集体认同的忠诚有时候会受到绑架。20世纪末以来，确实出现了跨国公司、金融组织、经济活动跨越国家的现实，但主权国家依然是资源调节与分配、政治与社会行为以及国际交往中的标准单位，而为了应对全球化的交往和碰撞，洲内联盟和其他一些依靠诸如宗教联结的组织也在谋求某种超越民族主义或者超级民族主义的形式。他以欧盟为例进行了分析表明，这种设想与操作事实中并未取得很好的效果，因为文化融合（合并认同）与合并主权并不相同，而通过共享记忆和经验——比如神话、传统的积淀与塑造，以及社会规划性的努力所希望达到的效果都还在未知之数。[①] 2020 年 2 月 1 日，英国公投正式脱离欧盟，其原因我们无法尽言，但其结果倒正是表明了联盟共同体的岌岌可危。而一切共同体认同，显然包含了统合多样性存在的两方面内容：其一是象征、符号、记忆与价值的主动构造；其二是现实的政治、经济、军事等方面的利害关系。当然，如果置入历史语境中来看，还包括一个面对共同危机的前提，近现代时期中国最大的危机是殖民与帝国主义入侵。

　　回到中国的文化多样性与认同现实中来，当下也面临着国际与国内的双重难题。一方面，中国作为"跨体系社会"与"文明综合体"国家，在国际语境中如何将自身塑造为一个文化统一体；另一方面，在自身内部则要同时协调不平衡多样性，凝聚众多不同诉求

---

① ［英］史密斯：《全球化时代的民族与民族主义》，龚维斌、良警宇译，中央编译出版社 2002 年版，第 139—172 页。

和观念为一个文化统一体。如同汤林森（John Tomlinson）所说："大多数民族国家根本没有同质的文化实体，非但如此，积极而活跃的抗争与竞技此起彼落的情况，方才是当代政治与文化生活的显著特征。这并不是一个夕日余晖的现象，并不是少数氏族的拥护者们为了在统一的民族国家之内求生存，反之……这个现象大约是起自第二次世界大战之后，所有国家普遍出现的重大'发展'趋势"[1]，他在分析联合国教科文组织关于文化多样性与认同的表述中，指出其中表述上的悖论：往往将文化认同与民族认同不自觉地合并，而文化主权也容易被等同于国家主权；一方面先验式地强调多元精神的必要，另一方面则又必须以现有的民族国家格局作为捍卫文化的依据。这种矛盾并不是如他想象的，靠"全球化"话语取代"帝国主义"就能解决，尽管表面上看起来文化帝国主义在全球扩散的过程没有实质性的高压胁迫，但是问题在于隐形的"资本—权力—科技"操控，形成了一种无法逃避与选择的结构性压迫。在后现代学者和推崇全球化的人看来，全球化有去中心的效果，似乎弱化了国家的文化向心力，好像资本主义核心国家也不能幸免，但晚近情势的变化，尤其是"9·11"事件之后，美国保守主义的回归，多元文化主义得到再讨论，新冠疫情更使这一问题得以在全球范围内凸显出来[2]，逼迫学者必须回到现实。目前看来，尚未有任何替代性模式与单元能够取代主权国家，而内在多民族与文化多样性的中国在这种情境中也会被倒逼出主动或被动的民族主义思潮。现在的问题就变成了怎么样将"一体"和"多元"统摄在认同之中这样经久不衰的话题——"中华民族共同体"认同并没有过时。

从经验上来说，建构认同有两条相辅相成的路径，一条是通过

---

[1] [英]汤林森：《文化帝国主义》，冯建三译，上海人民出版社1999年版，第143页。

[2] Tariq Modood, *Multiculturalism: A Civic Idea*, Cambridge & Malden: Polity Press, 2007.

政治、经济、知识精英在明确的意愿与规划中进行制度设计与规范基础上自上而下的推广，比如公共文化的塑造，但它往往容易走向文化的标准化与大众化，进而压抑多样性与原创性；另一条是大众的动员，文化的政治化，从而形成自下而上的拥戴，但这个过程容易形成民粹主义和排他性的极端化。中国文化多样性理念的复合传统在此就成为有待汲取的思想资源，长久共生共荣而没有发生根本性断裂的传统构成了共享记忆和经验的积淀，成为坚实的基础。

当然，那些民俗、神话与传统也并非天然与自发的，而是在自在的"历史流传物"基础上计划与努力的社会制造物。19世纪末到20世纪中叶的准民族主义认同建构中，形成了一系列关于"炎黄子孙""龙的传人"、黄河母亲、长江长城、"一条大河波浪宽"……的文化象征与神话符号，但在20世纪后期以来，有必要激活新的"传统"，因为此前的文化话语系统，可能排除了多民族的符号，比如彝族的虎、壮族的蛙、北方民族的"熊图腾"、信仰伊斯兰教的少数民族的不同文化……也即是说，之前摹仿式民族主义的建构法，在全球性的差异与分歧的时代失效了。"传统"在现实感的意义上必须被理解为一种不断自我更新的流动性存在，唯有如此，我们才可能在面对跨国资本、国际金融、互联网络、生态与性别、NBIC技术、消费主义这样的普遍性问题时，保持与现实密切关联的特殊性问题意识。那么激活有机总体性的历史感，就是必然的选择。杨念群在讨论"大一统"历史观的时候，强调应该结合与协调国家行政治理技术与边缘族群自身的历史记忆和主观意念，其实就是对"大一统"与"因地制宜"传统的现代性转换。[①]

更为重要的则是，对于社会主义价值观塑造与"世界"的重绘，即"人民共和"与"移风易俗"传统所体现出来的现代性共同利益与共同理想的结合。构建"各民族共有的精神家园"，从而铸牢当代

[①] 杨念群：《"感觉主义"的谱系：新史学十年的反思之旅》，北京大学出版社2012年版，第158—165页。

中国共同体意识的重要性，因为发达工业社会和新兴数字社会所带来的风险（金融、战争、技术、环境、生态等方面的不确定性），以及全球供应链（人、财、物、技术、市场）的整合结构而增强了。后现代的共识性断裂与个人重新原子化等问题，正源于具有共同理想与利益的未来愿景的失落。晚近在全球范围内发生的新冠肺炎及各国的应对措施中，可以看出来，在共同风险中，共同体的信任、团结与友爱是如何重要。塑造一种既继承传统，又符合现代性发展的社会主义核心价值观的紧迫，在中国的不同层面得到了认识和行动。它被官方话语表述为三个层次：一是国家层面的富强、民主、文明、和谐；二是社会层面的自由、平等、公正、法治；三是个人层面的爱国、敬业、诚信、友善。这实际上是期望将自上而下与自下而上的不同途径联结起来。而从国际层面来看，"一带一路"的倡议，则在东部与西部、中国与南亚内亚、第三世界与南南合作的遗产上，重新绘制世界地图。国内国际两个层面都有着区别于宰制性意识形态、单边主义和资本全球化的明确指向。

今日回眸中国文化多样性理念的复合传统，正是为了考察、梳理中华民族赓续不绝、唇齿相依的多样性文化之间共有、共享、共存、共荣的谱系，从多元文化主义的迷思中走出[1]，树立起承传流变的中华民族共同体意识，从而使得不同地方、差异族群在交流融合的当代实践中纳入到中华民族新时代共同体认同之中。这有助于社会主义核心价值观的树立与夯实，并且使得知识生产落脚于实践、传播之中，增进各民族之间的理解与沟通，加深各民族对共同利益的认识，强化各民族对共同理想的追求，从而规避共同风险的可能性，在根本上有益于国家的长治久安，改进在国际交往中的文化形象与文化权重。

---

[1] 刘大先：《积极的多样性——文化多元主义的超越与少数民族文学的愿景》，《南京社会科学》2019年第5期。

第二章

少数民族文学研究的范式嬗变与观念更新

少数民族文学研究的发生与确立，与中国民众及中国共产党从旧民主主义到新民主主义革命的过程中的实践密切相关，并在取得民族解放与民族独立进而走向社会主义改造与建设的历史进程中确立下来。它的诞生与发展具有明确的政治性，显示了社会主义国家试图将包含着多样来源的"传统文化"与启蒙运动以来尤其是社会主义想象的"现代性规划"进行兼容整合，并锻造出一种新型文化政治的意图。这种意图及其实践落实在一系列的文学制度建设与文学组织活动之中，连接起历史经验与现实变革、社会革命与文学革命，并且将社会主义的理念具体化到少数民族的文学观念与知识生产之中。在中华人民共和国成立后的七十多年间，少数民族文学知识与理念的认知与生产时有参差起伏，但总是与时代主潮之间发生微妙的互动。"少数民族文学"作为社会主义政治平等、文化正义的产物，追求在多民族统一国家内部与外部的"积极的多样性"，在不同历史阶段兼顾"理"与"势"之间的辩证，为全球性语境中的中国文学乃至世界文化提供了"多元普遍性"①的启示。回顾、总结与展望少数民族文学研究的衍生脉络，可以发现，它既是对本土固

---

① 较早讨论"多元普遍性"观念的文章，参见陈来《走向真正的世界文化——全球化时代的多元普遍性》，《文史哲》2006年第2期。

有学说的继承与扬弃，也是与外来其他观念的对话与修正，同时也是应对现实语境的文化创造。

一 社会主义初期：平权、人民文艺与少数民族文学史

1947年5月1日，内蒙古自治政府成立，这可以说是中国共产党民族自治政策胜利的标志。在民族问题的处理上，民国政府屡经颠沛而终究未能贯穿其原初的政策设想（三民主义中"中国境内各民族一律平等"），有其复杂的内部与外部的历史原因。就三四十年代国民政府的民族政策本身而言，试图以国族主义融合诸不同族群（将少数民族视为"宗族"①），乃是迫于殖民主义和帝国主义入侵的应激之举，民族主义话语必然要对内部的差异性进行压抑，实际践行中则因为对各族群的剥削与压迫，而造成了其必然失败的命运。实行民族区域自治是中国共产党结合本土的历史与现实，运用马列主义关于民族问题的理论解决境内诸多族群问题所创立的基本政策，它区别于苏联实行的"民族自决"政策，是对马克思主义的新发展。以此为肇端，在东北、新疆、西藏、广西、云南、贵州、四川、海南等各地各民族同胞的共同协力下，中国民众完成了全境的解放，缔造了中华人民共和国。

1949年中华人民共和国成立前夕召开的中国人民政治协商第一届全体会议通过了《共同纲领》，将民族区域自治作为各少数民族聚居地区的法律规定下来。中华人民共和国中央人民政府成立不久就设置了中央一级的民族工作机构。1949年10月19日，中央人民政府委员会第三次会议通过了由李维汉、乌兰夫、刘格平、赛福鼎·艾则孜等多民族成员组成的民族事务委员会，10月22日开始办公，

---

① 毛泽东：《论联合政府》，《毛泽东选集》第3卷，人民出版社1991年版，第1083页。

此后在西北、西南、中南、东北、华北等大行政区和民族事务较多的省、市、行署、专区、县各级政府也陆续成立相应的主管机构。1950 至 1952 年，中央人民政府政务院领导推进了一系列与民族相关的工作：派出中央慰问团、访问团遍访民族地区；各地方政府也派出民族贸易工作队、医疗工作队到少数民族地区开展工作；组织少数民族上层参观团、观礼团到国内各地参观；颁布了多款体现民族平等的指示与方针，如《中央人民政务院关于处理带有歧视或侮辱少数民族性质的称谓、地名、碑碣、匾联的指示》（1951 年 5 月 16 日）、《中华人民共和国民族区域自治实施纲要》（1952 年 2 月 22 日）；陆续创办了中央民族学院、西北民族学院、贵州民族学院、西南民族学院、中南民族学院、云南民族学院、广西民族学院、新疆民族学院八所院校；展开大规模的民族历史、社会调查和民族识别工作。

这些政策与措施是开展少数民族文学研究的政治背景与基础，其中最为重要和直接的工作是从 1956 年到 1959 年由政府组织的少数民族历史、社会和语言文字调查，"不仅为中国共产党和国家了解少数民族历史、语言，把握少数民族现状，确定正确的民族政策，顺利进行民族工作提供了大量的参考资料，而且通过类似的社会实践和科学研究培养了一批民族研究和民族语言研究的骨干力量"①。从工作形式到具体方法，从人员梯队建设到采集整理经验，这项具有文化普查意味、集体协作特征和总体性思路的社会主义文化实践构成了少数民族文学研究的雏形与底色。

少数民族文学研究从属于社会主义时代文化变革与构建工作，而其背后所遵循的文艺理念则来自毛泽东 1942 年 5 月在延安文艺座谈会上的讲话以及其后文化领导机构所陆续形成的"人民文艺"观念。"讲话"指出文艺要为"中华民族的最大部分"人民大众服务，

---

① 陈连开等主编：《中国近现代民族史》，中央民族大学出版社 2011 年版，第 746 页。

即站在无产阶级的立场上为工人、农民、兵士和城市小资产阶级服务，注重普及与提高相结合，打造文艺界的统一战线，其具体方法是文艺批评，要求"政治和艺术的统一，内容和形式的统一，革命的政治内容和尽可能完美的艺术形式的统一"①。这个解放区的讲话精神也得到了来自国统区文化精英的回应，如郭沫若的《人民的文艺》（1945）、《走向人民文艺》（1946）②。1949年6月30日至7月19日中华全国文学艺术工作者代表大会（第一次文代会）的召开，表征着来自解放区和国统区文艺代表的联合。此次会议继承并对"讲话"做了发扬，被视为"现代文学"的终结和"当代文学"的开端，会上的几个为新中国文艺确立方向和目标的重要报告包括郭沫若的《为建设新中国的人民文艺而奋斗》、茅盾的《在反动派压迫下斗争和发展的革命文艺》和周扬的《新的人民的文艺》③。少数民族作为"人民"的有机而多元的组成部分，其文艺自然也是属于人民文艺的组成部分，而对于少数民族文艺的研究，也顺理成章地成为社会主义文化建设系统工程的架构组合成分。

作为"人民文艺"的有机组成部分，"少数民族文学"最初的命名来自1949年9月茅盾为《人民文学》创刊所作的发刊词，其中指出该刊作为全国文协机关刊物的任务之一是："开展国内各少数民族的文学活动，使新民主主义的内容与少数民族的文学形式相结合，各民族间互相交换经验，以促进新中国文学的多方面的发展"，其中对文艺界的要求之一则提到"要求给我们专门性的研究或介绍的论文。在这一项目之下，举类而言，就有中国古代文

---

① 毛泽东：《在延安文艺座谈会上的讲话》，《毛泽东选集》第3卷，人民出版社1991年版。

② 郭沫若著作编辑出版委员会编：《郭沫若全集·文学编》第19卷，人民文学出版社1992年版，第542—543页。郭沫若著作编辑出版委员会编：《郭沫若全集·文学编》第20卷，人民文学出版社1992年版，第87—91页。

③ 中国全国文学艺术工作者代表大会宣传处编：《中华全国文学艺术工作者代表大会纪念文集》，新华书店发行，1950年，第35—98页。

学和近代文学，外国文学，中国国内少数民族文学，民间文学，儿童文学……"① 显然这种分类并置的方法并没有统一的标准，文中提到的"少数民族文学"与并列的其他门类文学多有重叠之处，但它之所以被单列出来，有其特殊性，因为除了藏、蒙、维吾尔等为数不多有着自身书面文学传统的民族之外，此际的少数民族现代意义上的文学写作还处于草创阶段，存在参差不齐的情况，单独的学术研究也尚未建立，而是散布在语言学、民俗学、民族学之类学科之中。

　　从现代学术分科而言，少数民族文学研究最初是从民间文学学科中分离出来的。1955 年 5 月，中国作家协会邀请了包括彝、侗、东乡、维吾尔、蒙古、满、苗、朝鲜、汉等不同民族的作家座谈兄弟民族文学工作。1956 年老舍在中国作家协会第二次理事会（扩大）会议上的报告《关于兄弟民族文学工作的报告》② 吸收了座谈会的成果，谈论少数民族文学遗产、整理、翻译、研究的工作，更多内容集中于"民间文学"（史诗、故事、山歌等）——"新文学"（作家文学）虽然在兴起，但创作只占很小的篇幅。1958 年 7 月 17 日，中共中央宣传部召集到北京参加"全国民间文学工作者大会"的各自治区及有少数民族聚居的省的部分代表和北京有关单位，座谈了编写中国少数民族文学史或文学概况的问题。时任中国科学院哲学社会科学学部文学研究所领导的何其芳提出，中国的文学史不能仅仅是汉族的文学史，编写民间文学史和少数民族文学史的动议已成为共识。周扬在该次会议上提出在少数民族地区实施"三选一史"（即歌谣选、故事选、谚语选和文学史）的计划。中宣部于 1958 年 8 月 15 日将《关于少数民族文学史编选工作座谈纪要》转

---

　　① 茅盾：《人民文学·发刊词》，《茅盾全集》第 24 卷，人民文学出版社 1996 年版，第 88 页。
　　② 老舍：《关于兄弟民族文学工作的报告》，初载 1956 年 3 月 23 日《民间文学》3 月号及 3 月 25 日《文艺报》第 5、6 号合刊，3 月 25 日《人民日报》摘要刊载。

发各地，推动了中国少数民族民间文学大规模搜集研究工作的开展。这次座谈会的初步考虑是首先编写蒙古族、回族、藏族、维吾尔族、苗族、彝族、壮族、朝鲜族、哈萨克族、锡伯族、白族、傣族、纳西族等少数民族文学史；要求从古至今，写到"大跃进"时期为止，采用历史唯物主义的观点和阶级分析的方法，要强调劳动人民的创造和各民族人民之间的团结和友谊；除编写各少数民族的文学史或文学概况外，在有少数民族的省份要编写一套少数民族文学作品选集；这些选集和少数民族文学史或文学概况要在中华人民共和国成立十周年以前交稿或出版，作为国庆节的献礼；贾芝与毛星具体负责这一工作。这是少数民族文学研究的起点，它最初确立的秩序和框架的影响直至当下。

到 1960 年 8 月第三次全国文代会期间，已经有白族、纳西族、苗族、壮族、蒙古族、藏族、彝族、傣族、土家族九个少数民族写出了文学史，布依族、侗族、哈尼族、土族、赫哲族、畲族六个少数民族写出了文学概况，中国科学院文学研究所在此期间召集了第二次少数民族文学史编写工作座谈会，除了交流、总结各地编写文学史、文学概况的经验，探讨各地写史过程中所遇到的一些带有共通性的问题之外，还决定嗣后召开一次少数民族文学史初稿讨论会；在陆续翻译、编选、整理各民族的优秀作品之外，决定尽快编印各省（区）各民族文学资料；并要求发扬共产主义大协作的精神，互相帮助支援——事实上也确实只有在社会主义制度下才有可能让曾经的沉默者发声、让无名者获得命名、让被侮辱与被损害者树立文化尊严与自信，同时在实际工作中能统筹安排，实行大规模的动员、组织和知识生产工作。

1961 年 4 月 17 日，中国科学院文学研究所召开了少数民族文学史编写工作讨论会，各有关省区、各有关工作单位七十余人出席，结合 1960 年已经写成或出版的《蒙古族文学简史》（中国科学院内蒙古分院语言文学研究所编写）、《苗族文学史初稿》（贵州省民间文学工作组编）和《白族文学史》①，讨论了编写少数民族文学史和文学概况的一些原则问题。会议达成的编写基本要求包括：（1）材料丰富，叙述力求客观、准确；（2）对各种文学现象的说明和论断力求符合马克思主义；（3）经过调查研究，社会历史和文学历史的发展脉络均比较清楚者，写文学史；条件不具备者，写文学概况；（4）根据实际情况，既写出本民族文学的特点，又写出各民族文学之间的相互影响；（5）体例统一，文字精练。会议认为写入文学史和文学概况的作家，应是对本民族的文学发展有一定贡献或有比较显著的社会影响的作家；判断作品所属民族，应以作者的民族成分为依据，作者无法考查的民间文学，以在本民族中流传并有本民族文学特色的作品为限。同一作品在两个以上的民族中流传、无法判断其所属民族者，可作为这两个以上民族的共同的文学遗产来叙述。至于各民族文学史的分期，会议认为应根据各民族社会历史发展的大的分期划分，能与全国社会发展的大的分期一致者尽可能一致，但不强求一律；至于小的发展段落，则可按照本民族文学历史本身的具体情况划分。作家作品的时代的断定，有文字记载者以文字记载为依据；无文字记载，但经过各方面的考察可以确定其产生时代者，根据考察的结果断定；无法考察或经过考察仍不能确定其产生时代者，不要勉强断代，可以附在适当的历史时期后面加以叙述。会议还讨论了与编写少数民族文学史或文学概况关系密切的搜集整理工作问题，因为这是编写的基础：对各少数民族的文学作品必须全面搜集，忠实记录，反对篡改；不应该见到少数民族的民间文学作品中有某些消极的部分，就毫无事实根据地断定这些部分是剥削阶级篡改的结果，从而按照今天的观点加以删改。再有就是，编写少数民族文学史或文学概况，观点是重要的，倾向性必须鲜明；但是观点必须和资料统一，倾向性应当表现在对客观事实的叙述中。

---

① 云南省民族民家文学大理调查队编写：《白族文学史（初稿）》，云南人民出版社1960年版。

马克思列宁主义观点是指南，指导如何去研究历史和现状，但要对一些问题得出具体的结论，却要在对资料进行研究以后，不能先后倒置。会议就编写少数民族文学史如何正确对待过去的和今天的文学，对"厚古薄今"的问题、民间文学中有无两种文化斗争的问题、对具体作品的评价问题也达成了共识。① 此次会议可以说是社会主义初期关于少数民族文学研究最为重要的一次会议，会议制订了《中国各少数民族文学史和文学概况编写出版计划（草案）》《中国各民族文学作品整理、翻译、编选和出版计划（草案）》《〈中国各少数民族文学资料汇编〉编辑出版计划（草案）》三大草案，设定了少数民族文学研究的目标、方案、具体的操作方式和实施规划。

　　新中国成立后的十年间，少数民族文学研究从无到有、开榛辟莽，形成自己草创期的学术形态：注意到不同地域和民族之间文学发展的差异性和不平衡，以实事求是为基础，侧重对既有文化遗产和现实文化状况的普查与了解。与此同时，它也开始逐渐取得自己的命名。1956年老舍在中国作家协会第二次理事会（扩大）会议上发表的《关于兄弟民族文学工作的报告》和1960年在中国作家协会第三次理事会（扩大）会议上发表的《关于少数民族文学工作的报告》在称谓上发生了细微的变化，1959年黄秋耘的《突飞猛进中的兄弟民族文学》等文中还有着关于"少数民族文学"和"兄弟民族文学"名称不统一的情况，到1960年之后，伴随着中国科学院文学研究所和各地研究机构的确立，"少数民族文学"的名称基本确立下来，但关于"少数民族文学"的划分标准或者说范围界定却一直存在争议。何其芳曾经提出"判断作品所属民族一般只能以作者的民族成分为依据"②，这是合理的看法，但在80年代直至今天，不能说就变成了普遍的共识而被广泛接受，一些将其内涵与外延窄化的倾

---

① 《关于少数民族文学史写作的讨论》，《人民日报》1961年6月28日。
② 何其芳：《少数民族文学史编写中的问题——一九六一年四月十七日在中国科学院文学研究所召开的少数民族文学史研讨会上的发言》，《文学评论》1961年第5期。

向一直存在，比如毛星将"民族文学"细化为：首先作者是该民族的，其次作品具有该民族特点或反映民族生活①；刘宾提出界定少数民族文学的三点标准，作家是少数民族，作品所反映的内容是少数民族生活，作品的语言是民族语言。② 如果按照这些细化与窄化标准，从逻辑上来说，否定了少数民族文学中的语言选择自主性，以及题材选择中的同时代性；从现实中的少数民族文学发展而言，难以涵盖蓬勃发展的少数民族汉语创作；从学理上来说，则显示了一种被彼时现代主义为根基的美学自足所束缚的文学认知，具有某种过分强调民族立场和民族色彩的文学观。这些变化与不同文学范式中的文学观念有关，显示出在社会主义"大跃进"时期与后革命年代的不同政治、社会、文化语境中，由不同文学观念所带来的认知差异；也显示出少数民族文学研究在一些基础问题上没有形成公共性常识，直到新世纪之后依然还在重申概念与划分标准的问题。③ 纠缠于概念、词语和表述，而不是话语实践本身，一方面表明了学术理路的陈旧和僵化；另一方面也意味着"少数民族文学"学科在社会主义初期确立的正当性，在后革命年代所遭遇到的备受质疑的命运。

无论如何，到60年代初，中国少数民族文学研究的制度建设与组织构成已经初具形貌，其中包括少数民族创作上的制度建设、教育与激励，少数民族文学遗产的搜集、整理、翻译与出版，族别文学史与文学概况的书写，乃至少数民族影视文学的生产与评论。少数民族影视文学的生产与评论是令人瞩目的新兴媒体文化现象。1950年，王震之编剧、干学伟导演的《内蒙春光》由东北电影制片厂摄制完成，但因为对片中王爷的形象处理不当，在公映一个月后

---

① 毛星：《中国少数民族文学·前言》，湖南人民出版社1983年版。
② 刘宾：《对界定"民族文学"范围问题之管见》，《中央民族学院学报》1984年第2期。
③ 李鸿然在经过辨析之后提出"不能以作品是否使用了本民族语言或是否选择了本民族题材为标准，正确的标准只能是作者的民族成分"，《中国当代少数民族文学史论》，云南教育出版社2004年版，第13页。

被明令停映。同年5月，文化部长茅盾召开了有一百多人参加的审片会，周恩来总理亲自参加讨论，并提出修改方案的指导思想。在当事人回忆中，中央领导认为该片最初版本的错误是没有意识到对于少数民族王公和上层人士要争取，他们虽然是残酷的统治者，但不是主要敌人。① 此后按照这一思路的修改版本由毛泽东亲自改名为《内蒙人们的胜利》，于1951年重新上映。这部影片修改后成为少数民族题材电影的剧作技巧和叙事策略的奠基性作品，此后在"十七年"时期一系列少数民族题材电影从剧作冲突和情节展开中逐渐形成较为一致的形态：强调阶级认同，从而教育和启迪各少数民族人民认识到，相较民族差异和文化差异，更深层次是阶级差异；在表现少数民族抗日题材影片中强调国家意识和民族大家庭的观念，强调党所领导的各民族共同的统一战线；在反映农业合作化到人民公社的社会主义建设题材影片中，用进步与落后的分界线消解许多植根于少数民族历史中的宗教、宗法和文化矛盾，从而使之与整个国家、社会进步的主题相联系；在尊重少数民族信仰自由的前提下，以阶级分析的方法取代少数民族的神话传说、巫术民俗的统治地位，用社会主义无神论思想教育少数民族人民反对封建宗教迷信。② 从指导与评判的理念而言，移风易俗的主基调覆盖在差异性之上，一体性的意识形态笼罩在多元化的文化之上，这也是此际少数民族文学研究与评论的基本逻辑和语法。

作为统一的多民族国家多样性文化风貌的呈现，族别文学史和文学概况的书写是此一阶段少数民族文学研究的重心所在。在经过多次研讨后确立的叙事框架中，要求叙述各民族的文学现象时，需要适当地介绍本民族的社会历史、一般文化艺术和民族风俗习惯；

---

① 齐锡宝：《晶莹的记忆，深切的思念》，《电影艺术》1980年第4期。
② 李奕明：《"十七年"少数民族题材电影中的文化视点与主题》，中国电影家协会编《论中国少数民族电影——第五届中国金鸡百花电影节学术研讨会文集》，中国电影出版社1997年版，第177—178页。

而分析文学现象时，不仅要指出它们和经济基础的关系，还应说明它们和其他上层建筑（政治、哲学和宗教等）的相互作用。当然，这些均以说明本民族的文学发展情况为目的，并不是喧宾夺主或离开文学而过多地谈社会历史和其他方面。从少数民族文学史和文学概况写作的一般体例原则而言，其设计理念体现了以马克思主义为世界观和认识论的方法与原则。

具体体现为：一，在史观上，采用革命史的叙述语法，尽管各民族发展的历史阶段、生产力水平与文化发展状况存在较大差异，但都以阶级斗争为主线，突出民间与底层的创造性。二，因为许多民族都是过去的文学历史较长，现代的文学历史较短，所以各民族的文学史难免比较详于今而略于古，如果要呈现文学发展的全貌，就应给予过去的重要作家、作品应有地位。而按照意识形态的要求，现代的特别是社会主义文学历史又是应该重视的，所以今古的比重分配就相当重要。在书写的古今比重上，要根据各民族文学的实际情况具体对待，没有统一的规定，但明确不能偏于厚古薄今或者厚今薄古。在对古代作品的评价上，一方面主张应看到它们的时代和阶级的局限性，不应以今天的标准来要求；另一方面对于内容有显著"毒害"，不利于社会主义事业和民族团结者，则加以删除或删节，而判断标准当然是时代的主导性政治话语。三，在分期原则上，因地制宜，针对性处理，兼顾到中原王朝变迁与地方族群历史的特殊性，历史朝代名称或本民族的特殊历史时期称号可以并用，同时注明公元纪年。出于学术严谨性考虑，作家、作品的断代，要求有可靠根据。四，在叙述方法上，以各个时期的重要的作家或作品为线索，叙述具体少数民族的文学发展过程，但部分章节也可按照某一时期的文学体裁集中叙述。至于文学概况则灵活使用不同的叙述方法：或者写成带有文学史性质的著作，或者按特殊文类叙述，努力以现代文学观念梳理历史文学现象，但也实录具体民族的独有文学形式。这一切都是力求比较客观地叙述各民族文学发展的过程或文学状况，介绍各民族文学的重要作家作品，给读者以比较丰富的有关各民族文学的知识，而让观点和倾向性从客观叙述之中表现出来。①

应该说，在 50 年代末到 60 年代初的族别文学史与文学概况的宏观学术规划中，已经具备比较严格的学术规范，尤其强调材料需要经过鉴别和考证，引用作品、论著和重要史料，要求注明出处（包括作者、调查者、口述者、记录者、整理者、作品流传地区、特别重要的材料还应注明保存者等）。虽然具体写作中因为书写者水平参差不齐，并未完全达到要求，有的甚至略显粗陋，但这些最初的成果毕竟开创风气，树立了典范，一直影响到此后近半个世纪的少数民族文学史写作。

除了与现代以来一般的主流"中国文学史"共通的体例与规范，少数民族文学史、文学概况及其研究还有特殊的层面。首先，因为许多少数民族书面文学出现较晚，无文字民族的文学传承更多体现在口头文学上，因而多为长篇的民间史诗、叙事诗、歌谣、故事等文体，不同于汉文传统的诗词歌赋，也溢出了近现代以来的小说、诗歌、戏剧、散文、报告文学等体裁，将它们纳入一般文学史而不仅是专门的"民间文学史"，体现了少数民族文学的主要特征——"民族"与"民间"往往并称，这源于五四新文化运动以来新知识分子对"民间文学"的发现，同时也结合了新成立的共和国对于建构社会主义新文化、提升普通民众的文化与文学地位的诉求——这与颠覆既有政治与文化秩序，让被压迫与被侮辱的无产阶级获得翻身、当家作主的政治结构转换形成同构。也正因为不同文类文体的进入，使得由近现代西方传入的文学观念在面临中国文学现实时不得不做出调适，从而塑造了社会主义中国的本土文学观念。其次，

---

① 《中国各少数民族文学史和文学概况编写出版计划（草案）》（中国科学院文学研究所，1961 年），见中国社会科学院少数民族文学研究所编《中国少数民族文学史编写参考资料》（未出版），中国社会科学院少数民族文学所编印，1984 年，第 9—10 页。

少数民族文学涉及多民族共享的作家作品以及跨境民族作家作品。在处理这些问题时的原则是，判断作品所属民族以作者的民族成分为依据，但对作者无法考查的作品，以在本民族中流传并有本民族文学特色的作品为限。同一作品在两个以上的民族中流传，无法判断所属民族者，则作为它们共有的遗产来叙述，比如藏族与蒙古族共享的史诗《格萨（斯）尔》。同一口头文学作品在中国和邻国同一民族中都有流传，则作为两国或多国人民共同的文学，但叙述时应以在中国流传者为依据，比如中国柯尔克孜族与吉尔吉斯斯坦共和国共有的史诗《玛纳斯》。中国和邻国同一民族如曾有共同的历史阶段，在这一阶段产生的作品，也应作为两国人民共同的文学遗产来叙述，比如蒙古族与蒙古国共有的《江格尔》。但从邻国移居中国成为中华民族大家庭的一员的民族，应以叙述在中国产生的文学为限，比如现当代的朝鲜族移民作家。最后，因为多语言的存在，各民族文学之间的交流、翻译与传播也是不容忽视的中国文学多样性体现。少数民族族别文学史和文学概况中包含了大量译自不同语种的口头与书面文学。在力求忠于原作的内容和风格的指针下，诗歌作品原来为格律诗者，译文也用适当的汉文的格律诗翻译；无法严格进行格律转化的，则在序文或注释中说明。这些在实践中摸索的具体做法，建立了民汉文学翻译的基本规范。

　　因为口头文学与翻译文学的大量存在，大力开展调查研究，记录各民族口头文学，搜集民间流传的口头文学的记录稿、刻本、改编本、手抄本、寺庙经典、文人著作，以及有关的各种史料，并且系统地加以编纂，是少数民族文学史与文学概况写作的重要内容，并由此逐渐形成了配套的整理工作方法，同语言学、翻译学、民俗学形成交叉影响，形成了堪称方法论的范例。比如少数民族口头与书面文献的整理工作以忠实记录和可靠版本为基础，力求保持作品的本来面目、语言、叙述方式、结构和艺术风格。根据不同语种和流传情况，整理采取了不同的方法：或者选取一种比较完整的记录或版本加以整理；或者以一种记录或版本为主，接受同一民族或同一地区的其他记录或版本的某些部分，整理成内容和形式较为完美的作品；对内容基本相同、情节差别较大的作品，则整理为两种以上的不同本子。同时，也注意到整理和改编、再创作之间的区别，虽然整理采用因地制宜的不同方法，但均以可靠的记录或版本为根据，不得掺入整理者个人杜撰的成分，不改变原来的体裁。作品中的方言土语、风俗习惯、历史事实和一般读者不易理解的地方，尽可能在整理稿中加以说明和注释。尤其是民间口头创作，强调注明其流传地点，所属民族，口述者的姓名、性别、年龄、籍贯、职业，记录者、整理者、改编者的姓名和职业。这些资料汇编工作的实践，成为"新时期"之后1984年开始的"民间文学三套集成"（《中国民间故事集成》《中国歌谣集成》《中国谚语集成》）的先声，并且构建了新世纪以后少数民族资料库建设的方法和理论的雏形。

各民族文学普查工作中的具体措施也建立起了完整、立体、系统的认知，调查、采录和搜集的范围包括口头创作、书面文学以及有关的图片、史料和实物。文学调查工作与社会历史调查、语言调查、各种民间艺术调查协同进行——这表明"文学"尚没有化约为部分文人精英的局部文化，而同生活之间有着完整联结。从调查到写书，开创性地发明了"四结合"的方法：专家与群众相结合，专业与业余相结合，集体写作与个人研究相结合，书写文学史、文学概况与建立各民族的科学研究工作相结合。其中在培养干部和建立机构上，从学校和工作部门征调与社会考核选拔相结合，在实地调查研究和写书的过程中加以培养，使得各省、市、自治区逐渐涌现了一批专业人员，建立了专业机构专门从事少数民族文学的调查工作和翻译工作。各少数民族地区科学分院的哲学社会科学研究部，纷纷设立专业的少数民族文学研究机构；没有哲学社会科学研究部门的地方，则在文联、作协、民族学院或综合大学中文系内设立专业研究机构。这显示了组织协作的优势，各地区、部门分工合作，搭建了覆盖全国的少数民族文学研究网络，为后来的少数民族文学研究积蓄和储备了人才。

以文学史为中心，少数民族文学研究从一开始就带有跨学科色彩，那些最初动议、规划与建立基本学术框架与方向的人物，除了来自文化界的领导、作家、学者（如郭沫若、周扬、老舍、冯牧、何其芳、贾芝、毛星）之外，还有社会学家费孝通、民族学家吴文藻、语言学家马学良、历史学家翁独健、藏学家于道泉、民俗学家钟敬文等诸多学科学者的学术参与。少数民族文学史和文学概况的整理、写作与研究有其鲜明的时代特征，是政治史、社会史与文学史的结合，而关于"文学"的认识也并没有后来被强化的自律性或者审美自足论观念，更多是将其作为整全性的生活有机组成部分。这些工作是在党的领导下进行，并且以百家争鸣为开展工作的指导原则，体现出社会主义中国建设初期的整体性特征。少数民族文学研究在此际是蓬勃发展的社会主义学术研究的新兴学科，作为文化多样性的因素积极加入到总体性学术潮流之中，并在主导性学术思想与观念中开始了其从最基础的材料搜集、历史脉络梳理到综合研究和跨语际翻译传播的旅程。与"现代文学"在发生时刻意要与"古典文学"发生断裂不同，少数民族文学是要将"现代文学"和"古典文学"都纳入到自身的"人民文学"式的书写系统之中——最为突出的是将"民族/民间"这些原先被排斥在"文学"之外的口头传统内容涵括进来——它是一种"新中国"的创造性发明。

二 从"新时期"到"后新时期"：
族别与综合研究并进

20世纪60年代中期之后，由于激进的文化与政治实践使得少数民族文学研究事业与其他文化建设陷于停滞。到70年代末，尤其是1978年12月中共十一届三中全会决定"全党工作的重点应该从

1979年转移到社会主义现代化建设上来"。这标志着革命话语向现代化话语的转型。

伴随着改革开放时代的到来，一度中断的少数民族文学研究得以恢复，相应地在文学界与学术界展开的各项举措包括：1979年6月，中国少数民族文学学会成立；9月，中国社会科学院少数民族文学研究所成立（首任所长是贾芝，继任为王平凡，再接任为刘魁立）；1980年，中国作家协会成立了少数民族文学委员会；第一次全国少数民族文学创作会议召开；1981年，中国作家协会与国家民委举办了第一届全国少数民族文学评奖；国家级文学期刊《民族文学》创刊；中国作家协会文学讲习所（1984年定名为鲁迅文学院）开设了少数民族作家班；1983年，中国社会科学院《民族文学研究》杂志创刊。

由于少数民族文学创作和研究与政治之间的密切关联，国家主导性话语在其中显示了强韧的延续性，如同玛拉沁夫所言："少数民族新文学从它兴起的那一天起，就是作为我国社会主义文学的一个重要组成部分而显示出它的旺盛的生命力。"[①] 未间断的多民族中国形象，一直是少数民族文学研究所要建构的国家文化形象，而这在80年代依然是一个有待完成的任务。可以看到随着高校与科研院所的建设，少数民族文学逐渐从"民间文学"到"民族文学"，摆脱了民间文艺学的学科束缚，开始谋求自己的学科主体性。具体表现为民族高校民族文学学科建设和人才培养的逐级推进，中央级的中央民族大学，地区级的民族大学包括西北民族大学、西南民族大学、中南民族大学、大连民族学院、北方民族大学，省级高等学校包括内蒙古民族大学、广西民族大学、青海民族大学、西藏民族学院、贵州民族学院、云南民族大学、湖北民族学院、四川民族学院等，

---

① 玛拉沁夫：《〈中国新文艺大系（1976—1982）·少数民族文学集〉导言》，《中国少数民族文学经典文库1949—1999：理论评论卷》，云南人民出版社1999年版，第25页。

分别利用各自的地缘与语言优势，开设相应的少数民族文学课程，培养少数民族文学研究的专门人才，一些之前不被重视的民族文学研究也逐渐浮出水面。这一学科还辐射到地方其他院校如广西师范大学、内蒙古大学、内蒙古师范大学、延边大学、新疆大学、新疆师范大学、伊犁师范学院、宁夏大学，① 甚至在一些原本没有少数民族文学学科的综合性院校如四川大学、苏州大学、南开大学也陆续出现了相关的专业和研究人员。

从50年代肇端的少数民族文学史与文学概况的书写重新接续起来，并且从族别文学史的单一走向转向综合整体研究。1979年2月，中国社会科学院文学研究所（原中国科学院文学研究所）在昆明召开第三次全国少数民族文学史编写工作座谈会。来自云南、贵州、四川、西藏、新疆、青海、甘肃、宁夏、内蒙古、黑龙江、吉林、广西、广东、湖南、福建等省区的代表，同国家民族事务委员会、中国民间文艺研究会、中央民族学院、人民文学出版社、中国青年出版社的代表，交流了自1961年以来各地组织编写少数民族文学史和文学概况工作的情况、经验与问题，修订与落实今后的工作计划。1980年，色道尔吉的《蒙古族文学概况》②、广西壮族自治区民间文学研究会编印的《广西少数民族文学概况》、吴重阳与陶立璠编《中国少数民族现代作家传略》③ 相继问世。1981年，《蒙古族文学简史》④、《苗族文学史》⑤ 先后出版。1982年，《壮族文学概论》⑥、

---

① 梁庭望主编：《中国民族文学研究60年》，中央民族大学出版社2010年版，第65—117页。
② 《内蒙古社会科学》1980年第1期至第4期连载。
③ 吴重阳、陶立璠编：《中国少数民族现代作家传略》，青海人民出版社1980年版。
④ 齐木道吉、梁一孺、赵永铣等编著：《蒙古族文学简史》，内蒙古人民出版社1981年版。
⑤ 贵州民间文学工作组编著，田兵、刚仁、苏晓星、施培中执笔：《苗族文学史》，贵州人民出版社1981年版。
⑥ 胡仲实：《壮族文学概论》，广西人民出版社1982年版。

《朝鲜族文学艺术概观》①、《仫佬族毛南族京族文学概况》②、《蒙古文学概要》（蒙文版）③ 相继出版，王沂暖、唐景福合著的《藏族文学史略》开始在《西北民族学院学报》连载。1983 年，中国社会科学院少数民族文学研究所接手文学研究所编写少数民族文学史及文学概况的任务，7 月，毛星主编的《中国少数民族文学（概况）》出版，这是综合性概况书写的开端。该书包含了中国 55 个少数民族文学概况，第一次比较全面系统地介绍了各民族的文学成就，"就像为五十多个兄弟民族各开一个文学创作展览馆"④。同年，《傣族诗歌发展初探》⑤、《白族文学史（修订版）》⑥、《布依族文学史》⑦、《少数民族民间文学概论》⑧ 等也陆续出版。

此类文学史编写工作在 1984 至 1986 年在中央文化主管部门的扶持下达到高潮。1984 年 2 月，中共中央宣传部发出《关于加强少数民族文学研究和资料搜集工作的通知》（中宣通〈1984〉7 号），指出"六五"期间（1981—1985）的工作重点"仍然放在对民族地区民间文学的抢救工作上面"。同年 11 月，中国社会科学院少数民族文学研究所在北京召开第 4 届全国少数民族文学史编写工作座谈会，讨论了关于编辑出版"中国少数民族文学史、文学概况丛书"和"中国少数民族文学资料丛书"的计划。1985 年 6 月，中共中央宣传部、中国社会科学院、国家民族事务委员会、文化部联合发布了《关于转发〈1984 年全国少数民族文学史编写工作座谈会〉的通

---

① 延边文学艺术研究所编：《朝鲜族文学艺术概观》，延边人民出版社 1982 年版。
② 王弋丁：《仫佬族毛难族京族文学概况》，广西人民出版社 1982 年版。
③ 策·达姆丁苏荣、达·呈都：《蒙古文学概要》（蒙文版），内蒙古人民出版社 1982 年版。
④ 毛星主编：《中国少数民族文学（概况）》，湖南人民出版社 1983 年版。
⑤ 王松：《傣族诗歌发展初探》，中国民间文艺出版社（云南版）1983 年版。
⑥ 张文勋主编：《白族文学史（修订版）》，云南人民出版社 1983 年版。
⑦ 田兵、黄世贤、罗汛河、陈立浩主编：《布依族文学史》，广西民族出版社 1983 年版。
⑧ 朱宜初：《少数民族民间文学概论》，云南人民出版社 1983 年版。

知》。1986年10至11月，全国哲学社会科学"七五"（1986—1990）规划会议在北京召开，"中国少数民族文学史、文学概况丛书"被列为重点项目，由刘魁立、邓敏文主持。同月，即1961年会议之后时隔二十五年，第二次全国少数民族文学史学术讨论会由中国社会科学院少数民族文学研究所在北京主持召开。1988年2月，"中国少数民族文学史丛书"评审委员会在北京召开第一次评审工作会议，委员会包括刘魁立、马学良、王平凡、邓绍基、邓敏文、刘宾、李赞绪、田兵、关纪新、贾芝、徐昌汉、拉布坦、樊骏等人。这套丛书工作旷日持久，到1993年，分别在北京、云南、陕西、四川、广西、新疆召开了14次评审工作会议，先后对纳西、布依、黎、普米、毛南、拉祜、基诺、布朗、阿昌、珞巴、羌、赫哲、京、仫佬、乌孜别克、塔吉克、鄂伦春、蒙古、满、保安、东乡等22个少数民族的文学史或文学概况进行了评审。如果从1958年算起，这是一个持续了将近四十年的学术工程，尽管中间因为种种原因中断多年，其编写观念也发生了一些调整，但国家文化宏观规划保持了其连续性和一贯性。如果对比彼时的评审原则，此时在主流文学史评价和书写领域中已经悄然兴起的，以人道主义话语替代革命与阶级斗争话语的模式转型，这种连贯性就尤为醒目。

1992年，马学良、梁庭望、张公瑾主编的《中国少数民族文学史》① 可以说是从"新时期"到"后新时期"②，从单一族别文学史到综合性整合研究的尝试。尽管这套文学史还是按照"原始社会""奴隶社会""封建社会""半封建半殖民地时期"的历史阶段分期，并且所用材料多为民间文学，但它已经有意识地对过往文学史与文学概况书写进行总结，也预示了新一个阶段即"各民族文学关系"

---

① 马学良、梁庭望、张公瑾主编：《中国少数民族文学史》，中央民族学院出版社1992年版。

② 一般认为"新时期文学"到1989年就结束了，而"后新时期"的命名和讨论兴起于1994年。

研究范式的来临。这个渐变的过程暗示了一种比较立场的介入，也即走出来孤立的、封闭的族内人视角，而将各少数民族文学置入中国的各族群彼此交往、相互融合的历史与现实语境中加以观照。单一族别文学史的视角其实是模仿现代以来"中国文学史"的形式，从文类到叙事逻辑，从分期到重点作家作品，从史观到文学观都属于一种迟到的文学史，此类文学史根底里是移植了民族主义话语模式，要塑造某个族群主体连绵不绝、赓续不断的文学承传流变脉络，因而就在一个多民族国家内部整体性文学史构造而言，未能形成有力支撑，不利于形成不同文学传统之间的广泛联系和交流互动的场景。比较文学视角的切入，带来了转变的可能。1989年，季羡林从本土文学实际出发说："西方一些比较文学家说什么比较文学只能在国与国之间才能进行，这种说法对欧洲也许不无意义。但是对于我们这样一个多民族的大国来说，它无疑只是一种教条，我们绝对不能使用。我们不但要把我国少数民族的文学纳入比较文学的轨道……而且我们还要在我国各民族之间进行比较文学活动。"[①] 这是从比较文学"中国学派"的角度着眼的表述，就文学实际而言，由于地理的接近、历史与现实中的交流甚至血缘上的关系，少数民族与汉族、少数民族与域外他民族文化文学的比较是切实可行的命题。当然，早期的研究在很大程度上缺乏理论的自觉，停留于罗列材料、简单类比的层面。马学良、梁庭望、李云忠主编的《中国少数民族文学比较研究》[②] 是此类比较研究的综合之作，分别就少数民族的神话、民歌、民间传说与故事、民间叙事长诗、作家文学五个方面进行了国内和域外的比较。

80年代整体语境是以现代化为底色的新启蒙主义占据思想主流

---

① 季羡林：《少数民族文学应纳入比较文学研究的轨道》，《季羡林文集》第8卷《比较文学与民间文学》，江西教育出版社1996年版，第464页。

② 马学良、梁庭望、李云忠主编：《中国少数民族文学比较研究》，中央民族大学出版社1997年版。

位置，学术话语重寻五四新文化运动的理路，取得了在观念上的启蒙"态度一致性"，少数民族文学研究可谓亦步亦趋。在"新时期"之前，少数民族当代文学创作较少，直到此时少数民族文学创作现场才呈现繁荣的局面。这些新兴少数民族作家作品带动了作品批评与研究的兴起，从而引发了少数民族文学主体性问题的思考，也激发了对一些少数族裔出身的现代文学作家从族群文化和民族心理视角的再研究，比如关纪新从满族文化角度进行的老舍研究①，以及许多论者从苗族文化角度出发的沈从文研究等。

不过，现场批评和作家作品论尚没有形成少数民族文学研究的原生理论，在国家总体性方案与个体化评论之间，显示出政治与审美交织、理性判断与感性体悟混杂的情形，批评话语往往集中在对于民族风情、文化特质乃至"民族性"的讨论之中。与时代主潮共振的结果，是少数民族文学批评挪用主流文学的话语。在1985年现代派兴起之前，少数民族文学评论与研究基本上延续了阶级斗争和社会主义现实主义话语，1986年发表的一篇署名"《民族文学研究》《民族文学》评论员"的文章《民族特质、时代观念、艺术追求——对少数民族文学创作理论的几点理解》②可以视作是对此前三十年少数民族文学创作的风貌勾勒，意在进行少数民族文学创作的"主体建设"。1985年之后，中国当代文学整体上转入到现代主义和纯文学话语，强调审美的自律和文学的自主性，这也对方兴未艾的少数民族文学创作及其批评产生了影响，新出场的少数民族作家和批评家热衷于在"寻根""民族文化"的话语中，谈论意识流和魔幻现实主义之类时髦技巧与概念，但并无太多学理上的推进。

《多重选择的世界——当代少数民族作家文学的理论描述》③ 一

---

① 关纪新：《老舍评传》，重庆出版社1998年版。
② 该文由关纪新执笔，白崇人修改，玛拉沁夫审阅修订，发表于《民族文学研究》1986年第4期。
③ 关纪新、朝戈金：《多重选择的世界——当代少数民族作家文学的理论描述》，中央民族大学出版社1995年版。

书是彼时为数不多自觉描述少数民族作家文学理论建设的成果。该书分为七章，第一章"当代少数民族文学的历史定位"，考察中国少数民族文学历史沿革，认定中国境内全部的少数民族随着历史发展普遍拥有了各自的书面文学创作这一划时代文化事象的意义，提出为了推进民族文学的高质量持续拓进，须着力加强相关理论的系统建构；第二章"民族作家与民族文学"，在梳理此前关于界定"民族文学"概念各种意见的基础上，认为投射在文学中的民族文化心理，才是判定民族文学的深层的稳定的标记；第三章"少数民族作家与民族文化传统"，就少数民族出身的作家与本民族传统文化的相互关系来考察，将他们大致区别为"本源派生—文化自律""借腹怀胎—认祖归宗"和"游离本源—文化他附"三种类型，论述少数民族作家取得多重文化参照系统的必要性与重要性；第四章"少数民族文学创作的双语问题"，探讨了民族文学中出现双语文学现象的历史根源、创作优势、积极意义和发展前景；第五章"民族文学的审美意识"，强调民族生活的特殊性对于形成特定民族的审美心理结构的规定性作用，民族审美意识是民族文化和民族文学中的可贵成分，需要保护和发展；第六章"少数民族文学的历史文化批判意识"，肯定少数民族作家为推进民族进步所坚持的启蒙主义写作精神，鼓励民族文学创造者们在人类现代文明的基点上打造起科学的民族文化观；第七章"各民族文学互动状态下的多元发展"，指出迄今各少数民族的文学发展范式各不相同，在以后一个相当长的时期里也将选择不同的道路，世界文学作为文学的崇高理想还远未取得实现的条件。客观而言，这本著作并非是搭建起理论框架来讨论问题，而更趋向于以文学现实中若干重要问题为重点展开议论。不过，若是将这里的学理性思考放在整个少数民族文学研究领域中来考察，它的开创意义就凸显出来了。

从真正意义上解决缺乏主体自觉和理论滞后状况的是 1988 年

费孝通提出的中华民族"多元一体"理论。他从历史出发,得出结论"中华民族作为一个自觉的民族实体,是近百年来中国和西方列强对抗中出现的,但作为一个自在的民族实体则是几千年的历史过程所形成的。……它的主流是由许许多多分散孤立存在的民族单位,经过接触、混杂、联结和融合,同时也有分裂和消亡,形成一个你来我去、我来你去,我中有你、你中有我,而又各具个性的多元统一体。"① 这个论说及"文化自觉"的表述极具概括力,成为此后研究中国少数民族文学的基本认知框架,平衡了国家政治话语与个体美学话语之间的张力,使得启蒙主义与多元主义得以并行不悖。从族别文学史的"各美其美"到综合性比较视野的"美美与共",从历史与实践的两个层面有效地推进了研究的进一步拓展。

多元一体论在少数民族文学研究领域的直接影响是中国社会科学院少数民族文学研究所"中国各民族文学的贡献及其相互关系研究"项目,这是"九五"期间(1996—2000)国家哲学社会科学规划的重大课题。中华民族多元一体格局的理论已经得到了研究者的广泛认同,并作为前提接受下来:在中华民族文学发展进程中,各民族文学的发展是一个有机整体,中华民族文学宝库中的丰富遗产是各民族共同创造、共同奉献的。郎樱、扎拉嘎带领的少数民族文学研究所团队秉持的理念是,在由先秦直至清代的文学史发展过程中,众多的民族以不同的方式参与其中,为自己的民族文学以及汉语文学的发展做出了贡献。这个项目从民族融合,民族文化交流、碰撞与整合的角度出发,将涵盖诸多民族特色的中华民族文学作为一个有机整体来把握,根据不同时期民族关系的变化,分析其对于文学发展的影响。这可以说是对马学良、梁庭望等前辈学者开创的综合研究的继承与发展。各民族文学关系研究涉及历史学、民族学、

---

① 费孝通:《中华民族的多元一体格局》,《费孝通文集》第 11 卷,群言出版社 1999 年版,第 381 页。

文化人类学、神话学、民俗学、美学、文艺学、心理学、语言学等诸多学科;并且引入了 80 年代以来系统论、结构主义、接受美学、精神分析、阐释学、比较文学等研究方法、思维方式和学术思路。它们集结的成果在新世纪初年陆续出版,包括刘亚虎、邓敏文、罗汉田著《中国南方民族文学关系史》①,扎拉嘎著《比较文学:文学平行本质的比较研究——清代蒙汉文学关系论稿》②,郎樱、扎拉嘎主编《中国各民族文学关系研究》(先秦至唐宋卷和元明清卷)③、关纪新主编《20 世纪中华各民族文学关系研究》④ 等著作。这种研究范式也辐射到跨境民族文学的研究,比如杨富学在北京大学东方学研究院从事博士后研究的出站报告经过增补修订而成的《印度宗教文化与回鹘民间文学》⑤。

"中国各民族文学关系"研究的集束性成果也是一项在变化了的文化语境中的系统性学术工程。不同朝代的民族关系有不同的特点,不同民族的经济、文化发展水平也不均衡。面对可能迥然不同的研究对象时,学者们区别对待,掌握其各自有别的发展规律。例如,同样是北方游牧民族入主中原,鲜卑人建立的北魏与蒙古人建立的元朝,抑或满洲人建立的清朝,统治者都各自奉行不同的文化政策,各民族间交往与融合的程度有所区别,没有一种固定的模式可以用来解释发生于不同时期、不同地域的各民族文学关系。这也正是"大一统"的文化传统与"因其教不易其俗,齐其政不易其宜"治理观的具体实践结果。研究者们从大量的文献史料中悉心钩沉,谨慎求证,力求客观地反映不同历史时期民族文学发展的样貌。注重中国各民族文学之间的关系是该研究的重心,按照郎樱的概括,首

---

① 刘亚虎、邓敏文、罗汉田:《中国南方民族文学关系史》,民族出版社 2001 年版。
② 扎拉嘎:《比较文学:文学平行本质的比较研究——清代蒙汉文学关系论稿》,内蒙古教育出版社 2002 年版。
③ 郎樱、扎拉嘎主编:《中国各民族文学关系研究》,贵州人民出版社 2005 年版。
④ 关纪新主编:《20 世纪中华各民族文学关系研究》,民族出版社 2006 年版。
⑤ 杨富学:《印度宗教文化与回鹘民间文学》,民族出版社 2007 年版。

先，把握住中华民族文学发展史的普遍规律与各民族文学特殊性的关系。各民族文学关系研究是在中华民族文学的大背景之下展开的，无论探讨某一个历史时期、某一个地区、某一个民族、某一种文学现象，都是将其作为中华民族文学整体的有机组成部分，论述的重点在于彼此之间的联系，但同时也描述了各民族文学的发展状况和个性的研究。其次，强调处理好少数民族文学与中原汉语文学的发展、各少数民族之间文学发展的关系。在中华民族多元一体的文化格局中，各民族之间的文化交流与文学发展，呈现出一种双向交流、互动互补的趋势。以金代文学为例，女真族接受了汉语文化，同时由于女真文化的南渐，北方民族文化也以清新自然的本色受到中原汉人的喜爱，金代文学是女真文化与汉文化优势互补、相互吸收与融合的产物。明清时期的长篇小说《三国演义》《西游记》《水浒传》等作品被翻译成蒙文后，成为蒙古族民间艺人说唱的文本，并不断被改造、加工，有机融入蒙古族文学的发展中。中国各民族文学关系研究将各民族的优秀文学遗产作为中华民族文学宝库中的有机组成部分。自从秦统一中国后，统一与分裂在中国历史上交替进行，对于中华民族文化传统的形成有着深刻的影响，研究这个过程中各民族文学的关系，深化了人们对于中华文明多元一体格局的认识，对于当代中国的文化建设也具有现实意义。但由于少数民族文学研究起步较晚，学科积累相对薄弱，文献资料相对匮乏，研究工作往往要从搜集资料甚至田野调查开始。加之，涵括先秦至当下的少数民族文学历史，其中涉及的部落、族群、民族众多，文学现象也极为复杂，一些重要的论题仍无法纳入其中。比如对于《诗经》的研究、魏晋南北朝时期南方民族文学的研究、吐蕃文学的研究、西夏文学的研究、敦煌文献的研究等。而且以中国古代史的朝代更替作为文学发展的分期，本身就有局限性，少数民族文学的发展有其独特性，成果写作框架的设计以朝代分期，有不够合理之处。尽管如此，以"中华民族"这一观念所统摄的各民族文学关系研究系列已经重绘了中国文学的版图,启迪了后来"中华文学"观念的发明。

50 年代中后期开始的少数民族族别文学史、文学概况写作,到 80 年代综合比较研究结出的果实,最终体现为十卷本《中华文学通史》① 这样的皇皇巨著。从资料积累的角度来说,有《中国历代少数民族文论选》②、《少数民族古代文论选释》③、《中国少数民族文艺理论集成》④(尽管该书颇多错讹)。从史论而言,有邓敏文《中国多民族文学史论》⑤ 与李鸿然《中国当代少数民族文学史论》⑥,一个从文学史与文学概况写作,一个从少数民族文学组织、制度与创作角度,分别标志着一个时代与一种学术范式的终结,尤其是《中国多民族文学史论》分总论、内容论、体例论、关系论、专题论、著者论以及别论,几乎穷尽了少数民族文学史和文学概况书写所能涉及的所有可能性内容,此后在这一领域已经很难推陈出新,必须寻找创造性的替代范式了。

值得一提的是,从 80 年代中期之后,随着各种西方现代学术思潮的传入,解放与革命的宏大叙事逐渐褪色,经过了科学转向与语言学转向,结构主义之后的各种"后学"观念如后现代主义、解构主义、后殖民主义、新历史主义、女性主义等的引介,极大地改变了中国学术界对于政治、历史、社会、文学的认知。少数民族文学研究固然与主流意识形态之间有着直接的关联,也不能不受此种整体风气影响的,观念的转型缓慢、弥散却又似乎是事

---

① 张炯、邓绍基、樊骏主编:《中华文学通史》,华艺出版社 1997 年版。
② 买买提·祖农、王弋丁、王佑夫主编:《中国历代少数民族文论选》,新疆人民出版社 1987 年版。
③ 王弋丁、王佑夫、过伟主编:《少数民族古代文论选释》,新疆人民出版社 1993 年版。
④ 彭书麟、于乃昌、冯育柱主编:《中国少数民族文艺理论集成》,北京大学出版社 2005 年版。
⑤ 邓敏文:《中国多民族文学史论》,社会科学文献出版社 1995 年版。
⑥ 李鸿然:《中国当代少数民族文学史论》,云南教育出版社 2004 年版。

有必至。于是，在20世纪90年代之后少数民族文学研究的"多元一体"总体框架中，可以看到一种"多元共生"所隐含着的对于"一体"的些许动摇——如果说"多元一体"是立足于主流核心价值观的社会主义文化多样性的体现，那么在20世纪90年代伴随着市场、新自由主义和消费主义的兴起，一种建基于自由主义观念的文化多元主义已露出端倪。在世纪之交，众声喧哗、众神狂欢，不同话语与价值观纷出，随之而来的则是新世纪之后少数民族文学研究的多元主义范式及其内卷化，它一方面扩大了自由，增进了包容；另一方面族别文学研究也助推了对差异性的热衷，带来了具有文化主义倾向的纠结。

三 新世纪的多样性与总体性潜能

　　21世纪最初几年的中国学术界目睹了少数民族文学研究堪称戏剧性的转折。从20世纪90年代开始，因为计划经济体制的改革给整个人文社会科学带来的冲击，严重挤压了少数民族文学创作与研究的生存空间，前节论及的"九五"国家社科基金规划课题的结项与出版是为数不多的由中央科研机构主持运行的成果，地方民族院校、科研机构、文联组织已经较少出现有分量的科研成果，这种情形大约持续到2008年中国综合国力大幅度提升之前。非营利性的少数民族文学研究较少具有商业潜质，一旦失去政府的支持，就会举步维艰，所幸这种状况很快得到了改善。2009年是一个转折点，该年发生了一系列之于少数民族文学研究具有节点意义的事件：6月中国少数民族比较文学学会恢复，隶属于中国比较文学学会；8月由中国社会科学院民族文学研究所、中央民族大学、中国少数民族文学学会、中国作协《民族文学》杂志社联合在通辽内蒙古民族大学召开"中国少数民族文学60年学术研讨会"，9月中国少数民族文学馆在内蒙古师范大学开馆。

此后，无论从国内还是国际，无论从学术界还是在大众文化层面，少数民族文学都日益受到重视。其原因是多方面的：从政策上来说，得益于政府对边疆及民族问题因为现实中出现的症候而相应加大的关注和资助力度；从理念上来说，源于全球化视野中文化多样性共识的形成；从学术脉络自身发展来说，少数民族文学研究日益获得学科自觉并追求自身的主体性，大量的从业人员也由原先以汉族为主，到少数民族学者越来越多的态势；从市场角度而言，少数民族文学也具备成为一种具有符号价值的消费文化的潜质，这从传播与市场的角度也生发出对研究的刺激。多方合力的结果，是自上而下的制度设计与扶持同自下而上的自我阐释对接起来，历史的学术传统水到渠成地隐然成型，横向的外来目光也投注于此，少数民族文学研究迅疾在新世纪迈入到一个快速发展而又话语分歧的新时代繁荣期。

文化多样性和非物质文化遗产话语，成为新世纪少数民族文学研究的合法性依据与大力发展的重要内因。1972年联合国教科文组织已通过了《保护世界文化和自然遗产公约》等先驱性文件，但"文化遗产"话语在中国语境尤其是政府、社会与学术界中产生较大影响力还是进入21世纪之后的事，尤以2003年联合国教科文组织通过的《保护非物质文化遗产公约》和2006年中国非物质文化遗产元年为标志。① 文化自由、文化多样性与文化自主权等提法，无疑与80年代后期以来的文化多元话语形成了呼应，并因此使得后者具有了似乎不证自明的时代文化语法意味。少数民族文学领域在此际也发生了两个标志性事件：一是2004年中国社会科学院民族文学研究所《民族文学研究》编辑创办的"中国多民族文学论坛"，陆续与地方综合性院校、民族院校及作协与文联组织联手合办，每年一届，推动少数民族文学的理论思考、现场批评、学科建设、教育普及。

---

① 王文章：《非物质文化遗产概论》，文化艺术出版社2006年版，第36—75页。

二是 2006 年中国作家协会《民族文学》杂志的改版，以"民族风格，中华气派，世界眼光，百姓情怀"为宗旨，发现培养少数民族文学新人，策划人口较少民族文学、少数民族女性文学、少数民族儿童文学等专号，举办培训班、改稿班、作品研讨会，鼓励母语创作，2009 年还创办了蒙古文、藏文和维吾尔文版，2012 年又创办了哈萨克文版和朝鲜文版，并向民族地区、贫困山区牧区、寺庙、学校、文化机构赠送刊物。《民族文学研究》与《民族文学》在研究与创作两条路径上齐头并进，共同努力将"少数民族文学"发展为"多民族文学"。

"少数民族文学"以"多民族文学"的主张进行某种置换，这并不仅仅是词语的游戏，其背后的理念在于推动少数民族文学研究的跨学科对话，试图从少数民族文学的角度提炼出具有理论辐射意义的命题。"中国多民族文学论坛"在 2006 年之后集中讨论"中国多民族文学史观"问题，《民族文学研究》杂志配合推出专栏刊发相关研究文章，从延续了半个世纪的少数民族文学史与文学概况书写实践中淬炼出史观的蜕变。"多民族文学史观"可以概括为多民族（语言、地方、文化、心理、信仰、传统）、多文学（体裁、文类、美学）、多叙述（历史的不同书写方式）的多元共生，因而它就不仅是民族观，也是中国观；不仅是文学观，也是历史观，这极大地丰富甚至改写了既有对于中国文学、中国文学史乃至中国文化史的思维定式。新世纪之后最重要的少数民族文学研究学者与著作基本上都来自于这个论坛，2014 年出版的《全球语境与本土话语：中国多民族文学论坛十年精选集》[①]，囊括了这个松散群体的代表性人物和作品。论坛持续到 2015 年，积累的学术资源此后被中国少数民族文学学会的年会继承。

"中华多民族文学史观"研究的代表性成果之一是《中华多民

---

① 汤晓青主编：《全球语境与本土话语：中国多民族文学论坛十年精选集》，社科文献出版社 2014 年版。

族文学史观及相关问题研究》①及其修订版《多民族文学史观与中国文学研究范式转型》②。该著立足于中国多民族共同发展的历史和中国是一个统一的多民族国家的现实，阐述中华多民族文学史观在中国文学史研究中的地位和价值；辨析中国各民族文学多向影响的复杂关系，探讨如何在中华多民族文学史观的指导下，将少数民族文学有机地融入中国文学史，既突出汉族文学的主体地位，又凸显其他民族文学的独特价值，还原中国文学多民族共同创造的历史现场和发展轨迹。在全面阐释多民族文学史观的理论基础、基本内涵、结构要素、现实价值和学术意义的基础上，重新探讨了中国文学的时间、空间、中国文学史的国家知识属性等中国文学研究的基本问题，总结了多民族文学史观与中国历史哲学转型的关系，考察了世界主要多民族国家的文化政策与多元文学生态。此书是对于半个多世纪以来少数民族文学史、文学概况、中华各民族文学通史书写经验的总结，并有着鲜明的理论自觉："多民族文学"不是少数民族内部的"多民族文学"，而是指多民族国家的多民族文学的客观形态。因此，其不仅在于促进中国少数民族文学研究的理论转向，更在于立足多民族文学史观的理论基点，重新审视中国文学多民族、多历史、多传统、多形态、多语种的特征以及融合交汇、多元并存、共同发展的历史规律，进而促进中国文学研究范式的根本转型和世界意义上的文学话语革故鼎新。徐新建《多民族国家的文学与文化》③则是吸纳人类学的一些方法与理论，从民族关联与历史透视的角度关注中国文学和文化的多民族性，并由此阐述与多元一体相关的文学史观。内容包括"国家、边界和族群""文本、表述和民族志"与"地域、世界和跨文化对话"三编，论述了国家地理与族

---

① 李晓峰、刘大先：《中华多民族文学史观及相关问题研究》，中国社会科学出版社2012年版。

② 李晓峰、刘大先：《多民族文学史观与中国文学研究范式转型》，中国社会科学出版社2016年版。

③ 徐新建：《多民族国家的文学与文化》，人民出版社2016年版。

群写作的相互关联及当代中国的身份认同问题，国家与底层双向叙事的互动关系等。该书以多元互动的视野审视多民族国家的文化与文学，力求将由古至今的中国历史建构为从石器时代的"星斗满天"以及依托生态分解而形成的"牧耕交映"，直至如今以政治平等为前提的"民族团结"等纵横类型。

从"少数民族文学"到"多民族文学"范式的转移具有跨学科的自觉，试图重接将"和而不同"的古典理念解释为新时代的"不同"而"和"，其中包含着同一性与差异性之间的辩证。与此同时，将地方性与族群性融合的区域少数民族文学研究，将性别理论引入的少数民族女性文学研究，少数民族母语文学研究，台湾少数民族文学研究，少数民族文学翻译、传播与媒介研究，以及新兴的少数民族网络文学研究等从不同路径切入的研究也纷纷兴起。姚新勇《寻找：共同的宿命与碰撞》① 就是转型期中国文学多族群及边缘区域文化关系研究的一个代表，该书有着强烈的现实关怀，对"少数民族文学性"建构的反思、"异域中国"的后殖民话语、转型期彝族现代诗派、藏族汉语诗歌、少数族裔题材小说中的"土改"等话题进行了较为深入的探讨。黄晓娟、晁正蓉、张淑云等《中国当代少数民族女性文学研究》② 和任一鸣等《新疆当代少数民族女性文学初探》③ 则基本上属于以点带面地从女性作家角度勾勒了少数民族女性写作的当代风貌。罗庆春（阿库乌雾）《双语人生的诗化创造：中国多民族文学理论与实践》④ 立足于自身的彝汉双语诗歌创造与研究，较为系统地对"双语书写""第二母语""文化混血""濒危语种写作"等提法和理论进行了述介。杨彬《当代少数民族

---

① 姚新勇：《寻找：共同的宿命与碰撞》，中国社会科学出版社2010年版。
② 黄晓娟、晁正蓉、张淑云等：《中国当代少数民族女性文学研究》，上海文艺出版社2014年版。
③ 任一鸣等：《新疆当代少数民族女性文学初探》，新疆人民出版社2016年版。
④ 罗庆春：《双语人生的诗化创造：中国多民族文学理论与实践》，民族出版社2015年版。

小说的汉语写作研究》① 研究当代少数民族小说汉语写作的发展现状、当代少数民族小说写作现象形成的原因、当代少数民族小说汉语写作策略及其对促进民族沟通理解和民族团结的贡献，同时从文化语言平等的角度研究，研究族际共同语汉语同各民族语言相互交融的现状，认为少数民族汉语小说写作扩展了汉语的范畴，并描绘了汉语文化和少数民族语言文化的双向互动图景。李瑛《台湾少数民族作家文学论》② 对台湾少数民族作家文学的兴起原因及发展道路作了论证，展示了它们的风貌和艺术特点：苦难的主题、失落的痛楚、民族文化的追恋、人文精神的表现、传统原始观念的奇异、道德伦理的古朴、原生语言的精妙、意象的流动表达、变形的魔幻色彩、象征的隐喻使用，以及背离与对比现象而带来美学取向上的悲情风格，书中还比较分析了台湾少数民族作家文学与台湾文学的相通默契之处。王志彬《山海的缪斯：当代台湾少数民族文学研究》③ 以当代台湾少数民族汉语文学创作为主要研究对象，运用族群、文化人类学等理论，在把握中国多民族文学发展以及台湾地区社会和族群关系变迁的基础上，对当代台湾少数民族文学的历史成因、发展规律、美学品质、发展困境及其文学史意义等方面展开了研究。陈祖君《汉语文学期刊影响下的中国当代少数民族文学》④ 从传播媒介的角度探讨当代少数民族文学的发生、发展和演变，在实证基础上探析了汉语文学期刊对中国少数民族文学的现代转型、当代少数民族文学传播空间的生成和演变、当代少数民族文学的族群经验及作家身份认同等的作用和影响，并以《民族文学》等为个案考察其具体联系，解释当代少数民族文学的外部生存环境

---

① 杨彬：《当代少数民族小说的汉语写作研究》，中国社会科学出版社2018年版。
② 李瑛：《台湾少数民族作家文学论》，民族出版社2007年版。
③ 王志彬：《山海的缪斯：当代台湾少数民族文学研究》，中国社会科学出版社2015年版。
④ 陈祖君：《汉语文学期刊影响下的中国当代少数民族文学》，中国社会科学出版社2009年版。

及社会文化内涵。樊义红《文学的民族认同特征及其文学性生成：以中国当代少数民族小说为中心》①从语言、叙事、文体、形象等角度切入到民族认同建构的问题。马季、肖惊鸿等人开展的少数民族网络文学批评与梳理也在资料积累等方面做了开拓。②

与新兴方法和视角切入的研究并行，90年代以来的各民族文学关系研究得以继续和深化，体现在梁庭望《中华文化板块结构与中国文学关系研究》③一书中。该书将中华文化划分为北方森林草原文化圈（包括东北文化区、内蒙古高原文化区和西北文化区）、西南高原农牧文化圈（包括青藏文化区、四川盆地文化区和云贵文化区）、中原旱地农业文化圈（包括黄河中游文化区和黄河下游文化区）、江南稻作文化圈（包括长江中游文化区、长江下游文化区和华南文化区）四大板块十一大区，各民族之间经济相依，政治相从，文化相融，血缘相通，形成了不可分割的纽带，进而在少数民族文学关系中呈现出"从区域共生到中华趋同"的风貌。这项研究视野开阔，清晰凝练，尽管板块划分过多依赖于静态地理而于动态流动着墨不多，却是从多元到整合的理论尝试。族别文学和族别题材写作的研究已经超越一般族别文学史的写作而进入到专题性层面。关纪新《满族小说与中华文化》④将满族小说创作的总体业绩与满族历史上的民族文化流变相联系，对满族曾经普遍接受中原汉族文化而又注意葆有自己的审美特征加以探究，对满族小说通盘成就做出梳理，旨在展示出满族小说与汉族小说的"同"和"异"；既认定汉族文化给予满族小说创作的重要影响，也区分出满族小说创作与中原汉族文化的审美差异，从而阐释出满族小说创作回馈给中华文

---

① 樊义红：《文学的民族认同特性及其文学性生成：以中国当代少数民族小说为中心》，中国社会科学出版社2016年版。
② 马季：《读屏时代的写作——网络文学10年史》，中国工人出版社2008年版。
③ 梁庭望：《中华文化板块结构与中国文学关系研究》，民族出版社2011年版。
④ 关纪新：《满族小说与中华文化》，社会科学文献出版社2014年版。

化的多重价值。《满族书面文学流变》① 以中华多民族文化交相互动为参照系，宏观把握与微观细读相结合，将满族书面文学作为自成民族文化体系的具有自身流变规律的历史事实来观察，由文本入手总结"后母语阶段"满族文学的审美呈现，对满族历史上经典的作家作品从满学视角加以解读，对以往未受重视的作家作品给予民族文学视角下的观照。张春植《日据时期朝鲜族移民文学》② 则系统地介绍 20 世纪二三十年代至 1945 年日本投降这一段时期的中国朝鲜族移民文学的发展历程。汪荣《历史再现与身份认同——以新时期以来的"蒙古历史叙事"为中心》③ 在多民族比较诗学的视野下，对"蒙古帝国叙事"进行了深入分析，凸显了"历史再现"与"身份认同"之间的紧密联系。

人口较少民族文学作为学术命题的也在新世纪出现。中国各少数民族中人口在 10 万人以下的有 22 个，一般被通称为人口较少民族。21 世纪初，国家民委推出了"兴边富民行动"和重点帮助人口较少民族群众摆脱贫困的战略决策。同年，北京大学、中央民族大学和国家民委民族问题研究中心共同组成了"中国人口较少民族经济社会发展研究课题组"，对这些民族的经济和社会发展问题进行了专题调查研究。2005 年，加快人口较少民族发展，成为中央民族工作会议关注的核心问题，国务院还通过了《扶持人口较少民族发展规划》（2005—2010 年）。随着这一工作的深入开展，对这些民族的文化教育发展研究，也逐步提上议事日程。《中国人口较少民族书面文学研究》④ 对鄂温克、普米、阿昌、毛南、京、撒拉、鄂伦春、裕固、德昂、赫哲、保安、乌孜别克、塔塔尔、塔吉克、鄂温克等人口较少民族书面文学的整体发展情况做了简要的分析综述。李长

---

① 关纪新：《满族书面文学流变》，中国社会科学出版社 2015 年版。
② 张春植：《日据时期朝鲜族移民文学》，民族出版社 2005 年版。
③ 汪荣：《历史再现与身份认同——以新时期以来的"蒙古历史叙事"为中心》，社会科学文献出版社 2017 年版。
④ 钟进文主编：《中国人口较少民族书面文学研究》，民族出版社 2012 年版。

中《当代人口较少民族文学的审美观照》①对当代人口较少民族文学现代性转型过程中生成的诸多殊异性审美现象与其叙事经验加以理论概括及实践总结，从而对当代人口较少民族文学的审美生成及其相关问题加以探源，以呈现出该类型文学与其他文学的特征。应该说，这个学术命题与中国特色的少数民族政策息息相关，也充分显示了社会主义文化组织和制度的优越性，否则这些少数者的声音与表述，在市场与商业化的夹击中只会处于自然放任的层面，而不会得到集中的展示与关注。

可以观察到，随着中国综合国力的增强，少数民族文学研究与其他人文学科一样分享了改革开放和经济发展所带来的红利，得到了较为充足的经费支持和长足的发展，其中尤为突出地体现于一系列丛书的出版以及新生代学者的出场。略举颇具代表性的丛书，如"文学理论与民族文学研究丛书"中的《生态批评与民族文学研究》②，《本土的张力：比较视野下的民族文学研究》③等。"少数民族文学研究丛书"中的吴重阳《中国少数民族现当代文学研究》④、《中国少数民族母语文学研究》⑤等。"多元一体视域下的中国多民族文学研究丛书"中的刘大先《千灯互照：新世纪少数民族文学创作生态与批评话》⑥、孙诗尧《锡伯族当代母语诗歌研究》⑦、邱婧《凉山内外：转型期彝族汉语诗歌论》⑧、林琳《族性建构与新时期回族文学》⑨等。

---

① 李长中：《当代人口较少民族文学的审美观照》，社会科学文献出版社2015年版。
② 李长中编：《生态批评与民族文学研究》，中国社会科学出版社2012年版。
③ 刘大先主编：《本土的张力：比较视野下的民族文学研究》，中国社会科学出版社2013年版。
④ 吴重阳：《中国少数民族现当代文学研究》，中央民族大学出版社2013年版。
⑤ 钟进文主编：《中国少数民族母语文学研究》，民族出版社2014年版。
⑥ 刘大先：《千灯互照：新世纪少数民族文学创作生态与批评话语》，暨南大学出版社2017年版。
⑦ 孙诗尧：《锡伯族当代母语诗歌研究》，暨南大学出版社2017年版。
⑧ 邱婧：《凉山内外：转型期彝族汉语诗歌论》，暨南大学出版社2017年版。
⑨ 林琳：《族性建构与新时期回族文学》，暨南大学出版社2018年版。

不过，在蓬勃涌现的研究成果之中，很大一部分的方法论和范式（比如女性文学、身份认同和传播媒介研究）来自于对主流文学学科的移植，也存在着研究话语"内卷化"的问题：缺乏理论创新与范式突破，日益受限于既有思维定式和沿袭已久的学术套路，大量研究成果停留在资料的叠加、数量的累积、封闭式的精耕细作、孤立化的内向生长，而没有横向开拓和质的飞跃，无法在"少数民族文学学科"之外与当代文学研究产生影响与对话，从而也就丧失了文化生产的功能与意义，只是成为一种半封闭的教条。少数民族文学研究的内卷化具体表现为：方法论上生产性不足，多借用自兄弟学科的理论与方法，较少由自身材料中生发，存在着机械搬用后殖民理论、北美少数族裔文学理论、女性主义理论的现象，往往使得少数民族文学鲜活的材料成为佐证外来理论的材料。囿于"民族性"话语与身份政治，往往无法突破某种族群身份的限制，以身份要求作家与作品，自觉不自觉地试图寻找某个作家、某个作品的"民族特质"，这就倒果为因，没有从实际出发，而是从观念出发。个中原因在于，一部分少数民族学者在摹仿式民族主义的观念中，刻意强化少数民族的差异性以之作为文化资本，另一部分则是汉族学者潜在地谋求风情化，拒绝少数民族的同时代性，将少数民族文学的合法性建立在它必须具备"民族性"之上：这两种思路都形成了路径依赖，以至于使得少数民族文学研究的"民族性"问题始终是一个根本性的纠结。而"民族性"其实并非某种固化、停滞、静止的本质性存在，它总是随着外部环境和内在自我的变化而变化；另外，少数民族的族群"民族性"与"中华民族"意义上的国家意义上的"民族性"在逻辑层面上并不等同，不加辨析地使用，容易造成错置。

已经有学者注意到少数民族文学中存在的"单边叙事"问题，即将某个族别的文学话语孤立进行讨论，而忽略了关系性的视野，不是双边、多边的文化交流与融合，而是刻意地建构独特性。欧阳可惺、王敏《"走出"的批评——当代少数民族文学批评的阐释与实践》[1]具有很强的现实感，注意到现代性背景，尤其是经济开发与消费社会中少数民族文学批评中的民族身份认同与国家认同、私人领域与公共领域的割裂，提出了作为社会公共领域的少数民族文学学科的公共性诉求，在边疆与民族关系的现状中这种提醒非常重要。因为事实上从90年代之后，"文化多元主义"几乎成了一种政治正确的话语，这种话语建基于新自由主义和微观政治与文化政治之上，与社会主义中国早期的积极的文化多样性话语在内在理路上截然不同，它经过二十余年的发展，对于学术话语潜移默化的影响已经显出其水土不服的端倪。事实上，中国少数民族文学研究作为一种国家学术规划，在多元共生格局的描摹、概括与展望的同时，对于中国文化共同体的强调在启蒙共识断裂、多元话语分歧的语境中极具现实意义。少数民族文学在学术史上跨越了现代转型，同时又是依然在鲜活发展着的现实，对未来中国的文化建构与走向有切实的影响。《现代中国与少数民族文学》[2]中提出"作为中国研究的少数民族文学研究"就是出于此种考虑，一方面是对既有学术史上诸种话语的综合，另一方面也是现实的考量。该书以现代思想史中"少数民族文学"发生的问题意识为导向，以概念辨析为关节点，梳理从"天下"式帝国到现代"民族—国家"建构的历史过程中的学术史为主线，站在"前现代—近现代—现当代"的时间维度上，对"少数民族文学"概念的形成进行了深度反思。就"辨名析义"和分析材料的选择而言，作者在辨析"民族""少数民族""少数民族文学"及"少数民族文学研究"的线索上，有清晰的框定，还引入欧美"少数族裔文学"进行横向比较，既还原其文化属性，利用人类学的族群理论给当下的少数民族文学批评提供了有益的知识谱系

---

[1] 欧阳可惺、王敏：《"走出"的批评——当代少数民族文学批评的阐释与实践》，新疆大学出版社2011年版。

[2] 刘大先：《现代中国与少数民族文学》，中国社会科学出版社2013年版。

与解释策略；又着重论述了中国少数民族文学的特定政治属性与文化内涵，进而从文学史写作、文学主体与身份认同，文学语言与文化翻译等核心问题的阐释，渐次进入空间维度上的多向剖析，将文学地理与文化地域、话语关系的地方性、全球性和跨界性，社会关系的"制度性空间—文本空间—传播空间"勾连为充满学理的意义网络，最后回归文学本体研究，从"迷信"与"科学"的颉颃及现代启蒙的产生，探究了少数民族文类与功能的美学原型、政治诉求、宗教归属，乃至情感研究的可能性问题。这种以时空和人文意义为转换的研究格局在学术视野和叙事阐释上的双向统合，将现代民族主义背景的宏通观照，聚焦于学术发展及其内在理路的厘清，有效地将近现代少数民族文学及其间纷纭复杂的历史变革与社会思潮、人物和事件、著述和观点汇聚为一个步步深入的学术阐释空间，其中既有"史"的透视，又兼有"论"的引申，对中国少数民族文学研究之现代学术的确立与走向做出了系统的清理。该书在文献资料的发掘上、在方法论的架构上、在学术史的钩沉与论评中形成了多方面的突破，体现了敏锐的学术眼光和事件阐释的理论力度，"揭示出少数民族文学对于构建中国当代文学理论话语所提供的新鲜资源、生产可能与另类的选择"（巴莫曲布嫫语），也为补阙和完善中国文学研究的学科史构建了一种可资参照的工作框架。

  国家文化的统一性与国家内部文学的多样性之间天然存在着一定的张力，如何处理二者之间的关系，有民族学学者试图提出重叠共识的理念，这当然因应着90年代以来的自由主义思想背景。从少数民族文学研究的角度而言，《文学的共和》[①] 一书则是试图对传统文化进行创造性转化与创新性发展，并结合中国现代革命以来所形成的一系列本土理念的尝试。该书切入当代中国少数民族文学的创作生态与批评现场，力求以"史"带"论"，以在历时性线索勾勒

---

① 刘大先：《文学的共和》，北京大学出版社2014年版。

自晚清至当下的少数民族文学发展轨迹的基础上，考察所涉及的学术脉络、文本个案、影像呈现和田野作业，结合对于"和而不同"理念的创造性阐释，最终提出"文学共和"的理论性命题。全书分为史、论、文本、影像、田野五个部分，形成立体结构。"史"的部分从现代民族转型与少数民族文学的诞生入手，描述总结从革命中国的少数民族"人民"话语的建立，到新启蒙时代各民族文学多元化与现代性的产生，再到文化多样性视域里的各民族文学的差异性与融合性，最后讨论新媒体时代的多民族文学的形态变化，揭橥少数民族文学与"时代精神"之间的关联。"论"的部分首先梳理与反思中国少数民族文学学科的学术史发展，然后进入到当代少数民族文学批评的话语建构，并讨论在全球化语境中中国多民族文学所携带的族群记忆、身份认同以及地方性文化，为中国文学的提供了多元性与共同价值的参考。"文本""影像"和"田野"部分则选择文学人类学写作、少数民族科幻小说、少数民族女性文学、少数民族电影、区域性民俗信仰、口头文学传承、非物质文化遗产的创意产业等代表性个案，展开具体的论述。正是通过敞亮这些在文类、风格、审美趣味、文化传统都"不同"的文学，而最终达至全景展示"和"的风貌与理念："文学共和"（价值的共存、情感的共在、文化的共生、文类的共荣、认同的共有、趣味的共享）是由"人民共和"（政治协商、历史公正、民主平等、主体承认）扩展与推演而来。通过彰显多元共生的"不同"来抵达"和"的目标，意味着各民族文化在自我发声之后向多民族国家文化的集体性的皈依与升华。"文学共和"是"人民共和"在文学领域的延长线，两者具有政治、伦理与情感的连带性。中国多元族群文学的历史遗产与发展现实，显示了重新定义"文学"、正典标准、批评律则、美学风格的可能性。此书尝试通过"文学共和"的本土批评创造，探讨全球史与新媒体语境中的文学人类学、区域政治、地方知识、性别意识、身份认同、文化遗产、社会记忆、影像表述、仪式书写和文学生活，丰富中国文学话语的多样性存在,希冀它生发出来的理念可以扩展与推衍为其他学科可以参考的精神资源。但这种理念只是理想类型的归纳,如何在现实中发生效用还需要创作现场的实践。

新时代的少数民族文学研究呈现出诸多可能性和巨大的潜力,也得到了来自创作与研究、官方与民间、汉族与少数民族不同部门、机构、人员构成、学理脉络的合力推进。2012年被视为"少数民族文学年",标志性事件是9月第5届全国少数民族文学创作会议的召开和第11届全国少数民族文学创作"骏马奖"的颁奖。同时,各个民族地区也纷纷组织了各类文学奖和文学活动。作为国家宏观政策"十二五"规划(2011—2015年)的重要时期,繁荣发展文化事业的十七届六中全会续后之年,十八大的召开年度,对于少数民族文学的体制建设、市场推广和美学传播,这都是继往开来的一年,既是阶段性的收官,也是瞻望性的开局。在中宣部、财政部的大力支持下,中国作协从2013年开始实施"少数民族文学发展工程",就少数民族文学培养人才、鼓励创作、加强译介、扶持出版、理论批评建设等方面给予政策支持和经费投入。此后,少数民族作家重点作品扶持、少数民族文学人才培训、少数民族文学优秀作品翻译出版、少数民族文学作品对外翻译工程扶持项目、"新时期少数民族文学作品选集"丛书编辑出版项目等纷纷展开。

其中"少数民族文学重点作品扶持"和2018年新设的"中国少数民族文学之星"项目都包括理论评论部分,而作为少数民族文学系统发展工程的一部分,"少数民族当代文学论坛"对于评论与研究的推进最为直接。2013年11月,由中国作家协会创联部、中国作家协会少数民族文学委员会和中国社会科学院民族文学研究所联合举办的"'中国梦'的多民族文学书写——2013·中国少数民族当代文学论坛"召开,围绕社会转型背景下的少数民族文学,少数民族文学创作的国家、民族、社会责任,少数民族文学与全球视野,少数民族文学的生态意识与生命气象,少数民族文学创作的历史、文化追寻，少数民族文学创作的精神坚守与形式创新等六个议题展开论述。这开启了此后每年举办的"中国少数民族文学当代论坛"的序幕。2014年中国少数民族当代文学论坛8月在银川举办，主题为"中国梦的多民族影视文学呈现"，旨在促进少数民族文学和影视艺术创作互动，扩大少数民族文学艺术的影响力。2015年中国少数民族当代文学论坛8月在兰州召开，主题为"丝路文学语境下的多民族文学审美"，旨在加强少数民族文学理论批评建设，发现和挖掘少数民族在古丝绸之路上的文学实践和成就，探讨和拓展少数民族文学对新时期"一带一路"建设的现实作用和历史担当，深化少数民族文学对丝路文学书写的参与，加强少数民族文学对中华民族文化复兴及人类进步事业的贡献。2016中国少数民族当代文学论坛8月在新疆库尔勒举行，主题为"审美天堑五彩桥——多民族文学翻译"，旨在加深对中国少数民族文学翻译事业重要性及其价值意义的认识，并且把它提升到为世界和平、人类进步事业，以及我国实现"两个一百年"奋斗目标与中华民族伟大复兴中国梦的各个领域而存在的高度；健全中国少数民族文学翻译体制，使之既有党政领导体系，又有组织实施主体，更有法律保障及监督制度、市场运营秩序，实现从人才培养、实际操作、成果推广，到学术研讨、学科建设、国际交流等都配置合理、有制可依、有法可循、有度可遵、有纪可守；加强中国少数民族文学翻译工作总体规划，并与国家"十三五"（2016—2020）经济社会发展纲要、国家文化发展纲要相一致，给予切实有效的政策支持、资金保障，使之有组织、有目标、有任务、有监督、有验收的运营；完善少数民族文学翻译机制，进一步鼓励教育培训、评奖激励、宣传推介等方面的硬件建设与软件建设，调动一切有效手段，协调各方积极因素，配合好少数民族文学原创，并推动二者间的良性互动。2017年中国少数民族当代文学论坛8月在呼伦贝尔举行，主题为"中国少数民族网络文学会议"，探讨了中国少数民族文学如何适应网络文学异军突起这种迅猛发展的形势，面对这场文学浪潮的冲击进行突围,如何在坚持传统创作的前提下建设自己的网络文学园地,在网络时代获得更大发展空间,创新文学观念及样式,壮大中国少数民族网络文学队伍,提高少数民族网络文学的审美水平,建立独具特色的中国少数民族网络文学传播、交流、评价体系等话题。2018年中国当代少数民族文学论坛12月于北京召开,与会者围绕"改革开放40年来的中国少数民族文学"展开研讨,回顾四十年来少数民族文学取得的辉煌成绩,探讨少数民族文学创作的民族性追求和多样性发展、少数民族文学发展的机遇与挑战、少数民族文学理论批评现状与发展对策、少数民族走出去的策略、母语文学创作与翻译问题、少数民族女性文学与人口较少民族文学创作等。以上每年论坛的论文都结集出版,留下了史料与见证。

学术界具有节点意味的事件是,2015年3月由中国社会科学院《文学评论》《文学遗产》《民族文学研究》三家编辑部联合主办的"中华文学的发展、融合及其相关学科建设"学术研讨会。诸多从事古代文学研究的学者与会发言,探讨、总结中华文学在不同历史时期呈现出来的不同特色、演变规律,及其在推动中华民族文化、文学的交流与融合过程中的巨大作用,并对其未来进行展望。[①] 其后,《文史知识》于当年第6期开辟"'多元一体'的中华文学"栏目,陆续发表相关论述。"中华文学"的提出,接续"中国各民族文学关系"和"中华文学通史"等综合研究的理路,试图全面继承中国多民族文学的遗产与经验,并在前人基础上萃取理论概念,预示了新一轮的总体性研究范式的到来。2017年11月,由中国社会科学院文哲学部主办,中国社会科学院民族文学研究所及其口头传统研究中心联合承办的第七届"IEL国际史诗学与口头传统讲习班:图像、叙事及演述"在中国社会科学院学术报告厅举行。来自中国、

---

① 马昕:《"中华文学的发展、融合及其相关学科建设"学术研讨会综述》,《文学评论》2015年第3期。

美国、葡萄牙、蒙古国的 12 位学者就诸多问题进行了互动交流，包括视觉转向，即从语言学研究方法到文化创造力的转向，强调口头叙事传统中的视觉创造力；口头实践与传承中的图像、文本及叙事模式，包括这三个维度在认识论方面的联动考察；叙事话语和接受中的视觉经验、空间再现及口头演述；活形态史诗演述中的口头叙事之音声化与视觉化；语言—图像表达创造的多重叙事途径；交流诗学中的互动性叙事及其视觉表达等。① 可以说，少数民族文学研究以口头文学为切入点向整个文学研究提出了观念上的挑战与更新，是一种将口头文学置入到文学生活实践中去的尝试，摆脱了书面文学的单一形态、功能与意义，这无疑是对各民族文学实况和"少数民族文学"兴起之初的"泛文学"观念的回归，在媒介融合时代，面对日益发展变化的文学现实，此种转型势在必行，也将推进新一轮学科、方法与理论的整合。

  从七十年来的少数民族文学研究的总体发展趋势来看，由最初带有"一体化"意味的顶层设计，到 80 年代以降的多元共生，再到新世纪头一个十年之后又出现了分化重组后的"合"的趋势。从族别文学史、文学概况的书写，到作家作品论与多种思想与方法的引入，再到"多元一体"论的奠基和多民族文学史观的兴起，少数民族文学研究日益走出单向度的研究范式，突破学科框架和观念束缚，呈现出区域联合、横向学科互补、多媒体介质与跨文化交流的态势。少数民族文学研究从来都不是立足于审美自律的"纯文学"学术，而是密切联系着政治身份、社会转型与时代变迁——它在缘起之初就具有国家文化普查与普及、文学组织与建设、文学教育与提高的内涵，对于"文学"的认知也带有"泛文学"或者说"大文学观"的意味，中间经过 80 年代被现代西方文学观念所简化的阶段，如今在融媒体语境中重新让文字文本之外的图像、音声、表演、仪式等

---

  ① 孟令法：《图像、叙事及演述——"第七届'IEL 国际史诗学与口头传统讲习班'"综述》，《民族文学研究》2018 年第 2 期。

文本的意义呈现出来，重新变成了一种"杂文学"——这更符合中国文学存在样貌的实况，进而也会逐步影响到研究范式乃至文化观念的迭代更新。任何文学研究都不是由某种超越于历史实践的纯粹个人趣味所决定，少数民族文学的正当性和学理性，建基于中华人民共和国成立以来的本土文化实践，一方面致力于多民族传统文化的继承与弘扬，另一方面着眼于新兴文化的创造与发展。就学科生产性和可能性而言，少数民族文学研究尝试中国气派与中国风格的理论话语体系构建，提供了回顾历史，展望未来的多个视角与维度，对于整个人文社科研究方法与观念的更新，对于认识中国各民族文化彼此交流融合的历史与现实，对于想象与筹划文化复兴的远景都具有深远的意义和生动的启示。

第三章

当代文学视野中民族话语的变迁

就其发生而言,"当代文学"有着明确的国家性质和政治意涵。作为社会主义文化领导权的一个有机组成部分,它承接了五四新文化运动的启蒙遗产和新民主主义革命与反帝反封建的遗产,被纳入到社会主义文化建设的规划之中,即便是某些"潜在写作"和"抽屉文学",也是作为依附性和对话性的形态而存在。在这样的"顶层设计"当中,"民族性"是其题中应有之义,连带着社会主义国家人民主体的表述与确立,以及社会主义文化认同的想象与塑造。无疑,政治意涵浓郁的"民族"与因为带有歧视色彩而已经被抛弃的人种论叙述中的"种族"以及当代人类学中侧重文化意义上的"族群"都有着质的区别。

"民族"在当代文学中具有双重含义,并不能笼统言之,其一是民族主义意义上的,即"国家—国民—民族"的叠合,它源于晚清梁启超、汪兆铭、孙中山、杨度等人的一系列对于欧洲民族主义的译介和本土民族的建构,辅之以一系列舆论强人、诗人作家、学者对于龙凤图腾、炎黄神话、长江黄河等象征隐喻的阐释与发明,而在 20 世纪 30 年代后期逐渐成为共享的文化理念,对应的是"中华民族"这一想象与实践的共同体;其二是公民身份意义上的,特指中华民族各个组成部分的不同少数民族,它们在民族主义理念普及与蔓延开来后,由中国共产党吸取苏联经验,结合本土历史现实与地缘政治现状，由《中华人民共和国宪法》确立下来，强调从属于"人民"这一集体内部的某种由于地域、血缘、语言、心理等因素所造成的差异性存在。两种"民族"并不在同一个逻辑层面上，在使用中往往通过语境可以区分出它们之间的差别，本书则主要针对后一种意义而言，讨论"少数民族"对于当代文学所具有的文化结构、内在动力因素、多元美学与交互主体等方面的功能和价值，而后者在消费主义盛行之后，又衍生出第三种含义，即文化政治意味上的"族裔"或者"族群"。

我相信，民族维度的展开，可以敞亮当代文学某些一度晦暗不明的角落，进而可以更为全面地呈现出当代文学的组织、构成、生态与演变——它们由现代性所生发和命名，曾经在启蒙现代性的话语中遭逢遮蔽和强化之间的张力，又在审美现代性或者说后现代性话语的发展中重获多元化生机。"民族性"在这个复杂缠绕而又充满回流与曲折的过程中，不断因应外部社会而发生流变，显示出当代文学本身在剧烈转型的20世纪和21世纪初的鲜活景象和勃勃生机。

一 国家话语一体性与兄弟民族文学互动

无论是哪种含义，民族首先指向的无疑是身份与认同。与前现代时期不同的是，如果说此前的身份更多来自于诸如阶级和门阀、士人与庶人、士农工商之类社会职业与等级制度的划分，民族指向的则是由现代民族主义理论所规划的血缘、语言、宗教、地域之类共同体特征，以及含混莫测却又无法回避的心理因素。血缘对应于种族，语言对应于文化，宗教指向信仰，地域则划分边界，在它们共同作用下形成了某种特定的"民族心理"，即情感认同。从起源来说，少数民族的现代政治认同是模仿民族主义的后发产物，但是在社会主义中国的政治实践之中被改造为一种独特的政治制度和文化规划。这种制度和规划曾经一度极其有效地在革命与建设时期起到了最大范围内群众动员的作用，完成了对于幅员辽阔、族群众多、文化多样的中国形象的塑造，并以共产主义和国际主义为指导、协助中国共产党在对抗国民党的民族主义中完成了政治改造和理论提升：在现实层面体现为继承了清帝国和中华民国留下来的广袤地域与人口，在意识形态层面接续了"大一统"的前现代帝国遗产；同时与社会主义的平等诉求相关联，在人民性和阶级叙事的支持下，让无数被压抑、侮辱与损害的人们获得了翻身的机会；这两者结合，也提供了关于未来美好中国的想象图景。

因为在中华人民共和国成立初期民族话语与阶级话语之间的紧密结合，或者说以阶级、集体、人民等话语作为主导，将少数民族纳入到人民性之中，所以彼时的少数民族文学呈现出时代的共性，而较少有具体族群的特殊性。少数民族的景物、地域、语言、文化、民俗、宗教等元素只是作为地方性与多样性的存在，内在于整体性的国家（中华民族）叙事之中。这种情形一直延续到20世纪80年代，我们可以观察到其间出现的有代表性的少数民族文学选本，基本上都呈现与国家意识形态如符合契的话语表述方式，是国家文化领导者有意通过制度建设和文学组织活动的结果。

1960年，人民文学出版社编选出版的《新生活的光辉：兄弟民族作家短篇小说合集》，选取了10个民族19位作者的46篇作品，包括蒙古族的纳·赛音朝克图（《春天照耀着乌珠穆沁草原》）、玛拉沁夫（《科尔沁草原的人们》《春的喜歌》《在暴风雪中》《满眼春色的草原》）、乌兰巴干（《牧场上的春天》《马场主任》《草原上的驯马姑娘》《初春的山谷》）、敖德斯尔（《小钢苏和》《一个姑娘的经历》《时代的性格》）、朋斯克（《金色兴安岭》）、扎拉嘎胡（《小白马的故事》《社员之间》《亲爱的妈妈》）、安柯钦夫（《在冬天的牧场上》《新生活的光辉》《牧羊姑娘的心愿》）、回族的米双耀（《投资》），维吾尔族的祖农·哈迪尔（《锻炼》《回忆》）、克尤木·吐尔的（《吾拉孜爷爷》），苗族的伍略（《小燕子》《野渡无人》《高山上的凤凰》），彝族的李乔（《拉猛回来了》《第一次医治》《接米乌乌和他的老伴》《竞赛的一天》）、普飞（《辣椒》《镜湖》《门板》《洗衣》），壮族的陆地（《一对夫妻》），朝鲜族的李根全（《金炳一》《洪水泛滥的时候》），哈萨克族的郝斯力汗（《起点》《牧村纪事》），白族的杨苏（《求婚》《剽牛》《没有织完的筒裙》）、那家伦（《柏松》《女通讯兵》），纳西族的赵静修（《苗床》《铜水畅流》）。时间从1949年中华人民共和国成立到1959年9月，是新中国成立十周年献礼的小说集。从地域分布来看，其中蒙古族作家很多，这与内蒙古自治区最早建立有关，南方民族尤其是云南的较多，也与民族识别最初在云南、广西展开有关。选本几乎没有母语作品，所选都是汉语写作的，用编选者的话来说，"有些作家在本民族有相当影响，但他们的作品目前还没有译成汉文，而临时组织翻译又来不及，因此只得暂缺"①。民国年间"五族共和"除了汉族之外其他"大民族"中，蒙古族、回族（信仰伊斯兰的诸多民族，包括维吾尔、哈萨克族等）都有入选，而藏族和满族则没有，其中的原因在于藏族的书面文学往往由掌握藏语的贵族及喇嘛掌握，还没有发展出自身的现代文类创作，而史诗如"格萨尔王"作为民间口头文学则没有置入这个以作家作品为序列的选本中来，尽管此际的史诗搜集、整理与翻译等已经得到了文化主管部门的高度重视。满族则因为辛亥革命前后的"排满"话语的影响与冲击，也没有刻意地被当作"少数民族文学"标识出来，而事实上舒群、李辉英、关沫南、马加、胡可、胡昭这些满族作家大多有在东北从事革命事业，后来又去延安的经历，已经成为革命文学的组成部分，少数民族的因素并不那么明显，老舍这样在民国年间已经获得巨大声名的作家尽管并不避讳满族身份，但新中国成立之后在努力寻找契合主流意识形态需要的题材与形式，突出某种族群的特质尤其是已经颇

---

① 人民文学出版社编辑：《出版说明》，《新生活的光辉：兄弟民族作家短篇小说合集》，人民文学出版社1960年版，第2页。

有污名化色彩的旗人文化显然不在其努力的范围之内。有意味的是，1961年老舍开始创作《正红旗下》，这是一部预想中的长篇小说，明确以旗人的身份标识和家族记忆作为对象，但很快在1962年就被动终止了，这也显示出少数民族文学在文学史所称的"十七年"时期基本上统摄在国家与政治的语法之中，族群认同在强势的国家认同和人民认同之中基本处于缺席状态。

值得注意的是，该选本用的是"兄弟民族"这个词，1955年，在中国作家协会第二次理事会（扩大）会议上，当时任中国作家协会副主席的老舍作了《关于兄弟民族文学工作的报告》，在报告中，老舍提出"以马克思列宁主义的科学方法按照文学艺术本身的特点从事搜集整理文学遗产，以便出版与翻译，发扬文化并交流文化；以社会主义现实主义的创作方法，继承并发扬民族的文学传统，歌颂前进的新人新事"①。直到20世纪60年代，"兄弟民族"这个称呼还通用着，如《文艺报》1960年8月号发表的贾芝《祝贺各兄弟民族文学史的诞生》，《云南日报》1961年3月29日《云南文艺界展开关于兄弟民族文学史编写问题的讨论》等。"少数民族文学"的说法大约始于1958年，编写中国少数民族文学史的动议也是这一年正式提出的。1958年7月17日，中共中央宣传部召集到北京参加"全国民间文学工作者大会"的各自治区及有少数民族聚居的省的部分代表和北京有关单位座谈，并决定编写少数民族文学史，向中华人民共和国成立10周年献礼，进而动议在各少数民族文学史（或文学概况）的基础上，编著包括少数民族文学在内的多卷本《中国文学史》。同年中宣部下发了《中共中央宣传部关于少数民族文学史编写工作座谈会纪要》。1958年，中国民间文艺研究会提出编选各地歌谣选、各地民间故事选和民间叙事长诗选，中国科学院

---

① 老舍：《关于兄弟民族文学工作的报告——在中国作家协会第二次理事会议（扩大）上的报告》，中国社会科学院少数民族文学研究所编印《中国少数民族文学史编写参考资料》，1984年，第500页。

文学研究所提出编写少数民族文学史，这些由中宣部批准实施的计划，俗称"三选一史"。编写多民族的中国文学史的构想，是由中国科学院文学研究所提出来的。何其芳作为首倡者说道："直到现在为止，所有的中国文学史都实际不过是中国汉语文学史，不过是汉族文学再加上一部分少数民族作家用汉语写出的文学的历史。"① 何其芳的看法代表了彼时主流知识分子对少数民族及其文学的普遍看法：作为中华民族的有机组成部分，少数民族的文学自然也有资格成为中国文学史的一部分。事实上，后来的实践也一再证明，各种族别文学史的组织编写，无论从分期，还是从文学观念上，基本上都遵循了冠名为"中国"的各类文学史的书写语法。

在创作上同样如此，人民性、革命史观、阶级斗争话语是"兄弟民族文学"的倡导方向，因而我们可以在彼时的民族题材作品中看到的多是关于革命斗争的英雄叙事、大跃进、土改、合作化和人民公社的内容，如果说略有不同的地方，那就在于某些后发的少数民族因为地理环境、生产生活方式、文化传统的不同，而在接受主流话语中有个逐步被启蒙和改造的过程。与《新生活的光辉：兄弟民族作家短篇小说合集》同年出版的《新疆兄弟民族小说选》和《新疆十年小说选》的选文时间段也是从1949年到1959年。前者由《天山》文学月刊编辑部编辑，所选的兄弟民族作家包括维吾尔族赛福鼎的《吐尔地阿洪的喜悦》《晨风中飘荡的旗》、祖农·哈迪尔的《锻炼》《肉都帕衣》《会议》、阿·吾甫尔的《暴风》、阿米提·沙吾提的《第一次领工资》、吐·阿依汗的《草原彩霞》、阿·米吉特夫的《悲欢离合》，哈萨克族郝斯力汗的《起点》《牧村纪事》、吐·阿勒琴巴尤夫的《幸福》，柯尔克孜族乌·努孜别科夫的《雪山吐红日》，蒙古族刊载的《真挚的友谊》。后者由中国作家协会新疆维吾尔自治区分会编，以汉族作品为主，同时也收入了赛福鼎

---

① 何其芳：《少数民族文学史编写中的问题——1961年4月17日在中国科学院文学研究所召开的少数民族文学史讨论会上的发言》，《文学评论》1961年第10期。

《吐尔地阿洪的喜悦》、祖农·哈迪尔的《锻炼》、郝斯力汗的《起点》、乌·努孜别科夫的《雪山吐红日》、刊载的《姑娘名叫"友谊"》等少数民族作品。这些作品如今大多数已经湮没无闻，只是在少数民族的族别文学史中可能占有一席之地，因为在"一体化"的语境中，它们并没有提供新的视角与观念，那些具有差异性的地方、族群与文化经验被统摄在较为单一的时代话语之中，作为外在风情与点缀而存在。

与此同时，少数民族题材的电影与动画却焕发出令人瞩目的光彩，真正意义上展示了民族文化的题材优势和反馈潜能。展现1927年至1937年土地革命的《羌笛颂》《金沙江畔》《红色娘子军》《五朵红云》《柯山红日》，再现1946年至1953年新中国成立前后土地改革的《勐垅沙》《摩雅傣》《景颇姑娘》《山间铃响马帮来》《边寨烽火》《瑶山春》《达吉和她的父亲》《草原上的人们》《五朵金花》，还有改编自民间传说故事的《刘三姐》《蝴蝶泉》《阿诗玛》《九色鹿》《阿凡提的故事》系列等，它们对内起到了族际文化交流，宣传主流意识形态，凝聚团结各民族同胞的作用，对外则塑造了带有公约性和共通性的主题（比如爱情）与多民族文化的中国形象，至今仍然是中国电影史上的经典记忆。这里体现出影像作品与文学作品之间的差异：前者的视觉形象有着直观表达的优势，差异性因素很容易呈现出来，不太受到一体化话语的影响；而文学书写的心理幽微层面则无法通过文字轻易传递，并且接受中需要的前理解、文化积累与想象空间也对读者提出了更高的要求。但无论如何，民族视野已经打开，尽管更多是由所谓的"他者"进行叙述，即外来者或者汉族作家书写少数民族的人、事、物、情占多数，少数民族自己也产生了自己的当代写作，像玛拉沁夫的《科尔沁草原上的人们》改编电影之后，甚至产生了很大的影响，其插曲《敖包相会》（1952年，达斡尔族作曲家通福根据海拉尔河畔的一首古老的情歌创作）至今还是脍炙人口的曲目。

少数民族文学与汉族文学之间彼此的互动给养，在闻捷、郭小川带有强烈抒情性质的诗歌和 80 年代新出现的一些作家比如哈萨克族的艾克拜尔·米吉提那里有着鲜明的体现。闻捷的诗作无疑吸收了维吾尔口头传统的韵律、形式以及宏大抒情的传统，而艾克拜尔·米吉提则受到了"归来的流放者"王蒙的影响和提携。不过，直到 1979 年，在中华人民共和国成立三十周年时，中央民族学院语言文学系《民族文学编选组》编的《少数民族短篇小说选》中仍然可以看到少数民族外部风情与主流观念之间结合的主导性创作语法。所选的三十多篇作品，如同冰心在序言中所说："在这道路上前进着的人物，个个都具有生动鲜明的民族风格和气派。这些人物的背景更是奇伟壮丽：这里有青绿无际的草原，有万年积雪的高山，有连绵葱郁的原始森林，有秀雅玲珑的竹楼茅屋……在使人激动和引人赞赏的背景之后，我们还听到了马啸、鹃啼、泉流、松响……而高出一切之上的，却是那对党和毛主席的颂歌，是对社会主义制度的赞歌，和各族人民在集体劳动中的欢歌。"① 也就是说，在"十七年"时期形成的范例一直延续到"新时期"，成为少数民族文学的叙事语法，这也正是"自上而下"的文化设计所要达到的效果，直至新世纪以来依然是少数民族文学的主流。在这个主流之中，作为国家话语的"民族性"体现为民族主义式的宏伟蓝图，而作为少数者话语的"民族性"更多是题材意义上的。

二 民族性泛化与少数民族文学主体性

80 年代各种文学思潮尤其是中国古典文学传统的复活和西方现代派的传入，给予少数民族文学以一种真正意义上的刺激，其结果是激活了从晚清直至五四新文化运动的启蒙传统中一直强调的较之

---

① 冰心：《少数民族短篇小说选·序》，中央民族学院语言文学系《民族文学编选组》编：《少数民族短篇小说选》，四川民族出版社 1979 年版，第 2 页。

于精英文人传统不同面相的边缘、民间、民族的要素，并且汇聚为文化寻根中蓬勃兴起的第二波少数民族文学热潮。一方面，少数民族携带边疆、边地、边民、边缘的先天印象，呼应着20世纪二三十年代"眼光向下的革命"，而这种视角的转移在共产党的文化实践中进一步被大众化、通俗化所推进，并且集中体现于毛泽东《在延安文艺座谈会上的讲话》所确立的中国气派、中国风格之中。少数民族成为主流文化保持自我更新的活力源头之一，这一点在西学甚嚣尘上的80年代被反方向激发，从而使得一部分作家文人转而谋求从少数民族文化中寻找复兴与创新的资源，比如杨炼的长诗《诺日朗》对于藏地的发掘，海子在内蒙古、青海、西藏写下的诗篇，被视为先锋文学代表之一的马原也以书写藏地而闻名。而官方文化组织则大力予以扶植，并且将原先没有书面文学的少数民族拥有了自己的作家作品视为文学事业的一大进步。正是在80年代初期，许多有语言无文字的少数民族诞生自己最初一批用汉语写作的作家，比如曾经被目为刀耕火种的佤族出现了董秀英，尽管她的《马桑部落的三代女人》（1985）放在当时的文坛并没有特别奇异之处，但因为题材和作家身份的独特性，也获得了极大的关注。

另一方面，在各种纷起的文学思潮与流派的兴起过程中，少数民族作家也逐渐在确立自我言说的主体性叙事。李陀（达斡尔族）、张承志（回族）等作家虽然有少数民族的族籍，但更多着眼于超越于具体族群认同的表述，而着眼于对于一个时代的"时代精神"的把握，少数民族身份并没有成为刻意要观照的维度。李陀的《愿你听到这支歌》是放在纪念周总理的"四五"运动的背景之中，放眼的是整个"这几年来的国内形势"。张承志的《骑手为什么歌唱母亲》，写的虽然是蒙古族"额吉——母亲"，但他将这个"母亲"直接泛化等同于"人民"，呈现出高度主观化和抒情性的特征，与彼时（1978年）大行其道的伤痕文学显示出迥然不同的面目，其后的《黑骏马》《北方的河》《金牧场》也多充满了浪漫主义和理想主义的激情，其抒情主人公往往代表的是中国青年，而不是某个族群的青年版。不过，乌热尔图为中国当代文学输入猎人和森林的意象，以及进入90年代之后的萨满文化书写，显示了额尔古纳河畔的人文生态尤其是鄂温克人的生活场景，扎西达娃则让藏族的神性思维与魔幻现实主义之间发生了有趣的交织，已经显示出"族内人"写作的主体视角。这些进入到主流文学史中的作家，树立了一种有别于伤痕、反思、改革、先锋小说、朦胧诗序列的民族之眼。

可以说，所谓"新时期文学"是接续了五四新文化启蒙现代性规划，提升中心、精英视野之外的民族、民间、民众的位置，但因为从19世纪中叶以来"中西古今之争"所形成的文化交流"单行道"中西方文化一直是强势话语，或者说中国现代文学的标准是建立在后发、借鉴西方尤其是西欧和北美现代文学的基础之上，而社会主义文学的尝试因为一度过于激进而在曲折中发展，所以"新时期文学"的潮流是借鉴西方的。在这种总体潮流之中，民族视野的出现无疑具有彰显本土文化自觉的意味，它们显示在主流文学史书写记录之外的另一条隐伏的脉络那里——少数民族文学具有新经验性质的实践，比如非非主义诗派（以及莽汉派、第三代诗）、藏族作家色波等人的"新小说"试验，他们并没有刻意强化地方性、族群性的文化要素，但那些内容在何小竹（苗族）、吉木狼格（彝族）这些人的诗作中往往有种潜在记忆的影响。这股隐秘的潮流在20世纪90年代的市场自由主义新意识形态之下，蓬勃发展为一种文化多元主义的取向，尽管世纪之交的十数年间，文学日益"边缘化""道德滑坡""人文精神失落"，日常生活审美化、新历史小说和新写实主义……都在颠覆崇高、走向反讽和虚无之中打上了犬儒的色彩。这个被许多论者称为"后新时期"的时间段，在文学的低潮中孕育着商业与技术变革所带来的各种可能性，由西方现代文学所确立的文学自主及审美为中心的观念面临瓦解却依然占据文学知识与教育体系的主流，而"自上而下"的文学组织与"自下而上"的文学表达之间交相互动，促生了新世纪的文学多样性。作为多样性中的一种，少数民族文学的"民族性"显现出认识论转型的潜能与实绩。

三　多样性、收缩的族群观念与多民族文学

文学多样性产生于市场化、景观社会、消费主义和信息高速公路的背景下，新世纪少数民族文学内在于这种多元性浪潮之中，得益于非物质文化遗产保护的政治正确话语以及政策性扶植的加持。作为全球化时代中有着独特性潜能的文学成分，少数民族文学一方面具备了抵抗消费主义新的一体化的潜力，另一方面也具有可以被商业化消费的要素，在这种彼此撕扯的张力场中，少数民族文学形成了从他者话语到自我表述的全面转化，在谋求并突出自身的文化差异性。在这第三波的少数民族文学浪潮中，既有严格按照主旋律的规定和要求进行的主旋律书写，也不乏"严肃文学"的形式探索、人性挖掘和观念推进，同时也出现了诸如苗族的血红那样具有广泛受众的网络文学大神。因而这个时候的少数民族文学再也无法形成某种共识结构，在土家族田耳的《长寿碑》、满族刘荣书的《浮屠》、回族马金莲的《听见》、东乡族了一容的《红山羊》之间几乎找不到任何相似之处，这种差别不仅仅是来自于外在的地域、民俗、景物，更多来自情感结构和认知方式。甚至仅就藏族而言，阿来的《三只虫草》、次仁罗布的《阿米日嘎》、央今拉姆的《独克宗13号》、万玛才旦的《塔洛》之间也迥乎不同，除了由于不同藏区的地理人文所形成的感受与体验不同之外，还由于代际的经验不同，更有来自于不同美学和思想观念上的不同。

不过问题也恰恰在于多样性被多元主义和相对主义本质化了，也就是说当曾经一度作为态度一致性和认知共通性的人民、阶级、革命和集体主义话语被20世纪末的市场、欲望、日常生活和个人主

义冲击之后，有时被技术与资本合力建构的消费主义所左右。这实为21世纪以来中国社会与思想的普遍状况，但置诸少数民族文学就尤为明显，因为它的记录与虚构、叙述与想象、抵抗与认同，涉及地缘政治、民族主义、文化传统、宗教信仰、区域稳定，无一不是利害攸关的问题。在理想的理论图景中，由于多民族的差异性，多民族文学想当然地会带来语言与美学的刷新、空间角度的转化、另类传统的启示以及诸如此类的异质性因素。比如新兴起的母语文学就是少数民族之于语言与美学上提供的新经验。有着悠久本民族文字传统的如藏族、蒙古族、维吾尔族等，原本就有深厚的文学传统和经典，如今仍然是该民族文学中的常用语言和表达方式，像维吾尔语文学还与波斯、阿拉伯文学之间有着传承递进的跨国联系。有着古老民族文字的彝族、纳西族等也有一部分恢复了母语创作，甚至还出现了用新创的壮文作品［如蒙飞的《山重水复》（Ndoi Lienz Bya Rij Lienz Dah）、李法的《乜姥和她的茅屋》（laux Caeuq Ranzhaz De）等］和苗文作品［黄朝明的《一对银镯》（Ib Ngeuf Bous Nyax）、杨荣军的《做媳》（Uat Nyangb）和《女村男寨》（Ngoux Raol Hluak Raol）］等文学置诸全球版图中也是为数不多的现象，体现了中国文学的内源性多元现象。各种语言及语言所携带的文化、思想、情感信息，丰富了中国文学的内容，而母语的移译以及操持母语而转用汉文写作的作品则在语言转换中创造出了新的文学语言，就如同现代白话在译介西方文学时所发生的情况。这也是许多汉文写作的少数民族文学作品的语言也具有陌生化效果的原因，比如维吾尔族阿拉提·阿斯木《时间悄悄的嘴脸》，哈萨克族叶尔克西·胡尔曼别克的《永生羊》。汉语文学中的少数民族写作，如同英语文学中的少数族裔的贡献：俄裔的纳博科夫以《洛丽塔》《微暗的火》为美国文学输入了新鲜血液；奈保尔、拉什迪则将特立尼达和多巴哥、印度、伊斯兰文化因子带入英国文学；华裔美国作家赵建秀、汤婷婷、谭恩美的作品中作为一种"积淀"性的中国文化要素依然渗透到写作之中……与移民国家不同，除了如朝鲜族等为数不多的移民之外，中国少数民族绝大部分是世居民族，它们以其母语传统和新兴的母语文学创作在中国文学内部构成了本土话语的张力，让当代文学的话语模式和思维空间不再局限于汉字、汉语和汉文化。

另外，反观主流文学中，"非虚构"与民族志叙事之间在某种意义上有着隐在的借鉴与参照意味，它通过"深描"式地切入真实语境与人事，有助于祛除因为大众传媒上的刻板印象所造成的异域想象。但是文学手法与技巧上的借鉴与化合还只是外在层面的，更主要的是在少数民族的信仰、情感与认同中所搭建的他山之石的镜鉴与参照。西北游牧民族与南方后发稻作民族对于自然和生态的重视，一再表现出区别于已经日益商业化的东部发达地区的文学关注层面。萨满教、南传佛教、形形色色的南方民间信仰、西北地区拥有极大信众的伊斯兰教……这些弥散性或建制性的宗教沉入到民众的情感与生活之中，会给他们的写作带来如何的特质？这些无疑都敞开了当代文学别开生面的可能性。

然而，现实中的少数民族文学生态固然部分地体现出来上述那些可供进一步发掘的资源，更多的却是在朝向一种文化主义和认同政治方向迈进。可以观察到的是，在普遍性的去政治化语境中，少数民族文学的书写体现出神话式的历史、风情化的呈现和缺乏现实感的返思。那些异质性元素抽离出具体的时空，进而被塑造为一种抽象的、封闭的乃至凝滞的形态，这构成了一种"假性写作"。比如在少数民族的历史书写中往往表现为单边叙事，将某个族群的历史孤立出来，而忽略了同主体民族和其他兄弟民族的关联；有关现实变迁的叙事中，更多设置出城市与乡土、现代性与"传统"之间的二元对立结构，突出个人的遭际，而缺乏总体性的视野；在抒情性文本中，其对象被固化为某种博物馆化的静态存在。凡此种种，都或多或少在强调一种"民族性"的认同。"民族性"在这样的文本中就不再是与时代、社会的语境息息相关的流动性范畴，而是在文化想象中脱离现实的文本性存在。这其实与大众媒体中印象化、符号化的化约形成了同谋,共同营造出一种不及物的文学。在官方化、体制性的文学组织活动很难发挥具体而微作用的时候,这种假性书写构成了绝大部分少数民族文学的常态,被刻意雕琢的"民族性"不过是策略性的技巧和方法,而往往被抽空了它原本的核心内容与价值。

在如此语境中,张承志在20世纪90年代转入到非虚构的散文随笔创作中,并且将其在《心灵史》中通过把伊斯兰教哲合忍耶门宦书写为被压迫和戕害的穷人宗教的阶级式话语,转化为游历了日本、中亚、拉丁美洲后的新国际主义话语。它们所体现出来的观点未必具有会受到普遍接受和认可,却搅扰着当下的写作,令人不得不正视某种异质性存在的意义与价值。对于文化多元主义和狭隘"民族性"的反思应该落实在文化的主体——人——那里,而人无法被本质化和固化,总是随着语境而变化,人在哪里、变成什么样子,那么"民族性"就是什么样子。在历史化的"民族性"考察中,任何抱残守缺而美其名曰的"守望"与"坚持"都不过是愚骏或出于特定利益的诡计。

2008年之后,由于学术界的推动,"多民族文学"逐渐开始与"少数民族文学"并提。"多民族"的意思包含三个层次:一是多民族,具体到中国就是56个民族;二是多语言,不同族群的语言;三是多文学,不同的文学界定和标准。如果说此前的"兄弟民族文学"或"少数民族文学"在语法上更多是随着主流文学的观念规行矩步,或者按照西方传入的后结构主义、后殖民主义、后现代主义、文化相对主义的理念以西律中,"多民族文学"的提法显示中国文学理论的自觉提炼,突出一种万象共生、千灯互照的文学主体间性。与之并行的是中国作家协会"少数民族文学发展工程"陆续开展的少数民族作家培训班、出版资助、评奖机制等工作,其集大成者是"新时期中国少数民族文学作品选集"的陆续出版,这套选集以民族立卷，五百万人口以上的民族各1卷2册，不足五百万人口的民族各1卷1册、人口较少民族合卷1册，总计55卷60册，总共收录了从1976年到2011年的2218位作者的4279篇作品，其中小说792篇，散文1413篇，诗歌2010首，报告文学63篇，影视剧本1篇，长篇作品仅列目录。尽管因为细大不捐，而使得某些卷中泥沙俱下，但无疑留存了晚近三十多年中国少数民族文学的档案资料。鲁迅文学院也陆续出版了"中国多民族文学丛书"三辑近百种作品，体裁涵括小说、诗歌、散文、报告文学、文学批评等各种文类。这些政策性的扶持，无疑有助于激发中国各民族文学的活力，对于当代文学的整体态势而言带有重启组织化与规划性的含义。客观地说，作为个体事业的文学与集体化的组织活动之间存在着一定的紧张关系，许多作家作品也未必摆脱了因袭已久的文化主义惯习，但文学史一再所证明的，正是因为有无数可能无效的作品的存在，才会在文字浪花中诞生出美妙的维纳斯。

　　历史化地看，从"民族"作为一种政治身份被识别、认定和由法律形式固定下来开始，中国的各个少数民族书写与表述中的民族话语经历了一个由趋向于或者等同于主流意识形态话语，到泛化了"民族性"的过程，尤其是在改革开放以来，很多时候"民族性"的含义在"少数民族"与"国家"之间徘徊和混用，显示出直接与"世界"对话的企图，而这种泛化的"民族"一直延续到当下，涉及"少数民族"的表述与被表述的时候则"民族性"的内涵又发生了向"族群性"的收缩，并出现了符号化、文化化与消费化的情形。

　　只有在历史脉络之中，我们才可以清晰地看到这个当代文学的民族视野的嬗变历程，这个历程并非某种孤立的存在，而是一直与当代政治、经济、社会、生活与文化的转型密切相关。从来就没有什么"越是民族的就越是世界的"之类不假思索的永恒事实，"民族的"必然是特定时空中的特殊性和流动性的存在，只有超越了这种特殊性才具有转化为"世界的"可能，就少数民族而言，它还无法绕过"国家的"这一政治规定性。作为中国文学的特定存在，少数民族文学显然不能将自己局限于"少数者"的差异性视野，而要将自身定位于总体性中的差异性，它的合法性从一开始就来自于族群与国家、局部与整体、个体与集体之间的辩证：即能否讲述出一个有别于众口一词的中国故事，或者给共同的中国故事提供新的讲法。谁人云亦云，必将陷入陈词滥调；谁进行创造性的转化，谁就将获得未来。

第四章

民族文学研究的方法、立场和理论命题的生产

姚新勇先生在读完拙著《现代中国与少数民族文学》之后，迅速写出评论《民族文学研究的突破与束缚》①，肯定中有正面批评，在陈陈相因、顺情说话的学风中让人感到久违的诤言风范。弹射利病，姚先生犀利地指出了在他看来的疏漏与不当之处，这给我再次思考并回答相关问题提供了很好的机会，首先表示感谢并且接受。不过，因为姚先生和我在文学、历史乃至思想观念上存在某些扞格，所以有些批评往往带有师心自用的解读和南辕北辙的判断。商榷砥砺、问难答辩本是为学之义，因而在几次交流之后，我决定写个简短的回应：一方面补苴罅漏，将原书中阐释未清可能造成鲁鱼亥豕的误读之处，言简意赅予以说明；另一方面引申开来，因为姚先生的批评正好可以引发对于目前少数民族文学研究存在的一些关键性问题的讨论，而这种建设性可能更为重要。

一 历史情境、话语建构与限度问题

姚先生首先肯定了拙著"突破"的一面，这一点不必细说，他

---

① 姚新勇：《民族文学研究的突破与束缚——评刘大先〈现代中国与少数民族文学〉》，《贵州民族大学学报》（哲学社会科学版）2014 年第 1 期。

提到的"束缚"倒更值得反躬自省，他认为因为"对于主流权威过于重视"，所以造成了拙著在论述中更多倚重来自主流学科和主流话语的论述，而在实际上造成了对少数民族文学的压抑。不过，就议题"现代中国"与"少数民族文学"而言，这本身就是题中应有之义，我想要讨论的是在近现代转型之中，"现代中国"在政治、社会、文化诸多方面的再建构，及其与少数民族文学之间的关系，后者正是在这种大转型之中得以确立，脱离了这种背景就无法理解它的发生学根源、知识形态的形成、文学体制的构成、发展演变的脉络。"少数民族文学"无法自外于"现代中国"之外，而是内在于各种话语网络之中，它在"现代中国"整体文学与知识格局所处的位置就是弱势的，承认这种现实是进一步讨论的起点。尽管话语的强弱有着逆转变化的可能，但基于中国文学学科体制的意识形态现实，"束缚"是它难以跳脱的天花板，单独抽离出来讨论"少数民族文学"，将其作为自足的实体很容易落入到"内部研究"的文本社会学或者自说自话的境地，而这正是我一开始就希望打破的。

比如，姚先生提到"大先认为少数族裔文学的文化回归潮受到了主流文学的'寻根文学'的启发，而这一颠倒时序的说法，至迟在李鸿然先生的《中国当代少数民族文学史论》中就已经证伪过了"。这段批评显然是姚老师的误读，第一我并没有作此断言，第二我所要反对的是少数民族文学以西来价值为旨归的自我风情化，以及用某些外来或后起的概念去框定少数民族文学原生的与自发的文学现场。① 这与李鸿然先生论述的少数民族作家寻根意识同"文化寻根"热之间错综交结的问题并不矛盾，事实上我基本没有涉及李鸿然描述的话题。② 事实上，以后见之明用"寻根文学"去描述20

---

① 刘大先：《现代中国与少数民族文学》，中国社会科学出版社2013年版，第140—142页。

② 李鸿然的讨论参见《中国当代少数民族文学史论》，云南教育出版社2004年版，第136—138页。

世纪80年代文学现实情境中少数民族文学出现的文化回归潮流，只不过是一种后来者批评话语和历史书写的方式。少数民族文学自身有着类似的寻根冲动与主流思潮耦合，也许只是某种时代性、全局性的观念的"共识"，并不存在谁影响了谁。但不可否认的是，当"寻根"的话语被彰显出来并辐射在主流文坛，少数民族文学就不可能回避这种话语的影响。这是个专门话题，需要进一步的个案细绎。

我在行文中一直强调"可能性"与"限度""同一性"与"差异性"之间的辩证，如何在这种张力中确立"少数民族文学"的位置和意义才是历史的态度。因为无可否认，"少数民族"的合法性确立来源于中国革命和社会主义政治建设，少数民族作家走上革命的道路是历史的选择，这并不是某种外部强制或干预的结果，而是处于不同发展阶段、拥有不同文化遗产和多种多样发展可能性的各民族人民"翻身做主人"后的抉择——它们从属于主流话语之中。如果从更广泛的意义来说，"民族"与"少数民族"都是近现代的产物，这并不是说少数族群在前现代时期不存在，而是说它们并没有获得社会主义话语的"命名"，我们讨论"少数民族文学"无疑需要将其置入到现代历史情境之中，在这个意义上而言，所谓少数民族文学实际上是"当代文学"的有机组成部分，一开始就具有强烈的国家政治特性。如果考察"少数民族文学"发生的时间和契机，会发现从新民主主义革命到社会主义改造、"人民"观念的强调与民族识别、民族社会历史调查发生在同一时期，即1953年至1956年之间。一旦将少数民族文学置诸这个特定的历史环境与氛围之中，我们会发现"限度"既是束缚也是解放。至于后来如何演变，还是需要同具体社会背景联系在一起，而不是就事论事，停留于现象的描述与勾勒。

按照姚先生的观念，"少数民族文学"被划分为三个阶段：即"社会主义的民族文学—民族的民族文学—后殖民弱势文学"。他刻意强调的是"自我本位主体性呈现""返还本族群文化之根"，亦即一种"少数民族文学中心论"，而忽略了所谓少数民族文学的"自我本位主体性"始终无法摆脱笼罩其上的国家主导性文学规划和体制。诚然，"边缘"与"中心"在长时段中看，存在易位的可能性，然而从现实来看，任何当代合法的"少数民族文学"总是受庇于国家文学组织和体制体系，比如少数民族文学扶持计划、作协与评奖机制等，先天的属于国家主流意识形态辖制下的文学之一种，而不可能超脱这个限制。还有一点值得注意的是，在进入一般文学史家所谓"新时期""后新时期"之后，许多少数民族作家的主体话语姿态实际上在获取自身的象征资本，从而在整个全球文化符号流通的文化场域获取入场券，它只不过是换了视角，并不能改变文学事实，并且该话语的语法实际上与某些异议话语不谋而合，刻意建造自己的特殊性、差异性、文化例外，无疑是对文化融合现实（这种融合自古至今体现在从民俗仪轨到精神理念的多个层面，在全球化、信息化、便利交通的背景下尤为明显）的反动。这倒并不是说"国家主义"立场天然就具有了合法性，而是说现实与话语建构必须区分其界限，尽管想象和话语具有能动性，能够进入实践领域，但不能以想象和话语取代现实实践，那就不是学理性的研究，而是一种蓝图式的想象性导向。

至于姚先生提到的"后社会主义"文学的问题，我在另一篇文章《从差异性到再融合：后社会主义时代的各民族文学》中曾经讨论过[1]，因为发表时间晚近，可能他没有注意到，顺便提一下，相关的论文有五篇[2]，基本是将中国少数民族文学发展分阶段做了一个

---

[1] 刘大先：《从差异性到再融合：后社会主义时代的各民族文学》，《南方文坛》2013年第3期。

[2] 除了上述的《从差异性到再融合：后社会主义时代的各民族文学》之外，另外四篇是《现代民族转型与少数民族文学的诞生》[《重庆师范大学学报》（哲学社会科学版）2012年第5期]，《革命中国和声与少数民族"人民"话语》[《中外文化与文论》（第23辑），四川大学出版社2013年]，《新启蒙时代的少数民族文学：多元化与现代性》（《青海社会科学》2013年第1期），《新媒体时代的多民族文学》（《南方文坛》2012年第1期）。这实际是我有意识地以历时性的线索，尝试勾勒出中国少数民族文学承传流变与主流的思想和话语变迁的语境发展脉络。

"史"的梳理，因为《现代中国与少数民族文学》主要是"论"，所以只在部分地方约略提及。我注意到姚先生刻意采用了"少数族裔"这个词语，从而使得他在行文中常常"少数民族""民族""少数族裔"并用，从而使得概念有些暧昧模糊。这些词语本身都有着复杂绵延的观念演变历史，所以我在拙著"绪论"部分就对它们做了辨析，并且申明在具体语境采用何种说法。事实上，在早先几年的文章中，我较多地采用了"少数族裔"和"少数族群"的概念，但是随着认识的深入，"少数族裔"我已经非常谨慎地使用。因为它更多来自后殖民理论，而后殖民有其自身对话的对象，简单地挪用往往会造成指鹿为马的局面。中国的"少数民族"与某些西方国家的"少数族裔"的差别已经有很多讨论，此不赘述，需要强调的是"少数民族"在法理上首先是政治协商的平等"人民"的组成分子，族别是次属身份，历史、地理、生产方式、文化传统造成的差异与血腥屠杀、殖民掠夺、文化歧视有着质的不同，而中国主流文化的"大一统"和"因地制宜"的传统，同现代国际主义和社会主义理念的结合产生的民族团结和共同繁荣理念，与西方文化多元主义的理念并非完全同一，因而后殖民的文化政治与少数民族的多元认同也不可同日而语，以免产生地理与时代的误置。

少数民族文学的问题显然不能仅限于文学内部，如何重新发掘新中国早期的社会主义少数民族文学遗产，以及直面当下共同面对的资本及权力挤压问题——这不仅仅是少数民族独自面对的问题，而且是我们要讨论的关键。

二 整体研究、分解研究与价值问题

我上述的表述似乎在某种程度上站在了类似国家主义的立场，这里需要强调的是，从历史来看，多民族国家的中国有其统一、交流、融合的文化与制度传统，历史的亲疏之见、族类之异、他我之别、内外之分只在具体的历史语境中发生作用①，这也是维护中国没有像欧洲那样分散为多个国家的原因；从现实看，面对日益复杂、冲突并起的现状，有必要树立一种所谓的"核心价值"，这是一种立场选择和价值关怀。

我们现在的批评话语往往在很大程度上遵循了一种中庸的"政治正确"，即价值判断上的多元主义立场，似乎任何旗帜鲜明地确立某种标准和尺度都难以摆脱霸权的嫌疑。这种警惕渊源有自，来自于对20世纪40年代以来逐渐"一体化"的文学组织、制度、评判体系的反拨。然而如果将这个问题进一步还原到历史语境之中，我们可以发现，价值的多元化是"现代性"祛魅之后，"分化"了的世界观的结果，某种"一神论"式的蓝图乌托邦无论在理论还是在现实中都遭受了巨大的挫败。但是，换个角度来看，价值问题如果放任个人选择的自主性，很容易走向一种后现代文化相对主义的犬儒式纵容。如同洪子诚曾经质疑过的："如果把价值选择完全看成是个体的问题，实际上也就取消了这个问题的紧迫性质。……它难道不会导致对价值混乱的现实状态的容忍和默认吗？"② 因而他强调我们在谈论某种"多元共生"的时候，一定不能抽象化，而要努力建立起该概念、观念、词语与具体语境之间的关联。

多年前，我曾经就"多元一体"和"多元共生"做过讨论，颇适用于此处的论说，不妨引述如下：

> 多元一体和多元共生大致就相当于国家民族主义和少数群体民族主义。在以上的讨论中，我比较强调多元共生的补充意义，这是晚近理论界的共识。而问题在于，汉族/主流文化在研

---

① 相关研究，参见杨松华《大一统制度与中国兴衰》，北京出版社2004年版；葛剑雄《统一与分裂：中国历史的启示》，中华书局2008年版；许倬云《我者与他者：中国历史上的内外分际》，生活·读书·新知三联书店2010年版。

② 洪子诚：《问题与方法：中国当代文学史研究讲稿》，生活·读书·新知三联书店2002年版，第170页。

究者那里可能会呈现出另一种被巴特·穆尔-吉尔伯特（Bart Moore-Gilbert）批评的刻板化的弱点：主流文化总是单一的、霸权的、而少数民族文化则是复数的。这种论调的作者往往忽视了汉族/主流文化的力量或许就在于它于对立面结合和包容边缘的能力。国际政治的事实却在在表明如果过分地强调多元所可能带来的危险。从加拿大的魁北克到英国的苏格兰，从比利时弗兰德到西班牙加泰罗尼亚，乃至我国边境的"东突"和"藏独"的分离主义的威胁都不容忽视。在对于近期由法国移民少数族裔引起的巴黎骚乱事件的反思中，就有学者明智地指出实质多元主义和形式多元主义的区别。形式多元主义不加区别地将各种文化并列起来，反对它们进行任何价值评估。于是，宽容蜕变为无原则，不同文明的对话反而会走向悬搁任何价值判断的状态，这就是多元共生的极端化的后果。多元一体和多元共生都需要反思自己的不足，这要求思维模式从非此即彼、或此或彼向既此又彼、此同时彼的转换。当遇到一个新问题时，自然而然，研究者一般会将其与他更为熟悉的题目进行类比，寻找相同或者相异的地方，但是这里也许会遭遇一个修辞学上的问题：一个隐喻在多大程度上可以成为一个转喻？换句话说，别的地方发生的结构上相似的事情如何有效地与本土正在发生的事情联系起来？在我们引进新历史主义、后殖民主义、后现代主义之类以多元共生为圭臬的理论进行少数民族文学研究时，要注意到其适用范围和赛义德（Edward W. Said）所说的"理论的旅行"的变异性。①

姚先生在批评中，将拙著归结为"'特殊文明中国'之多元一体论"的一种，与汪晖《现代中国思想的兴起》和葛兆光《宅兹中

---

① 刘大先：《中国少数民族文学学科之检省》，《文艺理论研究》2007年第6期。

国》并举，我自然不敢与上述大家相比肩，不过需要指出的是"中国文明"是否适用于"特殊论"，在传统中国与现代中国应该有历时性的区分，而不能共时性地统而言之。现代中国已经愈益紧密地同工业化、全球化的世界关联在一起，彼此难分难解，中国与其他国家民族都具有各自特殊性，然而也面对着共同的语境。这是我们做"整体研究"或"分解研究"的前提。

因为中国少数民族的诸种多样性（比如语言、文化传统、表述样式、文类与风格等），所以做任何"整体研究"都只能是理念类型的归纳和抽绎，对其内在理念进行总结和提炼。早在20世纪末，就有学者强调要对少数民族文学进行"分解研究"[①]，我理解姚先生屡次指责拙著对于少数民族作家作品存在肢解现象，似乎就是要求应该对具体的某个少数民族作家与流变做独立的研究，这样才能发现其独特性。这当然没错，不过我将所面对的作家作品置入具体要讨论的问题中，是就论述所关注问题的取舍，姚先生的指责，似乎就是"我说城门楼子，你说肩膀头子"。关于系统研究与案例论据涉及的具体操作问题，我已经在《文艺报》的一个访谈中做了简单解释："我在论述中确实不会针对某个具体作家作品着墨太多，尽管我始终坚持史论结合，但是因为目的是在梳理学术思想史的基础上，试图勾勒出少数民族文学研究的一些核心命题，所以对于各种理论采取的是'拿来主义'的策略。这种拿来主义式的理论运用，其实未必全然是按照该理论'本色当行'地挪用，而是经过了阐释性的转化乃至误读，加以'六经注我'式的整合。这些核心命题呈现在论述中就分别是时间、空间、身份、语言与翻译、宗教与情感等问题。这些问题每一个都可以构成一个博士论文的篇幅，客观上确实无法就某些具体作家作品谈得太多，更主要的还是涉及现当代文学研究方法与文学理论研究方法的差异。我更多做的是一种'理念类

[①] 白崇人：《对少数民族文学创作应注重"分解研究"》，《民族文学研究》1994年第1期。

型'的抽象,而不是具体的文学研究。这种抽象所要解决的是如何立体地审视一个关键性命题,它触及的是认识角度和思维方式的转变。"①

这种解释显然无法令姚先生满意。比如姚先生谈到张承志的早期写作"更应该放置到'新时期'之初的社会语境中加以把握,其与当时的主流文学的一些题材文类的联系(如知青文学、伤痕文学),可能要远远高于与少数民族文学的关系。而大先却不分彼此地将它们一并纳入现代中国少数民族文学的范畴中进行跳跃性的点评,则恰恰可能以宏大历史的叙事,肢解个体价值的相对'自在性'。而类似的问题,更明显地表现为《现代中国与少数民族文学》对带有整体、系统性发展的少数族裔文学现象的实质性忽略。"这里就涉及我和他的学理分歧。姚先生承认张承志早期写作同主流文学思潮之间的关联,这也正是我要强调的,即必须承认与所谓"主流"观念相同的少数民族文学创作也是"少数民族文学"。而姚先生似乎刻意要强调某种特异性的"少数民族文学"的存在,似乎一定要与主潮流有所区别才具有"少数民族文学"言说的合法性。拥有这种观念的学者、批评家不在少数,因此有必要澄清一下。正如我一再申述的,"少数民族"只是无数种身份的一种,一个少数民族作家同时也是某个地区的作家、中国作家、男作家或女作家,他(她)的创作并非因为有着少数民族的身份就一定要表现所谓"民族性"或者特定的族群文化认同。我们在讨论"少数民族文学"时,如果尊重历史和事实,就应该将那些并不表现其特定民族"本根""主体性"的作品也同等看待,这正表明了少数民族文学内部的多样性:既有跟随主流的,也有别立认同的;既有强调普泛化文学观念的,也有凸显身份内容的。那种认定少数民族文学必须要有少数民族"特色"和"自在性"话

---

① 明江:《少数民族文学研究的瓶颈与突破》,《文艺报》2013年10月18日。

语的论说，在根底里是一种将少数民族文学刻板化的逻辑，而这恰是姚先生自己也倡言要规避的。

三 边缘研究与寻找"内含多样性的共同体"

中国当代少数民族的识别与社会历史大调查，有着浓厚的共产主义理念背景，斯大林关于一个民族要有"共同的语言、共同的经济基础、共同的地域、共同的文化意识"，一直作为"内涵"成为界定某个民族的标尺（尽管在实际调查与识别过程中具体问题具体对待了）。近些年在学术界尤其是人类学和历史学中，有过较多反思，其中很重要的一脉思路是"边缘研究"。如同杨念群所归纳的，因为之前的民族界定往往容易本质化，此种研究路向更多地考量不同族群对自身历史形成渊源的追寻与认同。因为族群内涵的确认往往是由非族群出身的成员和政治势力加以表述的结果，未必真实地反映了族群的历史演变过程，也很难表达出族群自身的真正要求。而貌似族群原始特征的一些民族溯源的要素，却可能仅是通过一些历史记忆而建构的表征，而非历史的事实。在"边缘研究"的叙说框架下，"族群"被看作是一个人群主观的认同范畴，而非一个特定语言、文化与体质特征凝聚而成的综合体。族群边界既然由主观认同加以维系和选择，那么它就是可变的和移动的，常常具有多重的可被利用的意义。也就是说，族群的界定一定是受特定政治经济环境的制约，在掌握知识与权力之知识精英的引导和推动下，通过共同称号、族源历史，并以某些体质、语言、宗教或文化特征来强调内部的一体性、阶序性，以及对外设定族群边界以排除他人。如此一来，随着周边环境的变化，族群认同的边界也可随之改变。这样的叙述策略对传统"大一统"历史观仅仅强调因治理方面的行政规划需要而界定族群的思路是一种有益的修正，特别是把被界定族群的自我认知纳入了考察的范围，这样亦可防止上层统治者和知识精英任意使用权力界定族群特质和边界的弊端。① 王明珂《华夏边缘》就是这样一个代表性作品②，他认为"中国人"之所以成立并不完全依赖内部的文化一致性加以凝聚，构成认同的主要力量来自华夏边缘的维系，汉代华夏边缘形成以后，华夏政权便以通婚、贸易、征伐、封贡、赏赐、土司、流官等方式来维持这个边缘。这类研究丰富了我们对中国历史和中国少数民族对于"中国"认同形成的认知。

现代中国已经从之前的"天下"观念中走出，却接受了帝国的遗产（无论是政治地理还是精神文化）。但是，今日它是一个"多民族的国族国家"，还是一个"新帝国"，抑或是一个"跨社会的体系"？这需要我们重新锻造新的理论认知武器。少数民族文学作为"表述中国"的话语和"中国表述"的方式，也许从中能够寻觅一些学术的生长点。

我理解姚先生对于少数民族文学的认知也有这种"边缘研究"的预设，尽管他自己并没有明确认知。回到我们讨论的"现代中国与少数民族文学"问题上来，"边缘"立场提供了一种有效补充视角，然而也不能忽略中国少数民族文学作为一种社会主义文学的基本事实——它的确是强势话语的建构，但并非全然外在的"干预"的结果，不能无视少数民族内在承传流变，它同时也是少数民族作家主动的选择。无论是历史遭遇还是现实实践，与"少数族裔文学"不啻天壤之别，所以我会考虑到在论述中所取的立场与取向。按照"少数民族文学"发生的思想理念，这种分化的文学最初具有文化平权的作用，但其最终目的旨在消灭民族，走向一种消除身份的乌托邦的理想。姚先生批评我"将新时期少数族裔文学民族文化的回归潮，与当代中国的'自由主义'思潮联系在一起，恐怕就是受'左派'话语影响所导致的张冠李戴"。如果走出狭隘的文化封闭视野，

---

① 杨念群：《我看"大一统"历史观》，《读书》2009年第4期。
② 王明珂：《华夏边缘：历史记忆与族群认同》，社会科学文献出版社2006年版。

我们不难发现，一部分少数民族文学在新时期的新变尤其在21世纪之交对于族性认同的强调，不免是新自由主义或者是王晓明所说的"新意识形态"在文学话语上的折射。这其中有着异常吊诡的局面：一方面少数民族文学是在国家意识形态支持下获得创作上的资助；另一方面却又在这种限度下试图拥有超乎主导性意识形态的主体性张扬，而另一小部分不具有合法性而受到压制的异议性话语，往往又具有复杂的政治诉求。而那些在体制中拥有一席之地的"少数民族文学"特别强调文化身份与差异认同，在我看来，更多不具有政治实践含义，而是试图在文化市场中占有特定的符号与象征资本，以获得更多的资源和注意力。这是一种文学的狡计，如果被它表面的表述牵着鼻子走，就会失去批判性的判断。

2011年12月5—8日，在中国台湾举办的第一届两岸民族文学交流暨学术研讨会期间，我提交了两份报告，在台东大学那一场谈的是全球语境里中国多民族文学的多元性与共同价值问题。我提出应当在少数民族文学的多元性中寻求中华民族的共同价值，承认具体的文化认同要求，同时开发中华民族共同价值和实践，以之作为的民族身份的功能性基础，并且也施行具体的针对性政策对特定族裔群体由于历史性原因造成的不利和落后进行必要的扶助。近些年中国出现的少数民族问题，更多是由于经济问题造成的，不过被学术、媒体和知识传播体系改造成了概念的暴力、话语的冲突和语词的较量。对于此，一方面需要从理论上加以辨析，另一方面也要从实践中进行改进；民族身份、民族文化上应当理解、尊重少数民族的要求，同时少数民族也应该通过转换性地融入主流社会中来提升自己的社会地位。① 我想，这是研究少数民族文学的现实伦理。

"多元性与共同价值"的提法经过这两年的不断思考有些发展，这在《现代中国与少数民族文学》一书中没有涉及，这里不妨略作

---

① 这个报告的文本《论中国多民族文学的全球语境——兼及多元性与共同价值》，发表于《汉语言文学研究》2013年第6期。

简述。我想，可以通过对于少数民族文学的重读，提出"多样性的集体"的观念。这其中的机缘是我受委托为乌尔热图新出的多年来所作小说的自选集写作序言。通过重新阅读乌热尔图从20世纪80年代早期直到晚近的作品，我发现这是一位在少数民族文学具有示范意义的作家，从其"代言""杂语""对话"式的作品细读中，我们可以感受到现代性普遍进程对少数民族带来的社会、文化与精神创伤，而在其强调自我阐释的言说中，有种重新寻找集体性的冲动，这是一种在祛魅世界中的"复魅"举动。他是在一种社会关系之中来书写现代性生活中的创伤，而解决之道是回到共同体的皈依之中，重新回到集体性和整体性中探索，它们可能表现为神话原型的重写、承认政治的情感诉求与宗教归属的再次皈依。即恢复自然与人的肉体关联，在命运的长河之中将一个濒临灭绝的文化赋予神性的光辉。这仅只是一个个案，少数民族文学有着无数这种个案，它们呈现出一个个"不同"的文学世界，正是有着这样形形色色的"不同"存在，才保持了中国文学生态的平衡与活力，没有窒息于强势话语，比如政治和商业的意识形态的专断。[①] 重读诸多少数民族作家，也许能够在文学"共和"的意义上有更多的发现，即实现内含多样性的共同体。

任何少数民族的作家总是个体化的，而某族文学则是一个集体的类型归类，"少数民族文学"天然就是内部多样性的存在，它们自身之间构成了类似维特根斯坦（Ludwig Wittgenstein）所谓的"家族相似"状况，呈现出本雅明（Walter Benjamin）所谓"星丛"的异质并置特征，而"中国文学"又是多样性的各族文学的集体共和，少数民族文学这一个个具有"多样性的集体"才形成了中国文学的"集体的多样性"。如果说，我们研究中国少数民族文学能够为中国文学乃至全球范围内的其他文学提供什么理念上的启示，如何超越

---

① 刘大先：《为什么要重读乌热尔图》，乌热尔图《萨满，我们的萨满》，青海人民出版社2014年版。

后殖民理论、区域研究、边缘研究,"内含多样性的共同体"可能是一个真正的"突破"。前修未密,希望后出转精,《现代中国与少数民族文学》所生发的问题和批评,期待在未来的研究中与师友共同推进。

第五章

文学共和：作为社会主义文学的少数民族文学

一 人民主体的确立：从革命到共和

早在1938年，毛泽东在文化问题上就提出："使马克思主义在中国具体化，使之在其每一表现中带着必须有的中国的特性，即是说，按照中国的特点去应用它，成为全党亟待了解并亟须解决的问题。洋八股必须废止，空洞抽象的调头必须少唱，教条主义必须休息，而代之以新鲜活泼的，为中国老百姓所喜闻乐见的中国作风和中国气派。"① 这种要求是在反封建与反帝国主义的政治任务背景下提出的。按照毛泽东在1940年1月的分析，现代中国的资产阶级民主革命包含了新旧两个部分：从1840年到1919年为旧民主主义革命。此间，所有的革命不是小资产阶级领导，就是资产阶级领导。由于1914年爆发第一次帝国主义世界大战，以及1917年俄国十月革命在地球六分之一的土地上建立了社会主义国家，情况于是发生了变化。在这以后，中国资产阶级旧民主主义革命改变为属于新的资产阶级民主主义革命的范畴。在革命的阵线上说来，属于世界无产阶级社会主义革命的一部分了，它是无产阶级领导的、人民大众

---

① 毛泽东：《中国共产党在民族战争中的地位》，《毛泽东选集》第2卷，人民出版社1991年版，第534页。

的、反对帝国主义、封建主义和官僚资本主义的革命，是新式的特殊的资产阶级民主革命。新民主主义革命的前途并不是建立资本主义共和国，而是建立新民主主义社会。这一特殊性质的社会具有过渡性，它的目的是过渡到社会主义社会。这样，中国新民主主义革命的前途只能是社会主义社会。① 因此，毛泽东驳斥了"左"倾空谈主义和右翼顽固派，指出不经过民主革命的路无法走到无产阶级专政的社会主义道路，以及共产党纲领与三民主义的联系与区别。显然，这时他接受了马克思主义苏联化产物《联共党史》的历史阶段论②，按照进化式的目的论规划了中国革命的走向和趋势，据此，当时中国革命的阶段性目标是建立新民主主义政治和新民主主义经济的共和国——一个名副其实的"中华民国"。

《新民主主义论》的结尾对"新中国"采用"中华民国"的提法，除了因为当时国共合作的背景因素之外，从革命的内在理路来说，是延续了孙中山的革命思路。罗岗曾经将这段历史论述为"民国理想"向"人民主权"的合理性发生，因为现代中国革命兼具"民族革命"与"民主革命"的特征，它的逐步展开是个从"皇权"到"绅权"，再到"民权"的主体不断下降与扩展的过程。晚清革命党人的种族革命包含了大、小民族主义区别，辛亥革命后所创建的共和国之所以叫"中华民国"，而不叫"中华共和国"，孙中山解释说，共和政体是代议制整体，而中国革命最终要追求的目标是"直接民权"。③ 但是，由于后来国民党的政党政治发生了"政党"

---

① 毛泽东：《新民主主义论》，人民出版社 1991 年版，第 622—683 页。
② 1938 年年末，在莫斯科的任弼时向延安通报，莫斯科刚刚出版了斯大林编著的《联共（布）党史简明教程》，建议中共中央立即翻译。几个月后，毛泽东读了此书后，如获至宝，给予极高评价，此后数次号召全党学习。参见朱宝强《毛泽东与〈联共（布）党史简明教程〉在中共党内的传播》，《中外企业家》2012 年第 2 期。
③ 孙中山：《在广州全国青年联合会的演说》（1923 年 10 月 21 日），强调"主权在民"、"权力制衡"以及民主建设"要从下面做起来"，广东省社会科学院历史研究室、中国社会科学院近代史研究所中华民国史研究室、中山大学历史系孙中山研究室合编《孙中山全集》第 8 卷，中华书局 1986 年版，第 315—326 页。

与"国民"之间代表性的断裂,因而马克思主义者强调具有政治觉悟的新文化,必然会走向重建中国人主体的"人民"和"群众性"。[1] 从这个意义上来说,少数民族作为中国人民的组成部分走上革命的反帝反封建道路和"人民革命"的主体性是历史的必然,这是一种时代的共识和一致性。

从更切实的政治实践来说,晚清到民国的从革命到共和的转变,也留下了族群共和的遗产。清末革命党人"民族建国主义"以在18行省恢复建立汉族国家为目标的革命建国思想,视满、蒙、回、藏等少数民族聚居区域为可有可无之地,客观上为国外侵华势力提供了可乘之机,也易导致国内满、蒙、回、藏各族充满疑惧而产生离心倾向,这使得辛亥革命过程中中国面临领土分裂和民族仇杀的巨大危机。幸而国内各派政治势力出于维护国家领土完整和民族凝聚的目的,迅速扭转此前的"排满"和种族革命话语,而使"五族共和"成为建国国策,其标志是用江浙一带象征五族共和的"五色旗"取代武汉军政府象征18省汉族铁血团结的"十八星旗",作为中华民国国旗。南北议和以清廷妥协退位、将其主权及相应的疆域完整移交民国政府而完成,保持了主权和领土的连续性。[2] 尽管后来南京政府在抗日反帝过程中实行民族主义政策,有意塑造国族一体,压制少数族群,但是民族平等与共和的理念在共产党人那里得到了继承和发扬。

新民主主义革命时期也正是中国国族觉醒和少数民族逐渐获得主体性的时期,尤其是抗日民族统一战线使得各民族休戚与共、同舟共济,中国共产党经过一系列实践、认识、再实践的过程,形成了较为成熟的民族区域从自决到自治的政策。1931年11月,中华工

---

[1] 罗岗:《人民至上:从"人民当家作主"到"社会共同富裕"》,上海人民出版社2012年版,第96—117页。
[2] 张永:《从"十八星旗"到"五色旗"——辛亥革命时期从汉族国家到五族共和国家的建国模式转变》,《北京大学学报》2002年第2期。

农兵苏维埃第一次全国代表大会通过《关于中国境内少数民族问题的决议案》，在承认少数民族自决权的同时，提出了"在中华苏维埃共和国之内成立自治区"的问题。1941年、1944年陕甘宁边区政府分别发表了两个施政纲要，根据民族平等的原则，实行蒙古族、回族与汉族在政治、经济、文化上的平等权利，强调建立蒙回民族的自治区。1945年，中国共产党中央提出允许少数民族有民族自治的权力。1947年建立省一级的内蒙古自治区。1949年，在《中国人民政治协商会议共同纲领》中规定："各少数民族聚居的地区，应实行民族的区域自治，按照民族聚居的人口多少和区域大小，分别建立各种民族自治机关。"① 从最初的"民族自决"到后来的"民族自治"，可以看到中国共产党在接受共产国际领导的同时根据自身实践所做的策略变化，而民族区域自治和各民族共同缔造的中华人民共和国，是马列主义理论与中国的具体实际相结合的产物，是历史发展的必然。

"历史发展的必然"显然不仅仅来自于政党政治精英有意识的意识形态引导，同时也是少数民族个体/主体自身的选择。民国时期的少数民族作家的实践与作品中也体现了这种时代的共同诉求，比如1911年生于朝鲜咸镜北道明川郡、1917年随家迁往吉林龙井（现为延边朝鲜族自治州下辖县级市）的金昌杰就曾在日本"皇民化运动"禁止使用朝语文的情况下，于1939年用朝鲜文创作发表了《暗夜》，讲述青年男女明孙与美妮逃离尹主事、崔老头为代表的统治阶层压迫的故事。小说的结尾写道："黑夜在逐渐地消逝，灿烂的曙光就要照亮东方的天际。但愿我和美妮的前程也迎来明媚的晨曦，向着光明，向着明天，我加快了夜行的步伐。"② "向着光明"，就是奔

---

① 陈连开、杨荆楚、胡绍华、方素梅主编：《中国近现代民族史》，中央民族大学出版社2011年版，第641—642页。

② 金昌杰：《暗夜》，齐伍译，李云忠选编《中国少数民族现代当代文学作品选》，民族出版社2005年版，第186页。

向革命允诺的新社会与新国家。这篇根据现实人物写作的小说，与现实中1914年生于全罗南道光州杨林町、1933年来到中国投身革命的朝鲜族音乐家郑律成构成了奇妙的互补。① 在20世纪30年代末、40年代初奔往延安的少数民族作家如满族的舒群、胡可、马加，壮族的陆地，侗族的苗延秀，回族的穆青等，都接受了中国化马克思主义的影响。

那些远离国统区或解放区的边疆民族作家往往并没有直接受中国共产党的影响，而是先一步从本族作家或苏联作家那里接受了共产主义的理想。比如年仅23岁就牺牲了的维吾尔诗人黎·穆塔里甫，就是在塔塔尔诗人阿迪·塔柯塔什、维吾尔诗人乌迈尔·穆罕莫迪，以及俄罗斯和苏联的作家如普希金、莱蒙托夫、涅克拉索夫、托尔斯泰、高尔基、马雅可夫斯基等人作品的感召下，走上革命与写作道路的。1938年9月，16岁的诗人在《我们是新疆的儿女》中用维吾尔文写道：

> 为了祖国的前途，我们要纵情地歌唱，
> 接踵而来，齐步走上救国的战场；
> 为了祖国，为了人民，
> 看准方向，英勇地向前挺进。
>
> 我们要铲除路上的障碍，追求崭新的未来，
> "被压迫者联合起来！"是我们心里的语言。
> 我们要铲除路上的障碍，

---

① 郑律成即《延安颂》和《中国人民解放军军歌》的曲作者。他于1939年正式加入中国共产党，1950年加入中华人民共和国国籍，定居北京。1976年因病去世。1992年朝鲜二八艺术电影制片厂摄制完成《音乐家郑律成》，2002年长春电影制片厂拍摄了《走向太阳》，都是关于郑律成的纪念影片。详细生平参见丁雪松等《作曲家郑律成》，辽宁人民出版社2009年版。

把全中国变成红色的花园。①

这是一个年轻的维吾尔诗人理想追求的自然流露,那种对于建设一个红色"中国"的向往与赣南或陕北的共产党人是一致的。另一些政治倾向并不那么明显的少数民族作家也饱蘸强烈情感,在沉郁悲愤的笔调中反映了社会变革即将到来的时代特征,与沦陷区、国统区、解放区的多数大众认同一样,显示了一种百川归海的趋势。如在伊宁的维吾尔作家祖农·哈迪尔于1948年写作的《筋疲力尽的时候》,贫穷的农民巴海在社会的持续性剥夺中一无所有,终至凄凉而亡,"他的坟墓还没有被春天的绿茵装饰起来,只是一个光秃秃的幽寂的土堆"②。他的死是一个"筋疲力尽"时代的终结,预示着新社会的要求和可能,像那个时代大多数揭露黑暗、呈现苦难的作品一样,这个作品属于"控诉旧社会"的模式,尚不是"新文化"。

强调文化的重要性一向是马克思主义的题中应有之义,因为无产阶级作为不占有生产资料的阶级,如果想在斗争中取得胜利,首先必须取得文化上的领导权,即意识形态上的话语权,因而需要打造一种"新文化"。毛泽东在"建设新中国"的目标中显示了对于"文化"一以贯之的重视:"我们共产党人,多年以来,不但为中国的政治革命和经济革命而奋斗,而且为中国的文化革命而奋斗;一切这些的目的,在于建设一个中华民族的新社会和新国家。在这个新社会和新国家中,不但有新政治、新经济,而且有新文化。这就是说,我们不但要把一个政治上受压迫、经济上受剥削的中国,变为一个政治上自由和经济上繁荣的中国,而且要

---

① 黎·穆塔里甫:《我们是新疆的儿女》,克里木霍加译,张世荣、杨金祥编《黎·穆塔里甫诗文选》,新疆人民出版社1981年版,第11页。

② 祖农·哈迪尔:《筋疲力尽的时候》,《中国少数民族现代当代文学作品选》,第226页。

把一个被旧文化统治因而愚昧落后的中国，变为一个被新文化统治因而文明先进的中国。一句话，我们要建立一个新中国。建立中华民族的新文化，这就是我们在文化领域中的目的。"① "新文化"在此时毛泽东的论述中被表述为"民族的科学的大众的文化"，"民族的形式，新民主主义的内容"，它是大众的、民主的。这种"民族的形式"在1942年5月在延安举行的文艺座谈会上的毛泽东讲话中得到完整阐述，并且经过郭沫若、茅盾、邵荃麟、周扬等人的解释与补充，成为后来新中国的文艺纲领，强调的是人民大众的主体性。②

新民主主义革命时期，涌现了大量少数民族作家，他们往往在题材、形式都呈现多样性趋同的状态，其演化规律被归结为"原始共性—民族个性—区域共生—中华趋同"③。解放战争的整个过程及至1949年社会主义中国成立，少数民族文学的特点主要呈现四种趋势：一，中华文学的趋同空前加强，少数民族文学因为共同的目标和利益向这个中心靠拢。推翻官僚地主、农奴主、奴隶主阶级，打碎王爷、巴依、诺颜、领主、山官、头人的统治是深入到每个家庭的"时代精神"，因而"翻身解放"成为密集型的主题，与此相关的是文学形式的互相吸收、手法的互相借鉴、风格的互相影响、语言的互相渗透。二，文学个性在不同民族地区不同民族作品的词语、表达方法、风俗、文学结构、心理素质上依然得到了保持。三，文学思想受《在延安文艺座谈会上的讲话》的影响，在立场、态度、工作对象、工作问题、学习问题上有了重大改变，深入生活、知识分子与人民大众的结合是"新文学"的关键。四，因应具体环境，文学形式和风格发生嬗变，短篇小说、诗歌、报告文学、话剧、杂

---

① 毛泽东：《新民主主义论》，人民出版社1991年版，第663页。
② 我对此已有讨论，此不赘述，参见刘大先《革命中国和声与少数民族"人民"话语》，《中外文化与文论》第23辑，四川大学出版社2013年版。
③ 梁庭望、李云忠、赵志忠编著：《20世纪中国少数民族文学编年史》，辽宁民族出版社2004年版，第71页。

文产生较多。① 这些文学是革命作为主旋律，"人民"逐步获得主体地位的表征。

二 少数民族传统与国家意识形态的融合

当然，马克思主义的精义之一是不仅要解释世界，更要改造世界和创造世界，文学体制建设从来都是重要的文学活动组成部分。在 20 世纪 40 年代存在多种可能性的文艺生态中，延安文学模式通过对自由主义文学观念的批判、对左翼文学内部的话语清理，以及对国民党文艺政策及运动的反击，逐渐取得了主导性的地位。② 而建构新中国文艺体制，将此前的文学资源、关系、力量和结构进行调整与重组，从生产、传播和接受诸多方面打造"新的人民的文艺"③，建立一整套文学规范是新中国成立前夕的共同任务，1949 年 7 月 2 日至 19 日在北平召开的中华全国文学艺术工作者代表大会就是一个节点性的事件。

郭沫若在此次大会的报告中引用毛泽东的判断，指出中国的革命是全民族人民大众的革命，除了帝国主义者、封建主义者、官僚资产阶级、国民党反动派及其帮凶们以外，其余的一切人都是朋友，革命统一战线包含了工人阶级、农民阶级、小资产阶级和民族资产阶级。文艺上和政治上一样，统一战线里面有着不同的阶级和不同的艺术观点。这些不同的观点不可能一下子就归于一致，"我们容忍这些不同观点的存在，但是我们除了首先在政治上团结之外，还希望在文艺为人民服务的立场上团结。希望经过文艺界的批评和自我

---

① 梁庭望、李云忠、赵志忠编著：《20 世纪中国少数民族文学编年史》，辽宁民族出版社 2004 年版，第 208—120 页。
② 斯炎伟：《全国第一次文代会与新中国文学体制的建构》，人民文学出版社 2008 年版，第 13—28 页。
③ 周扬：《新的人民的文艺》，中华全国文学艺术工作者代表大会宣传处编《中华全国文学艺术工作者代表大会纪念文集》，新华书店 1950 年版，第 69—98 页。

批评，经过文学艺术工作者本身的努力，能够完全达到文艺为人民服务的共同目标。文艺界和政治上一样，只有团结，没有批评，统一战线是不能巩固的。文艺界应该有一种健全的民主作风。只准自己批评任何人，不准任何人批评自己的歪风是一种专制主义的表现，应该为我们有思想的文学艺术工作者所不取"①。既然文学属于文艺"战线"的一个组成部分，那么它日后要在民主集中制式的"批评"之下渐趋统一是可以想见的，毛泽东、周恩来、朱德等领导人都莅临大会发言，可见对此的重视。毕光明认为："从社会主义意识形态的构建来看，这样的阵势先声夺人，在一个新生的国家里，政治已实行了对文学的君临，它表明受到高度重视的文学绝非传统意义上的文学，文学的性质、作用与功能、对象与主体，都经过了新的确认，也意味着文学的生产与管理方式、文学产品的传播与接受，都要被纳入国家体制，文学的创作、阅读与批评，不再是个人的精神行为，不带有自发性，也不再拥有高度的自由。而褫夺文学的私人性将其充入公共空间，其合法性在于这样做是为了神圣的人民，是革命的需要。"② 关于"文学"是否是纯粹的"个人的精神行为"，是否全然"自发"，或者"拥有高度的自由"，是个尚需要考量与辨析的话题，但是他正确地指出了正是"人民"和"革命"赋予了政治意识形态以伦理上的至高的合法性。少数民族及其文学在这种集体主义、群体本位、政治道德化的时代氛围中，既有上行倡导之风，也是自我理想主义的追求，要在彼此双向互动中迎头赶上时代之主潮。

1949年确立的国体是政治协商基础上的新民主主义中国，而从1953年开始毛泽东提出社会主义改造，要向社会主义进军。中国少

---

① 郭沫若：《为建设新中国的人民文艺而奋斗》，中华全国文学艺术工作者代表大会宣传处编《中华全国文学艺术工作者代表大会纪念文集》，新华书店1950年版，第40页。
② 毕光明：《社会主义伦理与"十七年"文学生态》，吴秀明主编《"十七年"文学历史评价与人文阐释》，浙江大学出版社2007年版，第71页。

数民族的民族识别与社会历史调查工作，正是在社会主义改造这一时期行并初步完成的。① "少数民族"与"少数民族文学"得以命名是在1955年前后，正处于社会主义改造的中间、1954年9月20日中华人民共和国第一届全国人民代表大会第一次会议通过《中华人民共和国宪法》之前，它的产生与全国各族人民平等获得政治权力密切相关，也是社会主义改造与建设成果的一个部分。② 其突出的政治性首先表现为协商民主式的"人民共和"理念对于民国共和理念的超越，实际上从武昌起义后产生的《临时政府组织大纲》到民国元年的《临时约法》，标志着由总统制共和政体向责任内阁制共和政体的转变，孙中山理念中的"天下为公"的人民主权式共和并没有实现。而"中华人民共和国"显然已经不同于"中华民国"：后者的"民"是资产阶级市民社会式的"公民"，在政策上与国民党民族主义政策一脉相承，即打造国族一体；而前者的"人民"则是在革命实践中，扬弃共产国际与国民党民族政策基础上的马克思主义式中国创造：民族平等、民族团结、共同繁荣，民族中的每个族群个体都与其集体性的身份密不可分。因而后来所谓的少数民族的"民族性"在这个逻辑中是狭隘地方民族主义的体现，因而是不合法的，它从属于社会主义国家整体的统一话语。

此际在文学上向苏联文学学习社会主义现实主义成为主导性要求，周扬为苏联文学杂志《旗帜》所写的《社会主义现实主义——中国文学前进的道路》一文1953年1月11日转载于《人民日报》，强调苏联文学的强大力量在于它是站在共产主义理想的立场上观察和表现生活的，善于把今天的现实和明天的理想结合起来。他引用鲁迅的话，认为从历史与现实看，无论是政治上还

---

① 黄光学主编：《中国的民族识别》，民族出版社1994年版，第93—171页。施联朱：《施联朱民族研究文集》，民族出版社2003年版，第3—146、451—463页。

② 刘大先：《现代中国与少数民族文学》，中国社会科学出版社2013年版，第16—18页。

是文学上，都应该"走俄国人的路"，但是中国文学也必须具有自己独特的鲜明的民族风格，应当在自己民族传统的基础上吸收世界文学一切前进的有益的东西。其关键是"在现实的革命的发展中真实地去表现现实"，"要表现生活中的新的力量和旧的力量之间的斗争，必须着重表现代表新的力量的人物的真实面貌，这种人物在作品中应当起积极的、进攻的作用，能够改变周围的生活，只有通过这种新人物，作品才能够真正做到用社会主义精神教育群众"[①]。"社会主义现实主义"是文学的社会主义改造与建设的主旋律，这中间经过对《武训传》的批判、对胡风文艺思想的批判、对《红楼梦》研究的批判等运动，逐渐使得文艺思想趋于一体。"改变周围的生活""用社会主义精神教育群众"，自然也成为作为社会主义新生事物的"少数民族文学"遵循的标准。蒙古族的纳·赛音朝克图、玛拉沁夫、乌兰巴干、敖德斯尔、朋斯克、扎拉嘎胡、安柯钦夫，回族的米双耀，维吾尔族的克尤木·吐尔迪，苗族的伍略，朝鲜族的李根全，哈萨克族的郝斯力汗，白族的那家伦，纳西族的赵净修等来自不同地域和族群的少数民族作家在此时的作品都体现出相近的格调。

　　社会主义改造大约只用了三年左右的时间就基本结束，毛泽东在1956年1月时指出新的国家任务："社会主义革命的目的是为了解放生产力……要在几十年内努力改变我国在经济上和科学文化上的落后状况。"[②] 1957年的《关于正确处理人民内部矛盾的问题》更是全面论述了社会主义改造完成之后，已经获得了共同本质的"人民"如何和谐共处的问题。因为社会主义国家消灭了剥削人的制度，人民的利益在根本上是一致的。在少数民族问题上，"无论是大汉族主义或者地方民族主义，都不利于各族人民的团

---

① 周扬：《社会主义现实主义——中国文学前进的道路》，谢冕、洪子诚主编《中国当代文学史料选：1948—1975》，北京大学出版社1995年版，第73、74页。

② 毛泽东：《社会主义革命的目的是解放生产力》，《人民日报》1956年1月26日。

结，这是应当克服的一种人民内部的矛盾"①。也就是说工人、农民、知识分子都完成了自我超越，成为"人民"的一部分。用李杨的话来说："至此，毛泽东与中国共产党奋斗多年的目标终于实现。一个真正的全新的现代民族国家已经建立起来。从此以后，找到了共同本质的中国真正进入了现代，并且将在现代化建设中，展示这种人性的本质力量。……（文学上）中国的抒情即是在这个基础上出现的。从此以后，出现在中国文学的每一个人、每一个'自我'已经不再是处于自然状态中的个体，而是已经获得了共同本质之后的'国家'的象征。因此，对人的歌颂实际上是对这种共同国家本质的歌颂。"②

抒情性颂歌在少数民族文学中尤为突出，但在后来的文学史家那里很多被视为政治性压抑人性的体现，他们认为文学作为工具，而丧失了独立性。这其实是缺乏历史的同情理解，而以某种后见的观念比如"人性论"去规约文学现实。李鸿然于此，就颇为实在地指出："在新中国成立初期，政治给文学以巨大推动，文学对政治也抱有极大热情。当时的少数民族作家，有的曾为新中国浴血奋斗，有的是新中国精心培养的，他们当然会为新中国而歌唱。少数从旧社会过来的作家，在新中国受到特殊的礼遇，又目睹了由黑暗到光明的过程，歌唱新中国完全在情理之中……是时代使然，也是作家的内心要求。有些年轻学者认为当时的少数民族作家'屈从于政治'、'用假嗓子歌唱'，是因为缺乏相应的经历，不了解历史事实。当时全国各行业都注重政治，各民族作家都具有政治激情。"③ 这种政治热情体现在作品上就是紧跟时势，比如合作化和大跃进时期的国家主旋律题材。

---

① 毛泽东：《关于正确处理人民内部矛盾的问题》（1957年2月27日），《人民日报》1957年6月19日。
② 李杨：《抗争宿命之路：社会主义现实主义1942—1976》，时代文艺出版社1993年版，第159—160页。
③ 李鸿然：《中国当代少数民族文学史论》，云南教育出版社2004年版，第18页。

彝族作家李乔的《竞赛的一天》是个典型的案例，小说通过外来者"我"的视角观察凉山彝族的合作社运动：大石崖合作社要在海拔两千米以上的小凉山上开水田种稻子，这是前所未有之事，却是在共产党领导下发展生产的激情使然。在洋溢着乐观积极的人定胜天式氛围中，"我"沿着引水的沟渠一路上溯，先后遇到正在劳动竞赛红旗的红光农场和长坪子合作社。叙事移步换景、层层递进，烘托出一种进行曲式的昂扬节奏，并且在高潮时候让前来帮忙的汉人妇女出场，突出了"我们是一家人了"的民族团结内容。各个合作社竞争的情节体现出改天换地的激情，这种激情的来源是主体性的树立——原先的彝族奴隶贾撒热多"翻身"获得了主人翁的地位，他和他的同伴们的责任感就是来自这种"当家作主"的人民身份，彝汉之间原先因为"抢娃子"存在的矛盾和仇恨在"人民内部"消解了，也正是因为有了主动性的劳动实践："把田里的秧插满后，我站起来看了一看，峡谷里和昨天不一样了，一眼望出去，完全是一片绿油油的秧田，迎风摇摆着，我疑心不是在凉山上，而是到了江南的乡村里去了，有了自由和土地的人民的力量，是多么伟大啊！他们改变了大自然的面貌了。"①"改变大自然的面貌"并非自然而然的人定胜天，而是需要共产党领导的社会主义实践。另一位彝族作家普飞就通过一个巧妙的视角，揭示出共产党领导的"共产主义大协作"的重要性：龙岩寨的李得龙带领寨民辛苦几十年也没有将通向梯田水沟开挖出来，辣椒粉都吃掉了十五石，而"共产党来了，天就完全变了"②，"人山人海"的大协作只用了三天，才吃了五升辣椒就将事情干成了。作家的个人表述与国家话语之间紧密无间的结合几乎看不出扞格之处，很难简单将其归结为主导性意识形态对

---

① 李乔：《竞赛的一天》，《新生活的光辉：兄弟民族作家短篇小说合集》，人民文学出版社1960年版，第508页。
② 普飞：《辣椒》，《新生活的光辉：兄弟民族作家短篇小说合集》，人民文学出版社1960年版，第516页。

个性压制的片面结果,而应该是作家主体主动的归附和契合。这种主观能动性,正说明一个时代和社会的主潮。

在将民族传统与国家意识形态融合为毫无裂痕的主动追求上,1959年7月,白族作家杨苏完成的《没有织完的筒裙》堪称典范。景颇人的谚语说:"男人不会耍刀,不能出远门;女人不会织筒裙,不能嫁人。"但是在合作化年代的娜梦姑娘无疑不太接受这个传统了,她一心想着公社里的玉麦田,而母亲麻比则恪守着要女儿织筒裙的习俗。母女之间产生的第一次矛盾可以视为新旧观念之间冲突,而年轻一代显然拥有着合法性的话语:"阿妈,我们戴瓦人有句古话,自己盖房子要大家割茅草,我们怎么能只想自己的事呀?"① 娜梦的这句话固然是对于新时代集体性的强调,却是通过复活族群内部传统的话语表述出来,因而使得集体具有了双重合法性,在征用与阐释传统中革新了当代的观念。第二次冲突是母亲希望她将筒裙织上鸟兽花朵,而娜梦却想织上"心",希望"心"能够像长了鹰的翅膀"飞到毛主席身边,把戴瓦姑娘的心事告诉他"。刚刚参加了共产主义青年团的少女再一次跑出家门,投入集体的怀抱,而母亲则逐渐接受了女儿的文化反哺,陷入沉思:

> 麻比眼望着娜梦苗条的身影消逝在翠绿的竹林里,便走到屋外的竹篱晒台上,呆呆地看着那几朵火红的攀枝花,攀枝花年年都那样火红,可娜梦的心,做母亲的却越来越摸不透了。麻比想起自己遥远的少女时代,那时,姑娘们想的只是织几条漂亮的筒裙,找个如意的男人就行了,可是娜梦她们这些人,想的多么宽广,她们想飞得多么远啊!戴瓦人古老的生活,仿佛孵着小鸡的蛋壳一样,不断被新的生命冲破,应该怎样理解这些变化呢?想到这里,麻比小心地捧起娜梦方才用金黄绒织

---

① 杨苏:《没有织完的筒裙》,《新生活的光辉:兄弟民族作家短篇小说合集》,人民文学出版社1960年版,第651页。

出的一朵茶子花,叹着气说:

"要是能把心织在上面,把话告诉毛主席,那多么好,唉,可是哪一天她才把你织完呀。"①

如果说第一次的冲突主要是来自"现代"与"传统",这次已经带有传统自我更新的文化变迁因素,并且隐含了妇女解放的背景,两代妇女不同的价值观凸显了男女平等的新社会因素,而这种变迁内在于族群文化自身,所以并不显得激烈,显示出某个地方性的、少数民族性的文化也具有主动更新的能力。这种能力固然是在内部产生,但要得力于新型"人民"与"集体"社会的创制,只有在这个新中国的新时代,个人才有可能从其原先的血缘、地缘、文化的局限性中走出来,成为集体性、总体性主体"人民"的一员。因而,第三次冲突也就是公社派娜梦去学习气象,造成筒裙再次无法织完时,母亲说:"这条裙子你要织完它,它会使你记起我们山谷里的花,使你记起你是戴瓦人的姑娘"。而娜梦的回答是:"汉人,戴瓦人,傣家人都是一家人,天天记起我是戴瓦人做甚么?"这可以视作以总体性"一家人"的认同超越了从属性的族群身份,不同的"人"在和谐共处中指向的是共同历史进程——一个不断革命、走向共产主义道路的崇高目标的进程。因而,织不完的筒裙实际上就形成了一个寓言,就是不断向前发展变化、永远没有完成的日新月异的"新人""新社会""新生活",这是一个超越性的所在。

三 成为"新的人民的文艺"

1960年8月,在中国作家协会第三次理事会(扩大)会议上,老舍做了一个关于少数民族文学工作的报告,他先罗列了在各个少

---

① 杨苏:《没有织完的筒裙》,《新生活的光辉:兄弟民族作家短篇小说合集》,人民文学出版社1960年版,第655—656页。

数民族地区成立的文学艺术工作者联合会或作家协会及高等学校组织编写的各民族文学史的情况，又介绍了全国范围内诞生的少数民族文学刊物及作家。然后指出，新中国成立不过十年，却做出了历史上百年千年都没有做到的事，"我们可以自豪地说：我国各少数民族中都出现了崭新的社会主义文学，而且有的已达到相当高的水平！有的虽还处于萌芽状态，可是根苗茁壮，预示着本固枝荣！这些新文学都是我国社会主义文学的长江大河的条条支流，且各以独特的色彩，金涛雪浪，洋洋大观，丰富着祖国文学！在加强民族团结上，在提高人民政治觉悟与共产主义道德品质上，在促进各民族文化的繁荣上，这些新文学也都发生了不容忽视的作用！"[①] 在阅读了一部分少数民族古典作品和新涌现的作品后，老舍的感慨是："人与人之间的关系变了，民族与民族之间的关系变了，历史在改变，山河也在改变。我多么喜爱那些新的诗歌，新的小说，新的戏剧啊，它们正都反映了这种空前伟大的变化与胜利！我也多么喜爱那些表达追求美好生活愿望的古典诗歌与故事啊！可是若不是遇到今天，谁晓得它们还在什么地方被弃掷埋没呢！"[②] "今天"在这里是个关键性的时刻，正是在这样的时刻，才发生了"新"的文学和观察古典文学遗产的"新"眼光和视角。这个关键时刻当然就是"新时代"——从"民主革命"到"人民共和"的结果。

按照冯天瑜的考察，"革命"的古典义是变革天命，指改朝换代，"共和"的古典义是"相与和而共政事"，指贵族分享国家管理权。19世纪与20世纪之交，随着社会变革的推进和西方文化的传入，两词的内涵都发生了异动。以孙中山为首的革命派，承袭传统话语，又吸纳来自英、法的社会革命论与来自法、

[①] 老舍：《关于少数民族文学工作的报告》，玛拉沁夫、吉狄马加主编《中国少数民族文学经典文库 1949—1999：理论评论卷》，云南人民出版社 1999 年版，第 4 页。

[②] 老舍：《关于少数民族文学工作的报告》，玛拉沁夫、吉狄马加主编《中国少数民族文学经典文库 1949—1999：理论评论卷》，云南人民出版社 1999 年版，第 22 页。

美的共和主义思想,赋予"革命"、"共和"以现代的含义,与其世界义接轨。① 但是,辛亥革命使共和制合法化,但却没有真正建立起民主共和国。人民内部政治关系的多样性和政治实践的丰富性,只有到了中国共产党人的"人民共和"实践中才得以实现。因为,共产党人要建立的是历史上从未有过的普通劳动者掌权的政治制度,追求的是权力主体的革命性更替,而不仅仅是政权组织形式的转换。这一点尤其关键,它所锻造的"人民"便是"权利主体"。"人民共和"的特色,王俊拴将其归纳为三点,首要一点即民主价值的张扬,人民是国家权力的掌握者,所有国家机关均被冠以"人民"二字是对政权民主属性的彰显;民主是首要的价值追求,共和制的属性是由人民民主的质的规定性赋予的;其次,在坚持人民民主专政国体的基础上创造共和制政体的中国形式,1954年建立并在后来发展了的人民代表大会大制度体系突破了"议行合一"的巴黎公社模式与俄国苏维埃模式,创造了共和政体的新类型。它是在国家权力的横向配置上实行分工合作,在国家权力纵向配置上是多样化形式的"复合共和",创造了以国家机关和人民政协二者关系体现出来"政治共和"与"社会共和"统一的新型共和制,使作为手段的、程序意义的"政治协商"上升为一种新的政治形态即有领导的"协商政治",突破了仅仅与竞争式政治相匹配的西方共和制模式。协商政治的本质在于合作,它既是执政党与参政党之间、人民政协内部不同界别之间的合作,也是人民政协与国家机关之间的合作,即社会与国家之间的合作,使共和制摆脱了与生俱来的精英主义弊端而成为向社会各界开放的制度安排,特别是向普通民众的开放,有效地使社会各界在新型共和制框架中最大限度地实现政治参与。② 民族

---

① 冯天瑜:《"革命"、"共和":清民之际政治中坚概念的形成》,《武汉大学学报》2002年第1期。

② 王俊拴:《共和政体与当代中国共和制实践的基本特色》,《政治学研究》2007年第3期。

区域自治制度和各种民族方针政策法规便是人民共和的具体体现，少数民族文学在社会主义初期所体现出来的"人民"为言说主体的美学特征，也只有在这样的背景中才能得到体贴的理解。

"人民"是个集体性、群众性、公共性的主体，是一个全新的概念。老舍报告中对于当时少数民族文学的观察中也特意提到了这一点："群众文学创作运动的兴起与发展，对建设我国统一的多民族的社会主义文学，有重大的意义。群众业余创作队伍是我们文学队伍中数量最大的一个重要组成部分。……他们一旦在政治上与经济上翻了身，就情不自禁地放声歌唱自己的新生活，放声歌唱共产党和毛主席，放声歌唱祖国和各民族的伟大将来。……在群众创作中，还应该提到工厂史、公社史和革命回忆录的编写工作。这个工作虽然还在开始阶段，开始已经出现了一些很好的成品……这些作品的执笔者和讲述者很多是少数民族的工人、农民和革命干部。"① 这种对于民间与民众的重新发现，来自1958年兴起的收集民歌运动和采风热潮，以及思想文化领域倡导的"四史""五史"撰述②，客观上的后果是带动了少数民族文学尤其是民间文学的发掘与新创作，它们为无产阶级"新文学"提供了之前五四新文化运动以来就反对的"贵族的""古典的""山林的"文学所缺乏的丰富民族民间质素。这个"人民文学"有着区别于新民主主义革命时代"人的文学"的特质，后者以人性为基础，是资产阶级市民文学对于封建士大夫文学的扬弃，而"人民文学"则是对"人的文学"的历史否定，体现了一种社会主义新文化和政治实践。如同旷新年所说的，"'人民文

---

① 老舍：《关于少数民族文学工作的报告》，玛拉沁夫、吉狄马加主编《中国少数民族文学经典文库1949—1999：理论评论卷》，云南人民出版社1999年版，第10页。

② "四史"运动肇始于1958年"大跃进"氛围中兴起的编写工厂史、公社史运动；也有"三史"（家史、村史、社史）、"五史"（厂史、街史、社史、村史、家史；或指村史、社史、厂史、老工人和老贫下中农家史）之谓。1963年5月10日，毛泽东就中共东北局与河南省关于农村社会主义教育运动的报告作出批示："用村史、家史、社史、厂史的方法教育青年群众这件事，是普遍可行的。"见中共中央文献研究室编《建国以来毛泽东文稿》第10册，中央文献出版社1996年版，第297页。

学'与'人的文学'的历史进展并不是能够仅仅由文学自身获得解释，它是由社会历史条件所决定的。'人民文学'是一种想象的逻辑，是一种新的文化创造，是一个尚未完结的历史建构"①，就像娜梦那条没有织完的"筒裙"，还有待新的编织。

"少数民族文学"这种"人民文学"也带有这种发展与试验特质，它是一种社会主义文学，就像为确立"少数民族文学"贡献良多的蒙古族作家玛拉沁夫后来所总结的："从它兴起的那一天起，就是作为我国社会主义文学的一个重要组成部分而显示出它的旺盛的生命力"，反过来说，"中国新文学，是多民族的社会主义文学。多民族，是指它的民族与地区的广泛性和生活题材、语言文字以及表现于作品中的民族心理素质的多样性。……我们提倡使用少数民族语言文字进行创作，重视少数民族作家的培养，鼓励反映少数民族人民的生活和斗争，都是从我国文学的多民族性这一实际情况出发的。但是，只谈到我国文学是多民族的，话还没有说完；应该说，它既是多民族的，又是社会主义的，是二者的统一。社会主义文学，这是我国五十六个民族的文学的共同气质。只有坚持文学的社会主义方向，我们各民族的文学才能健康地发展，它是艺术成果才能符合各民族人民的根本利益和长远利益。我们中华民族是富于凝聚力的。虽然存在着地区差别、民族差别，但是各民族人民的经历、命运、理想以及我们生活中的基本趋向、基本矛盾等却保持着基本的一致。社会主义就是我们的共同本质与特征。时代所赋予我们各民族文学的基调和主旋律，是基本一致的。"② 多民族的差异性与社会主义追求的一致性之间是一种辩证的共和，少数民族文学的命名、发展只有在社会主义性质下才能获得其最根本的发生学解释。而社

---

① 旷新年：《人民文学：未完成的历史建构》，吴秀明主编《"十七年"文学历史评价与人文阐释》，浙江大学出版社2007年版，第44页。

② 玛拉沁夫：《〈中国新文艺大系（1976—1982）少数民族文学集〉导言》，玛拉沁夫、吉狄马加主编《中国少数民族文学经典文库1949—1999：理论评论卷》，云南人民出版社1999年版，第28页。

会主义的中国化过程依然是一个未曾结束的进程，随着中国特色社会主义的发展，少数民族文学在20世纪80年代及至新世纪以来又发生了诸种因应时代与社会的嬗变，它自身的内涵与外延也流变不已，但是不能改变的是它最初就具有的"人民共和"的根本。

"人民共和"接受了现代性的基本事实，视野不再局限于族群性的同质性共同体，而在身份问题上吸纳了普遍平等的信念和承诺，体现为各民族协商政治、历史公正、民主平等、主体承认，但是20世纪60年代激进的政治试验的失败教训表明，这种普遍性追求在特定历史阶段的限制无法被遽然超越，必须历史而又辩证地认识到群体的发展差异性和文化多样性，在强调政治挂帅时不能忽视经济结构和生产力的发展程度。少数民族文学作为人民共和的历史产物，是一种"文学共和"，它是价值的共存、情感的共在、文化的共生、文类的共荣、认同的共有、价值的共享，正可以弥补和丰富政治共和的单向度，它生发出来的理念可以扩展与推衍为被政治所汲取的精神资源。重新回溯20世纪40—60年代的中国革命历史进程，以及在这个进程中少数民族文学的发生与发展，正是要"勿忘初心"，提醒新中国当初的梦想和实践、理想主义和现实语境，让历史的遗产成为前行的基础与动力。

第六章

从民间文艺到中华文学：
民族民间文学研究的演进

学术史上经常出现这样的情形：某个涉猎广泛的学者往往因为在某个具体方向上的突出成就而让人忽略了其在其他方面的探索与贡献。其中的原因可能由于该学者的问题意识始终聚焦于某个核心命题，从而使得自己的一切相关资料积累、提出问题与分析问题的角度都与之相关，思考与解决的方式与着眼点也汇聚到该问题之上。这是我们时代的学术考量机制与通行话语对一个"专家"的基本要求，显示了某种规范化与标准化的学科无意识。但是，在涉及对某个学者个人学术经历的整体性梳理时，注目于其特殊成就的某个方面，固然有助于凸显其鲜明的学术个性与形象，却又难免会遮蔽掉更为丰富的存在，在关乎某个并未确立起明晰的学科边界、依然处于不断变化与更新的新兴学科时尤为如此。郎樱与少数民族文学学科的发生及演进就是这样一种关系。她一向被视为从事《玛纳斯》及其他北方民族英雄史诗研究的学者，这当然毋庸置疑，但如果只是孤立地扫描、归纳与评述她在这些领域的工作，则并未能提供有关少数民族文学发展历程的整全图谱。只有将她与整个中国民族民间文学研究的发展历程结合起来讨论，才可能提供更为整全因而也更富于启示意味的学术史信息，进而对于中国多民族文学研究范式的转化与演进有更贴切的理解。

一 从民族民间文艺开始

郎樱 1941 年生于北京，1965 年毕业于中央民族学院少数民族语言文学系维吾尔语言文学专业，旋即进入中国文联民间文艺研究会工作。因为通晓维吾尔语，所以她报到后即被派往新疆克孜勒苏柯尔克孜自治州的首府阿图什的《玛纳斯》工作组，参与新近调查、搜集的史诗《玛纳斯》的翻译工作。① 此时正是史诗《玛纳斯》的第二次补充调查工作（1964 年 6 月至 1966 年 7 月）中间阶段——第一次是 1961 年初至当年 10 月②——她的主要工作是将阿合奇县的歌手居素普·玛玛依演唱的记录本翻译成汉文，她一直在阿图什生活到"文化大革命"爆发，工作中断。这是她最初接触史诗《玛纳斯》，也成为她一生主要工作的起点。

这个起点实际上也是广泛意义上中国少数民族文学研究的起点——它是从民间文艺起步的。郎樱任职的民间文艺研究会（1987 年改名为中国民间文艺家协会）于 1950 年 3 月在北京成立，它以"搜集、整理和研究中国民间的文学、艺术，增进对人民的文学艺术遗产的尊重和了解，并吸收和发扬它的优秀部分，批判和抛弃它的落后部分，使其有助于新民主主义文化的建设"（《中国民间文艺研究会章程》）为宗旨，这显然是作为时代主潮的"人民文艺"思想指导下的结果。1955 年 5 月，中国作家协会召开兄弟民族文学工作座谈会，"兄弟民族文学"的事业被提上国家整体性文学工作规划的议事日程。这一年民间文艺研究会主办的《民间文学》创刊。1956 年老舍在中国作家协会第二次理事会（扩大）会议上的报

---

① 郎樱：《中国〈玛纳斯〉学的回顾与展望》，阿地里·居玛吐尔地主编《中国〈玛纳斯〉学读本》，中央民族大学出版社 2018 年版，第 2 页。

② 刘发俊：《史诗〈玛纳斯〉搜集、翻译工作三十年》，阿地里·居玛吐尔地主编《中国〈玛纳斯〉学读本》，中央民族大学出版社 2018 年版，第 510—511 页。

告《关于兄弟民族文学工作的报告》中，虽然涉及正在兴起"新文学"（作家文学），但创作只占很小的篇幅，更多涉及的是少数民族文学遗产的整理、翻译、研究工作，内容集中于史诗、故事、山歌等"民间文学"的内容。1958年全国开展了收集民歌运动。7月17日，中共中央宣传部召开全国民间文学工作者大会，修改民间文艺研究会的宗旨是为促进中国社会主义和共产主义的民族的新文化的发展。其间，各自治区及有少数民族聚居的省的部分代表和北京有关单位，座谈了编写中国少数民族文学史或文学概况的问题。从1959年开始陆续编辑出版《中国各地歌谣集》《中国各地民间故事集》和《中国民间叙事诗丛书》。用后来者总结的话来说，"全国的民间文艺作品的搜集整理掀起高潮，各民族神话、传说、故事、歌谣、史诗、长诗等得到系统、科学、全面地采集和整理，形成了席卷全国的全民性民歌搜集与创作运动热潮。由此不仅出版了一系列歌谣集、民间故事等丛书，而且通过专家学者对民间文艺的阐述，为民间文艺正名，从几千年的中国文学史、文化史中找到了民间文艺的伟大贡献，一部分民间文学作品进入文学史"[①]。《玛纳斯》也正是在这种对民间文艺价值重新认定的过程中被发现、搜集、整理与翻译的。[②]

如果没有社会主义新中国建设"新文化"中创造性地建立的一整套文学评判、文学组织与文学制度与出版传播系统，那些一度潜藏在底层民众生活中间的文艺作品是不可能在主流文化渠道与知识体系中获得位置的，其根本的价值立场建基于对文化主体的再认识上。也就是说曾经被压迫、被侮辱与被损害的人翻身当家作主之后，他们所创造的文艺作品同样具备了在新的文艺秩序中的合法性。早

---

① 潘鲁生：《从人民中来，到人民中去——中国民间文艺家协会70年》，《民艺》2020年第4期。

② 关于《玛纳斯》的发现、搜集与翻译的过程，参见刘发俊《史诗〈玛纳斯〉搜集、翻译工作三十年》、陶阳《英雄史诗〈玛纳斯〉工作回忆录》，阿地里·居玛吐尔地主编《中国〈玛纳斯〉学读本》，中央民族大学出版社2018年版，第509—526页。

在 15 世纪末 16 世纪初，赛夫丁·依本·大毛拉·夏赫·阿帕斯·阿克斯坎特及努尔穆哈买特父子撰写的波斯文《史集》中就有关于玛纳斯史诗的记载，但一直属于民众自在的文化存在，直到 19 世纪由沙俄军官乔坎·瓦里汗诺夫（Chokan Chingisovich Valikhanov）和德裔俄罗斯学者拉德洛夫（V. V. Radloff）的记录与翻译，① 才进入到外来精英阶层的认知之中，其背景是西方世界东方学的兴起。而它在源发地受到重视则与民族意识的觉醒有着密切关联，尤其在当代中国，是民族平等与大力弘扬民族民间文化政策的直接结果。

除了"民间"的提升之外，《玛纳斯》在某种意义上还可以说是一种少数民族传统文化在当代的"效果历史"，它是活形态的民族文化表征。因而，它超越了单纯的文学文本的范畴，是带有历史、民俗、信仰、生活方式与心理结构等多方面综合性的超级文本，与区域性的民众日常生活相互作用。这里显示出社会主义中国初期对于文艺的认知不仅仅局限于文人精英的、书面表述的作品，同时也有覆盖到底层民众的、口头诵唱的作品。这一点在后来少数民族文学学科建构与学术研究过程中的影响极为明显，也就是说，对于"少数民族文学"的理解一开始就是泛文艺的，而不是纯文学的。正因如此，"少数民族文学"是"人民文艺"观念最为生动与直接的体现，讨论"人民文艺"如果缺少这一视角，既不完整，也不合乎历史实际。②

作为柯尔克孜族的口头文艺，《玛纳斯》被界定为"史诗"，这其中固然有着用外来的概念规约中国本土材料的问题——从现代文

---

① 阿地里·居玛吐尔地：《回顾与展望：世界〈玛纳斯〉学 160 年》，阿地里·居玛吐尔地主编《世界〈玛纳斯〉学读本》，中央民族大学出版社 2018 年版，第 3 页。

② 关于"人民文艺"的最新研究成果集萃是罗岗、孙晓忠主编的《重返"人民文艺"》，该论文集基本上集中在"红色经典"以及既有研究中较受关注的事件与现象的讨论上，只是有少数几篇关于秧歌剧、木刻、戏曲改造的论文，从研究范式上来说更多停留在现当代文学学科，而民间文艺尤其是对于少数民族文类的当代发现与改造方面缺乏整全的视野。

学以来，中国文学研究界一直存在着"中国没有史诗"的焦虑，而《格萨尔》《江格尔》《玛纳斯》的发现更多是传递出一个新兴国家由本土多样性材料所带来的文化自信；就现代学术分科而言，在本土话语体系与学科体系尚处草创阶段，使用译介过来的西方术语也属于阶段性为便于交流的经变从权。最初史诗的搜集、整理、翻译与出版，显然是为了打捞散落的民族民间文化，将之视为共有与共享的遗产，进而促进民族文化的族际交流。作为统一的多民族国家，尤其是在"新的人民文艺"的指针下的文化建设，塑造一种融合了多民族文化的中国文学风貌是题中应有之义，所以用国家通用语对其进行翻译传播，最终目的在于促成文学共同体的建立。

回到北京后的十年，郎樱一直是民间文艺研究会采编部的编译人员，直到1976年3月转入音乐研究所工作，主要从事中日音乐文化的比较研究，相继发表了《中日音乐文化交流史话》《日本的雅乐与隋唐燕乐》《宫城道雄与"新日本音乐"》等论文。这段看似游离于文学的学术经历，对于此后她的少数民族民间文艺研究也不无裨益，一方面是对于中日文化比较主题与方法自然延伸到诸如图腾崇拜与民间故事的比较研究，另一方面音乐与声音的层面，除了在词曲研究中作为一个视角之外，是主流精英文学研究中较为欠缺的，而对于少数民族民间文艺而言，这是极为重要，甚至可以说是不可或缺的维度，后来的史诗研究方法论转向确实走到了"回到声音"的一脉。

二　史诗研究：形式与美学、认识与价值的统一

1983年4月，郎樱调至中国社会科学院少数民族文学研究所西北民族文学研究室工作。此时少数民族文学研究所已成立三年，《民族文学研究》杂志则在筹备创办（当年11月创刊），一切都是方兴未艾，充满潜力。经过此前维吾尔文的训练、《玛纳斯》的翻译整理、音乐比较研究，此际她已经是一个无论从语言到方法都有较为

充分准备的成熟学者，因而很快就形成了自己富于特色的研究领域与议题。从其任职与研究方向的递进来看，大致从1983年到1993年这十年间，她在对柯尔克孜与维吾尔文学的研究中，形成了以文本细读、历史分析与结构—功能主义方法相结合的特色，这也正是这个阶段中国少数民族文学研究的总体特色。

中国少数民族文学学科最初脱胎于民间文艺学；就少数民族文学存续的现状来说，除了有本民族文字记载、创作、传承，或因为在中国整体历史进程中发挥出重大影响的族群而被汉文记录之外，绝大部分不具备书面文学，民间文类占据了很大的比重；最初的从业者基本上也以从事民间文学研究的人员为主。以上三方面决定了少数民族文学研究的对象、范围、方法论与基本格局。尽管从20世纪50年代开始就已经陆续出现少数民族文学的当代创作，到80年代已经蔚为大观，少数民族作家文学的研究与现场批评正蓬勃兴起，但就学科系统与学术话语的建构来说，此时依然处于以夯实基础与开拓专门领域为主，表现为两个大的方向：一是少数民族文学概括与文学史的书写；二是以民间口头文学为主的各民族专门文类的具体研究。郎樱在这两个方面都有所贡献，并表现在《柯尔克孜族民间文学概览》、维吾尔文学以及《玛纳斯》史诗的专门研究上。

少数民族文学概况与文学史的写作，是1958年全国民间文学工作者大会上就已确立的任务，在1960年第三次全国文代会期间的第二次少数民族文学史编写工作座谈会上又得到进一步讨论，并且确立了具体的编写计划和出版方案。① 总体思路是要通过通史性的梳理，呈现出各少数民族文学的基本历史脉络与知识框架，以便于各兄弟民族之间的理解与交流。郎樱学术生涯的起点是1965年远赴阿

---

① 《中共中央宣传部关于少数民族文学史编写工作座谈会纪要》《第二次少数民族文学史编写工作座谈会纪要》《中国各少数民族文学史和文学概况编写出版计划》，参见中国社会科学院少数民族文学研究所编印《中国少数民族文学史编写资料》，1984年，第1—16页。

图什与柯尔克孜族学者玉赛音·阿吉等人合作翻译《玛纳斯》，1986年因为担负《玛纳斯》研究课题的任务，而再返阿图什，并到乌恰等地采访调研，积累了大量的资料。此时，在已经出版有多部少数民族文学概况与文学史的情形下，尚没有一部系统评介柯尔克孜族民间文学的书籍，张彦平与郎樱基于已有积累，写出《柯尔克孜族民间文学概览》，完成了这个首创的工作。他们的资料来源包括已出版的柯尔克孜文本的民间文学作品，未出版的柯尔克孜及汉族民间文艺工作者调查、搜集或翻译的资料，两位作者本人采录、整理与翻译的资料，以及散见于汉文史志、民俗、宗教诸方面书籍与辞书中收录的相关资料。①郎樱负责神话、民间传说、史诗与叙事诗的执笔，张彦平负责民歌、民间故事、谚语、谜语和绕口令的执笔。整本书的体例是根据文体的区别分章，各章介绍代表性作品并予以初步阐释。少数民族民间文学的丰富构成很难用主要由西方现代文学文类的划分标准来削足适履地分类，而只能以客观知识的形态将这种多样性展示出来。因而，这样的写法无疑丰富了对于民间文学体裁以及少数民族文学文类和体裁的认知，本身就是对"中国文学"多元样态的呈现，从而也为本土话语的建构奠定了基础。

  当然，族别文学史与文学概况的书写从大的历史分期、叙述方法和评判标准来说，并没有超越国家主流意识形态的语法，但是这种内部多样性的呈现能够让现代以来各种以"中国文学史"为名的著作中所无视的部分得以浮现出来，并可能充实进而改写对于主流文学史的认知。郎樱对维吾尔古典文学和民间文学的探讨就很具有冲击性。比如回鹘文剧本《弥勒会见记》无论是在西域戏剧史，或是中国戏剧史，都具有里程碑的意义。一般主流文学史家往往"认为宋以前中国没有戏剧。主要的依据是'无正式的剧本'。且不说'苏摩遮'、'钵头'、'西凉伎'、'合生'、'弄婆

---

① 张彦平、郎樱：《柯尔克孜族民间文学概览》，克孜勒苏柯尔克孜文出版社1992年版，第275页。

罗门'等等有情节、有歌、有舞、有科白的西域歌舞戏在北朝和初唐已相当盛行，就是'高级戏剧概念'意义上的正规戏剧剧本《弥勒会见记》在4世纪也已出现于西域（现新疆的南部地区）。而27幕回鹘文剧本《弥勒会见记》于1959年在哈密发现，说明8—10世纪西域的戏剧已经相当繁盛。这有力地批驳了'中国在唐及唐以前没有戏剧'的观点。"① 这个发现不仅是在既有认识框架中补苴罅漏的问题，更是在时代分期与空间分布上具有改写文学史整体结构的潜能，可以说是中国多民族文学之于重构中国文学知识体系的独特贡献。

郎樱还详细剖析《福乐智慧》的多层文化结构，指出其特征"既有浓厚的维吾尔民族固有的草原文化特点，同时它也具有十分鲜明的中原封建儒家文化的烙印。此外，在表现形式方面，更是将维吾尔民族戏剧、诗歌的传统与波斯、阿拉伯诗歌的韵律和形式、印度佛教戏剧的象征手法等糅合于一体"②。"揭开伊斯兰文化的表层，显露在人们面前的便是深深浸透着佛教文化汁液的大地。如同水份和营养会顺着大地的毛细孔向上，穿透土壤的表层而达及地上的植物一样，佛教的思想观念、佛教文化的影响也会穿透伊斯兰文化的表层而达及《福乐智慧》之中。"③ 这样的细致分析有助于廓清《福乐智慧》的多元文化背景，具有通透的历史感，且包含着对于文化交流与交融的开放心胸。1914年，麻赫默德·喀什噶里的《突厥语大词典》④ 在土耳其被发现，1980年起在乌鲁木齐相继出版维吾尔

---

① 郎樱：《回鹘文哈密本〈弥勒会见记〉及其特点》，《中国北方民族文学比较研究》，民族出版社2011年版，第450—451页。
② 郎樱：《试论〈福乐智慧〉的文化结构》，《新疆社会科学》1986年第6期。
③ 郎樱：《试论〈福乐智慧〉中的佛教思想》，《新疆社会科学》1986年第1期。
④ 2001年出版的汉译本译为《突厥语大词典》，该书产生于喀喇汗王朝鼎盛时期，作者出生于位于南疆的喀什，"汉译本序"指出该书"深深植根于维吾尔族的古老文化传统之中，是中世纪高度发展的维吾尔族文化的丰硕成果，是我国维吾尔族人民对中华民族文化做出的又一突出贡献"。麻赫默德·喀什噶里：《突厥语大词典》，校仲彝等译，民族出版社2001年版，第1页。

文的三卷译本，郎樱也较早进行推介，将其定位为"古代维吾尔民间文学"的集大成之作①，除了语文学（philology）和历史学的价值外，对于今日理解"丝绸之路"沿线地区及其文化与文学依然具有进一步研究的意义。

奠定郎樱学术地位的成果当然集中于《玛纳斯》研究，这个阶段她发表的关于《玛纳斯》的叙事结构、悲剧美、文化内涵等方面的论文，发前人所未发，已经成为《玛纳斯》研究史上的典范性文献。这方面阿地里·居玛吐尔地、乌日古木勒已有探讨，兹不赘述。我想指出的是，郎樱在史诗尤其是《玛纳斯》方面的研究，其方法论颇显示出跨学科与跨文化的特点，她在关于英雄、神女、仙女形象的讨论中，更多采取的是传统的书面文学研究中的性格塑造、美学特色等方面的方法；但在英雄入地、嗜血、好色、酣睡、死而复生等母题方面的研究，则无疑受到神话原型理论、故事形态学和结构—功能主义的影响。她关于北方阿尔泰语系及民族的神话与叙事文学的论文《阿尔泰语系民族叙事文学与萨满教文化》《北方民族鹰神话与萨满文化》《突厥史诗英雄特异诞生母题中的萨满文化因素》等，也显示出这个特色。事实上，神话原型理论与结构—功能主义方法确实很容易在形式分析中进入到普遍性的幻觉，脱离具体历史与现实语境，但郎樱这一代深受马克思辩证唯物主义与历史唯物主义影响的学者，总是力图从"母题"与"形态"中寻找其历史文化的渊源。这一点其实与普罗普在1976年出版的《民间文学与现实》中对列维-斯特劳斯批评的反批评不谋而合。普罗普指出自己的故事形态学研究源于对沙皇时代语文学教育中文学训练的不足，他确实试图在对情节的分析中得出某种科学性的系统与"规律"，但并不是去历史化的，而是在确定了神奇故事"情节组合的单一性之

---

① 郎樱：《〈突厥语大词典〉的文学价值》，原载《中国维吾尔历史文化研究论丛》第3辑（民族出版社2003年版），收入《中国北方民族文学比较研究》，民族出版社2011年版，第383—396页。

后……考虑这种单一性的原因。原因并未隐藏在形式的内在规律中，它存在于早期历史的领域"，而他要做的是，"寻找在神奇故事情节比较研究中揭示出那个系统的历史根基"①。因而《故事形态学》与《神奇故事的历史根源》应该被视为一部大型著作的两个组成部分或两卷，第二卷直接出自第一卷，第一卷是第二卷的前提。结构与历史的有机统一，是新中国少数民族民间文学研究尤其是史诗研究对于本土传统和外来方法的继承与融合的创新性产物——它不仅讲形式，也讲美学；不仅求认识，也求价值。

三　各民族文学关系与中华文学自觉

1985 年 1 月，中国文化书院②举办了第一次文化讲习班，组织海内外学者宣讲中国文化与比较文化，一时间比较文化成为全国瞩目的课题，掀起了全国范围内的文化讲习热。当年的 10 月 13 日至 31 日，郎樱参加了由北京大学比较文学研究所和深圳大学比较文学研究所在深圳联合举办的首届比较文学讲习班。③ 这个讲习班显然也是彼时"文化热"的产物，最后几天正好衔接全国各地 21 所大学共同发起的中国比较文学学会成立暨首届国际学术讨论会（10 月 29 日至 11 月 2 日）。讲习班的前沿课程应该对她启发不小，1986 年她发

---

①　[苏] 普罗普：《神奇故事的结构研究与历史研究》，《故事形态学》，贾放译，中华书局 2006 年版，第 183、184 页。

②　中国文化书院于 1984 年 10 月成立于北京，是由冯友兰、张岱年、朱伯崑和汤一介等几位教授共同发起，联合了北京大学、中国社会科学院、中国人民大学、北京师范大学、清华大学等单位及台、港和海外的数十位著名教授、学者一道创建的一个民间的学术研究和教学团体，属于大学后教育学术研究高等学校。于 1984 年 10 月成立于北京。季羡林、汤一介、庞朴、王守常等先后担任院务、学术委员会主席或院长职务。

③　该讲习班讲授"比较文学方法论""主题学概论""比较文学史料学""当代西方文艺思潮与中国文学研究""中西诗歌中的人与自然""中国文学对欧洲文学的影响""马克思主义与当代文艺理论""中国、印度与日本文学的汇通"等 16 个专题，主讲人包括季羡林、杨周翰、吴晓铃、欧文·艾德里奇（Owen Aldridge）、詹姆逊（Fredric Jameson）、叶维廉、袁鹤翔、黄德伟等。

表了一篇短文，介绍了比较文学的影响研究与平行研究，并列举了主题学研究（包含母题研究、流传变异研究）、比较诗学（比较美学）、文类研究及其在少数民族文学中的运用实例。① 此后她的一系列文章，如《东西方民间文学中的"苹果母题"及其象征意义》《东西方文学中的独眼巨人母题——东方文化的西流》《我国三大英雄史诗比较研究》《〈玛纳斯〉与希腊史诗之比较》《东西方屠龙故事比较研究》《贵德分章本〈格萨尔王传〉与突厥史诗之比较——一组古老母题的比较研究》，基本上都是将主题学的方法应用到少数民族民间文学的研究之中。我曾经在一篇文章中指出，族别文学史或文学概况的书写以及针对具体某个史诗研究的范式，一直从20世纪50年代延续至当下，但80年代后期由于"比较文学"的视野开启，引发了对于中国各民族文学"综合研究"的动议与实践，并在1997年以马学良、梁庭望、李云忠主编的《中国少数民族文学比较研究》作为代表。② 郎樱可以说是少数民族文学比较研究与综合研究的先行者之一。

综合研究范式必然由族别走向区域，从区域走向整体观，最终形成中华文学通史的观念。这"几步走"在郎樱这里分别体现在北方民族英雄史诗尤其是以《玛纳斯》为中心的突厥语民族文学比较研究，各民族文学关系和中华民族文学通史的撰写之中。郎樱将中国史诗的类型分为北方民族英雄史诗和南方民族史诗，北方民族英雄史诗带是指东起黑龙江、西至天山、南抵青藏高原的广袤地域，包括阿尔泰语系（突厥语族、蒙古语族和满—通古斯语族）和汉藏语系民族，前者主要是英雄史诗，包括《格萨（斯）尔》《江格尔》《玛纳斯》"三大史诗"和诸如《乌古斯传》《陶干希尔门汗》《乌布西奔妈妈》等；后者则不仅有英雄史诗，

---

① 郎樱：《比较文学及少数民族文学的比较研究》，《民族文学研究》1986年第1期。

② 刘大先：《中国少数民族文学研究七十年》，《东吴学术》2019年第5期。

还包括创世史诗、迁徙史诗。① 这些内容后来基本上成为广为接受的共识性知识进入到民间文学史的教材之中。② 值得一提的是，郎樱关于"史诗"的讨论使得这个从西方译介过来的术语具有了一种源自中国经验的自觉，在潜明兹较早的一部通识性作品中，也提到了我国对本土史诗的注意萌发于20世纪二三十年代的民族学，对"史诗"概念的具体运用开始于20世纪50年代末60年代初，从20世纪80年代初开始，随着我国史诗研究的长足进展，"我国学者在吸收西方史诗概念的基础上，又结合国内情况，对'史诗'的含义作了新的理解和补充"③。这个"新的理解和补充"主要体现在不再以荷马史诗的样板来规约本土材料，而是将史诗分为创世史诗和英雄史诗。郎樱则注意到中国各民族对于长篇叙事的本土命名差异性："在民族地区，除知识分子用'史诗'（Epos）一词之外，人民群众对'epos'一词并不认同。因为，每个民族对史诗都有自己传统的称谓，如柯尔克孜人民称史诗为'交毛克'（joomok 故事），维吾尔人民称史诗作'达斯坦'（dastan 叙事诗），哈萨克民众称史诗为'吉尔'（jer 古歌），蒙古族人民称史诗为'陶兀勒'（tuul 故事），藏族人民称史诗为'仲'（sgrun 广义为故事，狭义指《格萨尔》），侗族民众称史诗为'嘎公古'（gagonggu 古老歌），四川彝族称史诗为'穆莫哈玛'（mupmop hxamat 口头传颂的诗歌）、韵文体史诗称作'勒俄'（hnewo），壮族称史诗作'四么'（saw mo 师公诵唱的史诗），湘西苗族称史诗作'杜奥特'（dut ghot 古老诵词），朝鲜族人民则称史诗为'苏萨什'（susa shi）等等"④。这种称呼用语的扞

---

① 郎樱：《我国史诗的类型及其分布》，《中国北方民族文学比较研究》，民族出版社2011年版，第22—27页。
② 祁连休、程蔷、吕微主编：《中国民间文学史》，河北教育出版社2008年版，第111—170页。
③ 潜明兹：《中国少数民族英雄史诗》，天津教育出版社1991年版，第2页。
④ 郎樱：《北方民族英雄史诗论》，《中国北方民族文学比较研究》，民族出版社2011年版，第2页。

格局面显示出现代以来中国学术话语自身的尴尬，即在许多时候不得不削趾适履，以获得学术话语交流中的便捷，但是随着研究的深入，越来越多的学者获得了文化自觉，而在通识性著作之外的专门性研究著作中采取本民族对文类的自称，比如彝族的勒俄、满族的乌勒本、达斡尔族的乌钦、壮族的麽经、鄂伦春族的摩苏昆、赫哲族的伊玛堪，等等。

《玛纳斯论》是郎樱的代表性著作，是"世界《玛纳斯》学诞生100多年以来，对《玛纳斯》史诗论述面最广、分量最重的成果之一，对我国乃至世界《玛纳斯》学界产生了重要影响"[1]。该书全面探讨了《玛纳斯》的流传与主要特点、与柯尔克孜族生活及民间文学的关系、生成年代、变异、传承者与接受者、人物形象、美学特征、叙事结构、与其他突厥史诗及东西方史诗的比较及其所显示出的宗教文化内涵等，具体的论述中亮点纷呈。略举两例，如针对《玛纳斯》史诗中"克塔依"人被国外学者解释为中原汉人，郎樱令人信服地辨析出应该为契丹人；而其中提到的"北京"也众说纷纭，她在对比众说基础上提出并非中原的北京而是泛指"北方的重要城镇"。[2] 又如她通过对《阙特勤碑》《毗伽可汗碑》的比较与分析，认为《玛纳斯》继承了古代突厥英雄体碑铭文学的传统。[3] 这些结论建立在语文分析与史料梳理的基础上，自成一家之言。

到90年代后期，少数民族文学基本上已经摆脱了民间文学的话语，而逐渐形成具备自身特色的学科建构与术语体系，相关研究成果也开始被吸纳进中国文学的知识系统之中。"九五"期间（1996—2000），中国文学学科的进展有两个标志性的事件，郎樱都参与其中：一个是国家社会科学研究重点项目和"九五"国家图书出版重

---

[1] 托汗·依萨克、阿地里·居玛吐尔地、叶尔扎提·阿地里编著：《中国〈玛纳斯〉学辞典》，中央民族大学出版社2017年版，第429页。
[2] 郎樱：《玛纳斯论》，内蒙古大学出版社1999年版，第100—107页。
[3] 郎樱：《玛纳斯论》，内蒙古大学出版社1999年版，第367—374页。

点项目的《中华文学通史》十卷本的出版；另一个是国家社科基金重大委托项目"中国各民族文学贡献及相互关系研究"的论证、组织实施、参与撰写及审定工作，并陆续在 21 世纪初年出版了相关的各种成果。① 这两个事件共同体现出对"多元一体"格局的中国历史与现实的认知，及其所带来的文学史书写范式的转型。郎樱并没有局限于作为某个族别意义上的研究者或者特定史诗或民间文艺事象的研究，而是有着"中华文学"认知的整体观与比较性视野。比如在对于《福乐智慧》的探讨中她就将其置入到"中华文学"的格局之中，将玉素甫·哈斯·哈吉甫与大约同一时代的苏轼并置，指出"《福乐智慧》的发现，可以说改写了宋代文学史，这是维吾尔民族对于中华文学发展史的贡献"②。在这种视野中，"中文"不仅仅是国家通用语（汉语），同时也包含着各种少数民族语种，"中华文学"自然也是有着内部多样存在的复合性构成。事实上，这开启了新世纪以降，关于中国文学研究视野、格局与方法的先声——边疆与多语种民族民间文学不是要拼盘式地进入到中国文学史叙述之中，而是其不可或缺的有机组成，从而促进了中国文学研究范式的整体性转型。

新世纪之后随着人类非物质文化遗产和文化多样性话语的兴起，民族民间文学在田野研究与大文学观上的拓展，敦促着少数民族文学研究者的自我省思：少数民族文学可能会以其特殊存在形态与美学表现刷新近代以来关于"文学"的认知——从纯文学走向文学生活；少数民族文学不是书斋的，而是民众的，它既需要专业研究，

---

① 相继出版的作品包括：刘亚虎、邓敏文、罗汉田《中国南方民族文学关系史》，民族出版社 2001 年版；扎拉嘎《比较文学：文学平行本质的比较研究——清代蒙汉文学关系论稿》，内蒙古教育出版社 2002 年版；郎樱、扎拉嘎主编《中国各民族文学关系研究》，贵州人民出版社 2005 年版；关纪新主编《20 世纪中华各民族文学关系研究》，民族出版社 2006 年版。

② 郎樱：《中华文学格局中的〈福乐智慧〉》，《中国北方民族文学比较研究》，民族出版社 2011 年版，第 381 页。

也需要普及与提高；研究者要回馈其研究对象，在知识与理论生产的同时，也要因应新媒介语境的转化而做出观念与方法的调整。在2003年退休之后，郎樱依然活跃在学术领域，不仅对田野工作进行回顾与反思，同时也切入到非物质文化遗产保护与开发的参与性建设当中。①

在由全球化所引发的本土化浪潮中，文化自觉与身份认同问题成为一个时代性命题，融媒体语境的渗透，数字人文技术与方法的诞生，边疆研究与后殖民、后现代、差异政治话语对于中华民族共同体意识的冲击，等等，这一切都在文学研究中召唤着重构文学共同体的理论与方法自觉，民族民间文学研究在新世纪迎来了新的挑战与机遇。郎樱的学术历程，见证了从20世纪60年代到21世纪之初中华民族民间文学研究范式由"民间文艺"到"中华文学"的演进。其研究对象、问题意识与方法论，从史诗的翻译与传播到文本的美学分析与历史探源，从区域史诗比较到中华文学通史观的形成，从主题与形态的理论探讨到动态田野的文化自觉，这个过程伴随着少数民族文学学科发展的曲折脉络，显示出这个学科的自我证成和活力。它以其现实感、历史意识与中华民族共同体认同，指向于回到并回馈民族民间文艺的主体——人民。从这个意义上来说，少数民族文学既是族别的，也是人类共享的；既是理论的，也是实践的；它立足当代，朝向过去，同时面向未来。

---

① 郎樱：《西部大开发与新疆民族文化建设——新疆文化遗产保护现状调查》，《中国社会科学院学术咨询委员会集刊》第3辑，社会科学文献出版社2007年版。郎樱：《文化多样性、非物质文化遗产保护与新疆文化建设》，《中国北方民族文学比较研究》，民族出版社2011年版，第710—719页。

第七章

四十年来少数民族文学的发展：
现象与问题

如果要追溯少数民族文学改革开放四十年来发展的历史，分期上会与一般的以重大政治事件的发生为标志性节点的分期有所不同，其原因在于它的生产、传播、研究与国家文化政策和文学制度建设、文学组织与评奖机制密切相关，这种关系体现于它在社会主义"十七年"文学时期，与"主流文学"无论从题材还是观念上都同声合唱，"新时期"以来也一度与"伤痕文学""反思文学""改革文学""寻根文学"等潮流如影随形。只是到了"后新时期"①，伴随着民间与官方话语在一定程度上的分离，"顶层设计"影响下的少数民族文学与后来被文学史书写为"主流"的那些写作逐渐拉开了距离。这是一个缓慢的过程，在这个过程中我们可以观察到晚近四十年少数民族文学逐渐建立"主体性"意识，进而获得多元化的特征。

基于这种差异性，我大致将改革开放四十年的少数民族文学分为三个阶段：第一阶段是恢复和蓬勃发展期，大致从粉碎"四人

---

① "后新时期"一般用来指称 1987 年"新时期文学十年"之后大陆文坛产生的变异情况，它在 1992 年成为一个较为集中讨论的话题。参见陈骏涛《后新时期，纯文学的命运及其它》，《当代作家评论》1992 年第 6 期；张颐武《后新时期文学：新的文化空间》，《当代作家评论》1992 年第 6 期；谢冕《新时期文学的转型——关于"后新时期文学"》，《文学自由谈》1992 年第 4 期。

帮"、由十一届三中全会开启的新历史进程至市场经济体制转轨的70年代末到90年代初。此际少数民族文学承续了从社会主义初期以来对于宏大事物的关切，即便在关于族群和地方题材的书写中也并没有纠缠于身份政治、文化差异等问题，其内部生机勃勃而又泥沙俱下，呈现多样性的平衡状态。第二阶段是休整期，大约从90年代中期到21世纪第一个十年前半期的十年左右时间。从整个外部文学生态来看，这是一个精英人文知识分子哀叹"边缘化"、大批文人下海和消费主义兴起的时代；就内部观念转变而言，则是文学不再充当"先锋"的角色，而将日常生活审美化提升为主潮；与此同时，少数民族文学发生诸多分化，预示着多元文化主义时代的来临。第三阶段是繁荣期，从大约2005年前后到当下。随着中国综合国力的逐年增强，以及非物质文化遗产和文化多样性话语的兴起，少数民族文学不仅从官方得到支持，更有来自民间的自觉表述与商业的符号征用等多种形态。从外延与内涵来看，少数民族文学观念和手法日益群落化和"内卷化"①。在进入到具体讨论之前，需要声明的是，我之所以没有以精确的年份来进行分期，是因为文学固然受外部环境影响，但其自身有其作为精神与文化产品在生产、传播与接受中的独特性，并不会因为某个戏剧性的事件或年份而发生陡然的转折或断裂，兴盛期亦有陈旧与过时的观念，休整期也不乏亮眼的作家与作品，所有的变化都在潜移默化中进行，它更像是星系在整体运行而不是其中某个超新星的爆发或老恒星的氦闪。

一 恢复与发展：多样性的平衡

从发生学上来说，"少数民族文学"从一开始就并非某种"自

---

① "内卷化"始于康德对 involution 与 evolution 的区分，戈登威泽（Alexander Goldenweiser）将其引入到人类学中，格尔茨让它成为广为人知的术语。此处借用来说明文学中日益"向内转"的封闭情形，以及量的累积中缺乏质的飞升的现象。

然之物",而是政策性的结果,这一点较之于其他的文学分类更加明显,虽然其他分类也避免不了政治的潜在影响——因而决定了它的合法性建立在集体的、星系式的运行之上,而不是靠某几个著名的、标出性(marked)的作家像路灯一样树立在文学史的道路之上。回望改革开放初期的少数民族文学,是一系列自上而下的文化政策决定了80年代少数民族文学的发展态势。这些举措大致包括八个重要事件:1979年,中国少数民族文学学会成立;1980年,中国社会科学院少数民族文学研究所成立;成立了少数民族文学委员会;第一次全国少数民族文学创作会议召开;1981年,中国作家协会与国家民委成功举办了第一届全国少数民族文学评奖;国家级文学期刊《民族文学》创刊;中国作家协会文学讲习所(1984年定名为鲁迅文学院)开设了少数民族作家班;1983年,《民族文学研究》杂志创刊。[①] 这中间固然有重要个人所起到的作用,比如蒙古族作家玛拉沁夫给中宣部的上书与建议,但少数民族文学的这些相关组织、刊物、奖项、作家培养机制和科研机构的设立,根本上来自于国家宏观文化规划的统筹安排。它先行决定了少数民族文学并不是少数民族作家自然形成的自发创作,而是有计划地联络、培养和倡导一国内部的文学生产。

在这个过程中,涌现出一些知名的少数民族作家,他们并不构成家族相似的群落,而是各以其自身特质独立获得区域性、全国性乃至跨国的影响力。他们可以粗略分为三种类型。第一类是50年代甚至更早就已经成名的老作家的归来。萧乾"在度过了二十一年的寒蝉生涯后,于1978年开始写作"[②],30年代就已经凭借《科尔沁旗草原》获得声望的端木蕻良在复出后也于同年底开始创作历史小

---

① 李晓峰:《从"新时期"走向"新时代"——改革开放40年少数民族文学回眸》,《中国民族报》2018年11月11日。
② 傅光明:《人生采访者·萧乾》,山东画报出版社1999年版,第151页。

说《曹雪芹》①。50年代发表过有重要影响的《不能走那条路》《李双双》等作品的李凖，于1981年从河南调到北京中国作家协会工作，1982年根据张贤亮短篇小说《灵与肉》改编电影《牧马人》，与李存葆联合改编中篇小说《高山下的花环》为电影剧本。1985年12月，他以三四十年代黄泛区人民的苦难史为背景的长篇小说《黄河东流去》获得了第二届茅盾文学奖。②萧乾是蒙古旗人后裔，端木蕻良的母亲是满族，李凖是蒙古族，还有土家族和苗族混血的沈从文，他们尽管有时候会被论者提及其"少数民族"身份，但一般不会当作是"少数民族作家"，因为他们的作品似乎并没有太多少数民族题材与内容，并且超越了"少数民族文学"的局限，而少数民族文学史书写者尤其是族别文学史作者则乐于将他们纳入到具体的族别之中以壮声势。这涉及如何认识"少数民族文学"内涵与外延的问题，后文会继续讨论。另外一些在"主流文学"史中不那么出名的，如五六十年代陆续出版《欢笑的金沙江》三部曲（1961年《醒了的土地》，1962年《早来的春天》，1965年《呼啸的山风》）的彝族作家李乔也再次提笔创作。1960年发表过《美丽的南国》的壮族作家陆地，也开始重新修改60年代时的作品《瀑布》初稿，三年后该书获全国少数民族文学创作长篇小说一等奖。其他在"十七年"时期比较有影响的作家，如蒙古族的纳·赛音朝克图、玛拉沁夫、回族的米双耀、维吾尔族的祖农·哈迪尔、克尤木·吐尔，苗族的伍略等，也陆续有新作品出现。

  第二类是知青、农民、工人中的少数民族精英人物在"文化大革命"结束后井喷式出现，并成为中坚。其中最具代表性的无疑是达斡尔族的李陀、回族的张承志和鄂温克族的乌热尔图。李陀原先是工人，以《愿你听到这支歌》获1978年全国优秀短篇小说奖，电

---

① 曹革成：《端木蕻良年谱（下续完）》，《新文学史料》2014年第2期。
② 方岩：《李凖·1985·茅盾文学奖》，《文艺报》2015年6月17日。

影文学剧本《李四光》《沙鸥》分别获1979年、1981年文化部优秀电影奖,曾任《北京文学》副主编。但在1982年以后,他较多地从事理论批评工作,在关于电影长镜头理论、现代派文学、文化研究的引介、"纯文学"的反思以及新世纪之后对于小资产阶级及文化领导权问题的讨论等方面都有开风气的作用,2018年发表的长篇小说《无名指》引发巨大争议,可以说见证了整个中国从"新时期"到"新时代"的文学历程。① 张承志1978年发表的处女作《骑手为什么歌唱母亲》,获第一届全国优秀短篇小说奖。1981年发表的《黑骏马》,获得第二届全国优秀中篇小说奖。1984年发表的《北方的河》,获得第三届全国优秀中篇小说奖。他通汉、蒙、日、阿拉伯等多种语言,在20世纪90年代创作发生重大转变,新世纪后又转型为国际主义者,直至当下依然是中国文坛一个独特而硕大的存在②。乌热尔图1980年以《瞧啊,那片绿叶》获全国少数民族文学创作奖,此后他的《一个猎人的恳求》《七叉犄角的公鹿》《琥珀色的篝火》连续三年获得全国优秀短篇小说奖。这个曾经做过猎民、工人、民警的作家将森林、猎人和萨满文化带入到当代文学的书写之中,1985年在第四次全国作家代表大会上他被推举为中国作家协会书记处书记,几年后又返回呼伦贝尔草原工作,在90年代的创作也发生了很大转型。③ 这些新崛起的文学精英,除了自身的天赋之外,往往也有外在的便利因素使他们在信息匮乏时代能够较早地接触到前沿思想与西方文学作品,从而因缘际会能够领风气之先。所以,在他们早期的创作中,往往虽然涉及少数民族内容,但并不以强化少数

---

① 关于李陀较为全面的讨论,参见《民族文学研究》2018年第6期"李陀研究专辑"中贺桂梅、李晓峰、石磊、毕海等人论文。
② 《心灵史》的改写可以视为张承志转型的一个标志,参见姚新勇、林琳《激情的校正与坚守——新旧版〈心灵史〉的对比分析》,《文艺争鸣》2015年第6期。张承志一直以笔为旗、笔耕不辍,最近的作品集是《三十三年行半步》,青海人民出版社2018年版。
③ 刘大先:《重寻集体性与文学共和——为什么要重读乌热尔图》,《暨南学报》(哲学社会科学版)2014年第2期。

民族文化为主旨,那种思想解放的欣喜、拥抱"世界"的意识、创新的激情落脚在宏大话语层面,思考的是"中国向何处去"以及"中国青年"之路的问题,可见长久思想单一与文化匮乏的情形,一旦改变,人们精神上所释放出来的巨大能量,少数民族具体的身份与文化在这种宏大叙事的激情中显然处于次一级的存在。即便如乌热尔图这样在创作上带有较为纯粹鄂温克文化色彩的作家,也并不是在谋求鄂温克文学的主体性,而在于通过地域性或族群性书写,丰富并充实了中国文学。

第三类是原本在经济、文化等方面后发的民族中出现的第一代书面文学作家。许多少数民族原本由于地理环境、历史传承等多方面原因,直到中华人民共和国成立时还处于刀耕火种的较为粗放的生产生活方式,经过数十年发展,到80年代才出现自己的第一代作家,比如傈僳族的密英文、佤族的董秀英、怒族的彭兆清、布朗族的岩兰香等。许多原本有着悠久母语文学传承的民族,在文类与观念中也发生了现代性转型,出现了此前没有的体裁。比如降边嘉措的《格桑梅朵》创作始于1960年,1963年完成初稿,在人民文学出版社编辑的协助下修改,于1980年正式出版,被认为是当代西藏乃至整个藏族作家的第一部长篇小说。1988年傣族当代文学第一部长篇小说《南国晴天》由方云琴、征鹏完成,人民文学出版社出版,讲述了刀承忠一生及其与丹瑞·埃利的爱情,反映了边境傣族地区20世纪20—40年代末的社会生活。这种"第一部"情形,一直持续到新世纪以来的2002年,龙敏的《黎山魂》是黎族当代文学史上第一部长篇小说。① 由此可见在幅员辽阔的中国地区性文学发展不均衡的实况,同时也可以观察到某种"迟到的现代性"的观念流播——少数民族文学原先的自在与具有族群文化特征的文类与内容发生整合或改变,按照现代性视野中所规定的对于"文学"的范式

---

① 这些材料来源于赵志忠主编《20世纪中国少数民族文学编年》,辽宁民族出版社2006年版。但该书资料因为是多人整理,缺乏统一体例,颇多错讹之处,不可不察。

认知与教育而进行学习与仿拟。

其中颇为值得注意的是母语文学在 80 年代中后期之后的出现。中国少数民族语言语系种类繁多，据不完全统计有一百多种，拥有自身文字的也有四十多种，而这些文字在历史传承中也遭际各异：有的因为族群本身消失或融入其他新的族群，语言与文字一起死亡；有的因为自身发展的原因语言尚存，但放弃了该文字，这些文字有突厥文、回鹘文、察合台文、于阗文、蒙文八思巴字、西夏文、东巴象形文字、水书、满文等 17 种。中华人民共和国成立以前曾拥有和使用本民族文字的，有藏、蒙古、维吾尔、哈萨克、朝鲜、柯尔克孜、傣、彝、俄罗斯、苗、纳西、水、拉祜、景颇、满、锡伯等民族。在民族区域自治政策下，中央政府指派专家帮助一些少数民族改进和创制了文字，先后对傣、彝、景颇、拉祜等族文字行了改革，同时采用拉丁字母帮助壮、布依、苗、黎、纳西、傈僳、哈尼、佤、侗等民族设计了十四种文字方案。因为社会发展和生活实际应用范围等问题，这些文字大多并没有推广开来，越来越多的少数民族年轻一代在母语环境中成长，但接受教育时学习的是国家通用语言文字——汉语与汉字。语言文字的选择本是民众趋利避害的自然选择，但在一些族群的作家那里，会被视为文化濒危的表征，也许他们并没有文化多元主义的明确理念，但是本能中出于对本民族语言文化的眷念和责任感——当然同时文化差异本身也构成一种文化资本——而从事母语写作。比如 1991 年，四川民族出版社出版的贾瓦盘加的《情系山寨》，是第一部用彝文创作的小说集。同年，莫明·吐尔迪在克孜勒苏柯尔克孜文出版社出版了柯尔克孜族第一部长篇小说《命运之路》。

少数民族母语文学是中国文学中的独特存在，因为受众群极为稀薄，其象征意义大于实际意义，但"至少在两个层面上具有补充、充实、创造的功能，其一是它们各自以其具有地方性、族群性的内容，保存了不同文化、习俗、精神遗产的传统。……其二是当掌握母语同时又掌握第二、第三种书写语言的作家，会将母语思维带入书写语言之中，让传统的母语书写文学、民间口头文学滋养着当代作家作品"[①]。更重要的，语言文字使用权是中国民族政策中文化平等权的表征，也是中国文化多样性的实际体现。不过在八九十年代之交逐渐出现的对于文化差异性和少数民族文学主体性的强调，隐约显示了后革命时代宏大叙事的无效和文化多元主义的兴起。这源于文化差异和身份认同这样的"微观政治"在民族解放与独立、革命与改良等"宏大政治"失败后的内转。1993年台湾泰雅人尤稀达衮《让我们的同胞知道》一书审视原住民的发展轨迹和现实问题，探讨台湾少数民族的现状、政策制定及相关运动，主要内容包括少数民族传播之形象与尊严，原住民政策之审视与展望，美加印第安政策之借鉴与择取，原住民运动之挑战与回应。此书是晨星"台湾原住民文学系列"第十三种，是从台湾少数民族的观点与立场探讨台湾少数民族文化传播问题的第一本书。中国大陆虽然没有类似的强调某个少数民族立场的话语，但也同样面临着市场经济改革所带来的既有秩序瓦解后的再出发问题。张承志和乌热尔图都于1994年退出了虚构写作的行列，开始了以历史、行旅、文化比较等为主题的非虚构写作，这是颇具象征性的事件，原先那些具有国家视野、广阔关怀的写作让位于对于宗教、族群、地方性等国家内部次属层面事物的书写，或者绕过国家，而直接"与世界接轨"：集体性的文化语法从"新时期"以来一直备受来自审美自治、自由主义的多方冲击，终于在90年代初耗尽了所有的能量，一个注重个人主义的消费与欲望时代来临了。

[①] 刘大先：《千灯互照：新世纪少数民族文学创作生态与批评话语》，暨南大学出版社2017年版，第180页。

二 休整与低迷：迟到的"现代性"

无论从何种意义上来说，21世纪之交的前后十年都是中国文学的低迷期，它贡献给当代文学史的是新历史小说和重述历史、新写实主义与日常生活、散文的小资式意识形态、口语诗与解构崇高等犬儒与个人化叙事，少数民族文学这种极端依赖于体制庇护和扶持的文学分类陷入了休克式的沉寂之中。2000年，阿来的《尘埃落定》获得茅盾文学奖，但那并非是藏族文学的荣耀，而毋宁说是新历史小说在区域性和族群性题材中的胜利。如果我们回首70年代末到90年代初，会发现21世纪之交的少数民族文学不过是沿着前面的蓬勃兴盛的文学时代所型构的模式在萧规曹随。

那些模式体现在少数民族文学几乎与主流思潮同构，伤痕系（返城知青与归来的右派）、改革系（反思与改革文学）、形式探索系（朦胧诗、先锋小说）风潮的此起彼伏，无一不显示于其中，它们同时也延续着社会主义文学初期的革命历史、英雄传奇与主旋律颂歌的传统。藏族作家益希单增1981年出版的《幸存的人》，情节设定在1936—1951年噶厦政府统治的西藏，表现了农奴对农奴主的反抗，这是"人民性"叙事的产物，它与《格桑梅朵》相似，也是在汉族知识分子、作家、编辑的帮助下修改的结果。汉族知识分子对少数民族文学的发展，在宏观抽象的政治理念与美学风格上和具体细枝末节的结构技术乃至遣词造句上，都起到了示范作用。其中最为重要的莫过于茅盾与冯牧。早在20世纪30年代茅盾就对少数民族作家和地区的文学事业比较关注，指导过李乔和白族作家马子华等，并且通过批评与评论对数十位少数民族作家给予关注，除了蒙古族的玛拉沁夫、敖德斯尔、乌兰巴干、巴·布林贝赫这些知名作家之外，还有彝族作家普飞、熊正国，白族作家杨苏，藏族诗人饶阶巴桑等。冯牧曾在昆明工作了七年多，20世纪50年代除了发现并扶植了昆明军区的一批部队作家，也影响了许多地方上的少数民族作家，他和彝族作家李乔结下了深厚的友谊，对彝族作家张昆华言传身教，对白族作家晓雪、杨苏、张长、景宜等密切关注，对纳西族、哈尼族、景颇族青年作家也多有奖掖提携。在老舍和茅盾相继辞世后，冯牧作为分管全国民族文学工作的作协副主席，对民族文学的发展作出了极大贡献。1980年7月和1986年9月，他在第一届和第二届全国少数民族文学创作会议上都作了报告，为当代少数民族文学事业做出了全局性的规划和指导。① 所以，回首改革开放以来少数民族文学创作的发展，不能割裂社会主义初期的文学实践与举措，正是由于前期的积累及其政策的连贯性与延续性，才为"新时期"以来的少数民族文学生态奠定了基础，让少数民族作家在创作中不自觉地融入宏大叙事的主潮之中。

所以，我们同样可以将中国各民族文学这种生态用"我中有你、你中有我"的"多元统一体"来进行归纳。② 在这种背景下，1986年壮族作家韦一凡的《劫波》，1987年回族作家的霍达的《穆斯林的葬礼》（该作于1991年获得茅盾文学奖），可以说是革命历史与地方史、家族史的融合；1987年瑶族作家蓝怀昌的《波努河》、1988年回族作家查舜的《穆斯林的儿女们》则是洋溢着地方民族风格的农村改革叙事。1984年哈萨克族作家艾克拜尔·米吉提的《哦，十五岁的哈丽黛哟……》，1985年藏族作家扎西达娃的《系在皮绳扣上的魂》和《西藏隐秘的岁月》，1986年藏族作家色波的《幻鸣》，这些作品则体现出鲜明的民族文化印记，后两者还被描绘为魔幻现实主义这一在当时非常时髦的术语。它们呈现出错落有致的文学群落样貌。还原到当时的文学背景，则是日益兴起的西方

---

① 李鸿然：《中国当代少数民族文学史论》，云南教育出版社2004年版，第82—94、100—108页。
② 费孝通：《中华民族的多元一体格局》，《费孝通文集》第11卷，群言出版社1999年版，第381页。

"现代派"为代表的现代主义文学观念和技巧逐渐取代革命与阶级的集体性叙事,成为象征着"与世界接轨"的方向。在1980年、1986年召开的两次全国少数民族文学创作会议之间,少数民族文学表现出来的这种"新""旧"杂陈的风貌,正是它的多样性、多层次和多维度的题中应有之义。

但是在一般文学史的叙述中,像李陀这样对于少数民族题材着墨甚少,甚至没有涉及的作家往往被"少数民族文学"论者摒除在论列之外,原因在于他的作品缺乏"民族性"或者说"民族特色"。在一些怀揣普世的文学观念的人那里,"文学"无须加上某个修饰性同时也是限定性的前缀,因而在谈及少数民族文学的时候往往不免带有纡尊降贵的不情不愿,哪怕他(她)本身是少数民族出身。这种观念在80年代已经露出苗头,在90年代及至当下几乎成为一种集体无意识。因为它关乎"少数民族文学"存在的合法性,它会面临一个不得不回答的质疑:如果在题材、语言、美学风格、思想观念上和主流话语没有什么区分度,那么"少数民族文学"合法性何在?

这个问题无疑极具挑战性,也不无道理。但是我们需要历史而辩证地来看待这个问题。"少数民族文学"这一学科起步较晚,最初更多带有整理少数民族文化遗产、扩张少数民族文化权力的意味,带有统一战线的共识,民间文学比如"三大史诗"(《格萨尔》《玛纳斯》《江格尔》)一直是其重点所在,各个民族的叙事诗、民歌、童谣、故事、神话等口头文学的整理也是少数民族文学搜集与整理的主要工作,作家文学则是秉持着社会主义现实主义的道路,其主旨在讴歌新社会、塑造社会主义新人、建构社会主义新文化理想,少数民族作为社会主义新中国的成员内在于这个话语系统之中,革命、阶级与民族国家话语一定程度上会遮蔽少数民族自身的族群性话语。这造成了少数民族作家在创作伊始是有限度地表现民族风情、民族生活,但也可能完全不涉及少数民族题材或者即便因为内容不得不触及少数民族地区风俗、生活方式、文化心理等内容,也不会有着明确的"少数民族"身份与文化意识——少数民族的内容是风景化的存在。很长时间以来,这种风景化是作为"异域风情"式的存在被津津乐道的,少数民族文化资源也被移植到主流艺术之中,比如"十七年"时大量出现的少数民族题材电影,以及"新时期"以来在美术、雕塑中出现的少数民族风景与人物形象,它们与文学共同描绘与谱写着中国的多民族国家形象。

问题的另一面则是少数民族民众与主流民众既然都是"人民"的有机组成,那么除了族别、传统、习俗、信仰、语言、区域等方面的文化差异之外,在政治身份上都是别无二致的公民,同时是现实中的"同时代人",必然要面对的是同样的生存与生活语境及其所生发的社会、认知和情感等诸多问题。那么这样一来,任何题材都是合理的,少数民族作家完全可以书写或者不书写民族内容,也完全无需一定要呈现出某种"民族特色"去迎合某些流行的刻板印象。那种将少数民族文化视为保留淳朴单纯调性的文化"活化石",或者将其视为城市文明、工业文明救弊之器,都是一种缺乏现实感的文化简化乃至贬低,因为他们拒绝了边地、边缘、边民文学书写中思考重大问题的可能性,而将其局限甚至禁锢在某种狭窄而静止的"文化"与"传统"之中。"少数民族文学"只是一个词语,它的内涵应该是敞开的,一直以来在研究界关于如何界定"少数民族文学"就争讼不已,但是这种思路本身就走偏了,因为作为一种动态的群体性系统不可能用某个定义框定其"本质"——无论这种"本质"是语言决定论,还是题材决定论,甚或更加奥妙难测的"美学风格"或"民族心理"——而只能在其自身的运行中描述其话语运行的轨迹。所以,最终少数民族文学研究界选择采取的一个约定俗成的做法是仅以作家的族别进行确认是否纳入"少数民族文学"进行讨论。这种办法看似简单粗暴,但却最合乎逻辑,因为原本"少数民族文学"就是以身份划分的,而不是语言、题材以及诸如此类的本质论和决定论。但自90年代以来，少数民族文学的主体性以及随之相关的身份认同、主位与客位问题日益成为问题，反向导致了"少数民族文学"与"主流文学"成为二元对立式的结构。

最典型的例子莫过于乌热尔图在1996、1997年陆续发表的《声音的替代》《不可剥夺的自我阐释权》等文章，他所采取的思路如同尤稀达衮将少数民族类比为北美的印第安人那样①，采用人类学与后殖民的理论与方法用以描述与解释少数民族及其文化的命运。少数民族被视作被压抑的、无法自我表述的群体，原因在于他们被强势他者代表了，很多时候这个强势他者被等同于汉族。从表面上来看，似乎也情有可原，然而问题在于中国的"少数民族"与北美如美国、加拿大的"少数族裔"（包括原住民、黑人与其他非盎格鲁—撒克逊裔移民）并不能简单比附；而汉族与少数民族也并非简单的压抑与被压抑的关系。这背后涉及复杂的历史、政治与现实。从历史渊源上来看，中华民族多元一体格局被证明是"大一统"与"因地制宜"相结合的辩证产物，汉族与其他兄弟民族一样群居与杂居混融在一起，彼此之间常有"夷夏变态"的身份互化与认同流动，属于共同生活在中国"大园圃"中的百花齐放——这与美国式"熔炉/坩埚"或者加拿大式"马赛克/彩虹"那样的同化或拼贴镶嵌的主流与移民的关系大相径庭。从政治体制来看，中国少数民族是社会主义公民政治身份与命名，各民族团结共荣、享有平等权利是写入《中华人民共和国宪法》中的准则，不能说在潜意识与文化层面全然没有因为陌生而带来的偏见，但在实际权利领域尊重少数民族乃至给予优惠政策是一直以来的基本国策。西方尤其是欧美"少数族裔"的权利则是经过60年代民权运动之后才陆续兴起的观念，在许多国家以文化多元主义理念下也采取了一些相关措施，如原住民

---

① 台湾少数民族民权利运动和族群书写当然并不只是这种后殖民理论，从80年代的胡德夫、瓦历斯·诺干到90年代的夏曼·蓝波安、孙大川以及新世纪以来的巴代等人，既有延续又有变化，总是跟现实政治息息相关。

保留地等，但在"政治正确"背后隐形的种族歧视与中国各民族之间因为不了解而产生的"爱有差等"显然不可同日而语。最关键的是，就现实而言，少数族裔话语或者说文化多元主义作为差异政治的产物很容易成为全球化资本的同谋——将差异性塑造为一种文化资本，以便于在符号市场上贸易，从而将差异固定化和绝对化，加深了文化的等级制。少数族裔话语和文化多元主义固然有其可以借鉴的价值，但不加辨析地移植套用，不仅无助于理解中国现实，也不利于全面认识与理解少数民族文学背后"政治规划与文化诉求的相互博弈"①。

三 繁荣与内卷：文化主义

在1998年和2003年两次全国少数民族文学创作会议（第三届南宁会议和第四届昆明会议）召开的前后，我们仍然可以看到从80年代延续下来的多样性。"现实主义冲击波"中的关仁山不会让人想起他的满族身份，而更多被工厂、农民的困境与挣扎所打动；鬼子（廖润柏）并不标榜甚至刻意回避自己仫佬族的身份，他的《被雨淋湿的河》《上午打瞌睡的女孩》等以罗城的底层苦难叙事为主，剧本《幸福时光》和《上午打瞌睡的女孩》（分别由张艺谋、陈凯歌导演上映）也在底层文学的意义上被人认知；以《一个人张灯结彩》出名的土家族作家田耳擅长在巧妙的故事讲述中传递人性的幽微曲折——现实主义、先锋小说、日常生活审美化的复合遗产凝聚在这些作家作品之中。娜夜（满族）《娜夜诗选》侧重性别书写，吉狄马加（彝族）的诗则富含世界主义的元素。与此同时，石舒清（回族）《清水里的刀子》、叶广芩（满族）《梦也何曾到谢桥》等作家作品则在乡土或怀旧书写中突出了特定民族的宗教信仰与文

---

① 刘大先：《现代中国与少数民族文学》，中国社会科学出版社2013年版，第20—21页。

化传承的内容。来自顶层设计的召唤——"深入生活""理论学习""精品意识"①"以'三个代表'重要思想统领社会主义文学进一步繁荣发展少数民族文学事业"②"用澎湃的激情,生动的笔触,努力反映改革开放和社会主义现代化建设的火热生活"③——与来自民间创作现场的多样性之间形成了一种彼此时有交织且并行不悖的样态。

在这个过渡与转型年代之后,到了 2005 年前后,主位的自我表述和文化多样性话语已经成为少数民族文学创作的主流,在少数民族文学研究领域则是"多民族文学"观念的建构④,它们合力试图营造出一种多元共生的中国文学总体性图景。

从表象上来说,从"少数民族文学"到"多民族文学",确实显示了"多元共生"的图景。2009 年 9 月,以"民族风格、中华气派、世界眼光、百姓情怀"为宗旨的《民族文学》多种少数民族文字版(蒙古文版、藏文版、维吾尔文版)的创刊可以视为一个节点,是中国综合国力增强后,发展文化软实力在少数民族文学领域里的象征。2012 年第五届全国少数民族文学创作会议召开,第十届少数民族文学创作"骏马奖"颁奖,《民族文学》杂志在已有的汉、蒙古、藏、维语文刊本的情况下,又创办了哈、朝两种语文刊本,使之成为国内刊本最多的文学刊物。2013 年中国作协开始实施"少数民族文学发展工程",就少数民族文学培养人才、鼓励创作、加强译

---

① 翟泰丰:《迎接少数民族文学大发展大繁荣的新世纪——在全国第三届少数民族文学创作会议上的讲话(1998 年 12 月 21 日)》,《民族文学》1999 年第 1 期。
② 金炳华:《以"三个代表"重要思想统领社会主义文学进一步繁荣发展少数民族文学事业——在全国第四届少数民族文学创作会议上的讲话》,《民族文学》2003 年第 10 期。
③ 吉狄马加:《用澎湃的激情,生动的笔触,努力反映改革开放和社会主义现代化建设的火热生活——在全国第四届少数民族文学创作会议上的总结讲话》,《民族文学》2003 年第 10 期。
④ "多民族文学"作为一个词语固然很早就出现在壮族学者邓敏文的著作中(邓敏文:《中国多民族文学史论》,社会科学文献出版社 1995 年版),但作为一种明确的文学观念则起于《民族文学研究》编辑部从 2004 年开始创办的"中国多民族文学论坛"。参见汤晓青主编《全球语境与本土话语:中国多民族文学论坛十年精选集》,社会科学文献出版社 2014 年版。

介、扶持出版、理论批评建设等方面给予政策支持和经费投入。少数民族作家重点作品扶持、少数民族文学人才培训、少数民族文学优秀作品翻译出版扶持项目、《新时期中国少数民族文学作品选集》丛书编辑出版项目等陆续取得了显著的成果。以2013年少数民族文学重点作品扶持为例，论证通过的91个选题作者，来自全国各地27个民族，包括赵玫（满族）、阿拉提·阿斯木（维吾尔族）、夏木斯·胡玛尔（哈萨克族）、布仁巴雅尔（蒙古族）、许顺莲（朝鲜族）、平措扎西（藏族）、格致（满族）、马笑泉（回族）、存文学（哈尼族）、铁穆尔（裕固族）、居·格桑（藏族）、满全（蒙古族）、苦金（土家族）、严英秀（藏族）、和晓梅（纳西族）、热孜玩古丽·于苏普（维吾尔族）、娜恩达拉（达斡尔族）、纳张元（彝族）等。[①]他们中既有鲁迅文学奖、全国少数民族文学创作"骏马奖"的获得者，也有鲁迅文学院高研班的学员，更有来自大山、牧区的基层作者，这种构成基本上体现了中国多民族文学作家群体的梯队与结构。

就创作现场而言，新世纪以来各个民族都涌现出来一批新的作家，名单可以列得很长：次仁罗布（藏族）、刘荣书（满族）、金仁顺（朝鲜族）、黑鹤（蒙古族）、李约热（壮族）、阿舍（维吾尔族）、肖勤（仡佬族）、聂勒（佤族）、纪尘（瑶族）、马金莲（回族）、雷子（羌族）、李贵明（傈僳族）、杨仕芳（侗族）、山哈（畲族）、向迅（土家族）……而他们所书写的也往往以各自民族题材为主，尤为强调民族"传统"和"文化"，很多时候成为极为内倾性的"文化小说"，即作家们在观照历史与现实时在"多元"的同时反倒吊诡地同质化了。这种同质化并非在题材上（题材在地域、族群、文化与信仰等方面确实非常多元），而是在关于"民族""文化""传统"等命题的观念以及表现在叙述语法和美学风格上的日

---

① 白庚胜：《民族文学新声》，作家出版社2018年版，第47页。

趋单一。以诗歌为例，这种原本最具语言与观念创新潜能的体裁在很多时候却表现出词语与意象的固化，比如蒙古族的"草原"与"马"、藏族的"高原"与"经幡"、彝族的"毕摩"与"火塘"……往往是高度化约和符号性的地景与物象；抒情方式陈陈相因，摇摆在怀旧/感伤与歌颂/狂喜的两极；思想观念难以突破狭窄的乡土、血缘、宗教所形成的局限[①]；在秉持文化多元主义观念的时候，对"民族性"认知显得窄化和僵化，而缺乏国家与全球的关系性眼界与意识。

新世纪以来少数民族文学的叙述模式可以归纳为"传统与现代的冲突/和解""地方与全球/民族与世界"和"封闭的神话的重述历史"；在人物形象的塑造上也出现几种类型化的形象："衰弱的老人"的缅怀与伤逝、"外来者"的猎奇之眼、"出走者"的逃离与失败；所包含的情感结构是现代性的怨恨、羡慕、忧郁与丧失；艺术形式上则多侧重非理性、意识流、魔幻现实主义之类手法。[②] 从技术上来说，这些作家与作品普遍具有一定的水准，甚至超越了他们的前辈作家，但是在思想和观念层面，却并没有令人耳目一新的创造。同时，这个"多元"已经不再限于人们惯性认知中的"严肃文学"或者"纯文学"，而在官方话语和纯文学话语之外崛起的商业化写作已经不能无视。最为突出的无疑是网络文学的资本化，少数民族也涌现出许多网络写手乃至大神，如以玄幻著称的血红（苗族），擅长惊悚恐怖的红娘子（苗族），利用巫蛊文化辅之诡异想象的南无袈裟理科佛（侗族）等。他们极大地冲击了原有的文学场域，但更多是在文学生产和消费层面，无论从形式和内容上都没有提供在消遣娱乐之外更多的东西。如上情形，正应和了来自中央高层的一个判断：

[①] 纵观中国作家协会编《新中国成立60周年少数民族文学作品选·诗歌卷》（作家出版社2009年版）所选的六百多首各民族作家诗歌，这种印象尤为深刻，这当然与由官方组织选本的指导思想有关，但正代表了少数民族诗歌的一般状况。

[②] 刘大先：《新世纪少数民族文学的叙事模式、情感结构与价值诉求》，《文艺研究》2016年第4期。

有数量缺质量、有"高原"缺"高峰",存在着抄袭模仿、千篇一律的问题,存在着机械化生产、快餐式消费的问题。

究其实质,四十年来中国少数民族文学的发展有一个从政治一体化到文化多样性、从文艺的"二为"方针到审美自足论、从集体共识到个人化叙事、从开放的多元到差异化的多元的逐渐内倾化的趋势。其背后的思想转型与后结构主义、后现代主义、后殖民主义的话语相关,并且日益与消费主义相结合,进而造成了少数民族文学的书写中符号化、审美化和自我封闭化倾向。但历史并没有终结,并且"民族"与"文化"也总是在实践中前行,在意识到四十年来少数民族文学成绩与不足的时候,重新复活文学对于真、善、美的想象,进而努力在不同民族的书写中建构一种重叠的、通约的价值观,"扎根人民、扎根生活"依然是一条不会过时的图景。少数民族文学在未来需要面对现实的语境,从生活和人民出发,将自身创造的基础建立在辩证的历史观、清醒的现实感与理想主义的蓝图中,想象并书写对自由的向往、对公正的追求与对乌托邦的愿景。

第八章

改革开放以来少数民族文学关键词概述

雷蒙·威廉斯的《关键词：文化与社会的词汇》影响深远，确立了一种研究范式或者说至少形成了一种写作模式，即对某个领域的核心词汇进行考镜源流、辨章学术，揭橥其历史脉络与内涵演变的轨迹。21世纪以来的二十年间各个学科的关键词梳理、提炼与描述，都一直不绝如缕。文化与文学类关键词著作翻译成中文的就有安德鲁·本尼特与尼古拉·罗伊尔《关键词：文学批评与理论导论》、丹尼·卡瓦拉罗《文化理论关键词》、苏珊·海沃德《电影研究关键词》、于连·沃尔夫莱《批评关键词：文学与文化理论》等。国内的学者也相继整理出版有各类相关作品，如洪子诚、孟繁华主编《当代文学关键词》，汪民安主编《文化研究关键词》，廖炳惠编著《关键词200：文学与批评研究的通用词汇编》，赵一凡、张中载、李德恩主编《西方文论关键词》，王晓路等著《文化批评关键词研究》等。许多学术期刊也相应开设连续性的栏目，如《外国文学》的"西方文论关键词"、《民间文化论坛》的"关键词"、《民族艺术》的"文化遗产关键词"、《信阳师范学院学报》的"中国现代文学关键词"、《广州文艺》的"当代文学关键词"等。此种写作方式信息集中且线索分明，有利于简洁明了地表达与传递知识，同时对于术语的规范化、概念与观念的勾勒以及话语体系的构建均有助益，故而颇受学者青睐。

笔者个人与"关键词"这种文体结缘有两项工作：一是参与《中国大百科全书》第三版的"条目"撰写。编委会于2016年6月30日形成的"作者撰稿手册"，对条目的条头、释文、参考文献、扩展阅读做了详细规范说明，这可以说是一种国家知识层面的关键词撰写。二是参与国家"十三五"重大出版工程"新中国文学史料大系"的编纂。2017年3月5日，南京师范大学出版社主办这个大系的研讨会，确定全套史料与研究集的编纂体例，其中一项就包括用言简意赅的语言撰写本学科的关键词。这两项工作，笔者负责的都是"少数民族文学"部分的内容，略有心得与积累，本章选取改革开放以来（尤以21世纪之后为主）比较重要的关键词加以探讨与描述，供补充、批评与订正。

必须要说明的是：一，关键词的编纂是综合了前人和他人成果、辅之以自己微薄见解的产物，有些就是搜罗成熟论述的结果，至于那些偶有发挥的，借用历史学者罗志田经常说的话，都是"建立在继承、借鉴和发展既存研究的基础之上。由于现行图书发行方式使穷尽已刊研究成果成为一件非常困难之事，对相关题目的既存论著，个人虽已尽力搜求，难保不无阙漏。另外，因论著多而参阅时间不一，有时看了别人的文章著作，实受影响而自以为是己出者，恐亦难免。故凡属观点相近相同，而别处有论著先提及者，其'专利'自属发表在前者，均请视为个人学术规范不严，利用他人成果而未及注明，请读者和同人见谅"①，"若幸有所获，悉来自各师的教导。当然，所有谬误之处，皆由我个人负责"②。二，考虑到每个关键词背后都有一系列复杂的学术史脉络，在写作时并不固化于传统的"定义"方式进行外延与内涵的界定，

---

① 罗志田：《乱世潜流：民族主义与民国政治》，上海古籍出版社2001年版，第7页。
② 罗志田：《权势转移：近代中国的思想、社会与学术》，湖北人民出版社1999年版，第16页。

而是根据具体的词汇与观念，以话语实践的方式进行历史描述，正文表述尽量凝练简短，只在必要时候标注必要的参考文献。三，本章所选的是涉及少数民族文学在政治理念、制度设计、学术范式、方法与理论上最具有这一二级学科晚近特点的18个关键词（按首字音序排列），限于篇幅，诸如西藏新小说、新疆东风工程、骏马奖、少数民族文学学会、少数民族作家学会、文化接触、民族志诗学、文化多样性、文化记忆、文学共和等其他相关关键词略过，待以后再行成文。

一 多元一体

费孝通从中国的历史与现实出发，将中华民族论述为"多元一体"格局：一，中华民族是包括中国境内56个民族的民族实体，并不是把56个民族加在一起的总称，因为这些加在一起的56个民族已结合成相互依存的、统一而不能分割的整体，在这个民族实体里所有归属的成分都已具有高一层次的民族认同意识，即共休戚、共存亡、共荣辱、共命运的感情和道义。多元一体格局中，56个民族是基层，中华民族是高层。二，形成多元一体格局有一个从分散的多元结合成一体的过程，在这过程中必须有一个起凝聚作用的核心。汉族就是多元基层中的一元，但它发挥凝聚作用把多元结合成一体。三，高层次的认同并不一定取代或排斥低层次的认同，不同层次可以并存不悖，甚至在不同层次的认同基础上可以各自发展原有的特点，形成多语言、多文化的整体。所以高层次的民族可说实质上是个既一体又多元的复合体，其间存在着相对立的内部矛盾，是差异的一致，通过消长变化以适应于多变不息的内外条件，从而获得这共同体的生存和发展。费孝通同时区分了少数民族的现代化并不等于"汉化"，因而这个格局就像"一个百花争艳的大园圃"，其生态关系表现为"平等、团结、互助、和谐"。① 这一个提法产生于1988年，但影响深广，90年代以来的大量少数民族文学"族别研究"以及"各民族文学关系研究"范式都吸取借鉴了其话语模型。此后费孝通又发展出"文化自觉"的观点，使得这个理论得到进一步深化总结。2004年8月，他在"北京论坛"的发言中提出，各种文明几乎无一例外是以"多元一体"的基本形态构建而成，各种文化之间的理想状态是"各美其美，美人之美，美美与共，天下大同"②，在21世纪成为对于中国传统文化的创造性转化与创新性发展之于世界文明的一大理论贡献。

二 多元文化主义

多元文化主义（multiculturalism）既是思想与观念，也是实践与政策指针。它经过20世纪60年代全球性的民权运动洗礼，在七八十年代的欧美各国逐渐成为一种带有普遍性的共识，但美国、加拿大、马来西亚、南非等不同地区的不同民族/国家的多元文化主义政策与措施各有不同。③ 多元文化主义涉及阶级、性别、种族、家庭和性倾向等社会和文化问题，从倾向上来说可以分为保守多元文化主义、自由多元文化主义、多样化多元文化主义、左翼本质化多元文化主义和批评性多元文化主义等；从内容范畴来说，包括政治理论、文艺理论、女性主义、民族主义、历史研究、文化研究、教育、宗教和社会学等领域。其核心在于对于弱势、被压抑群体及亚文化的承认与平等诉求，因而指向于对政治权力中心和话语权力中心的双重解构。但是多元文化主义也饱受争议，

---

① 费孝通：《中华民族的多元一体格局》，《费孝通文集》第11卷，群言出版社1999年版，第381—419页。
② 费孝通：《"美美与共"和人类文明》，费宗惠、张荣华编《费孝通论文化自觉》，内蒙古人民出版社2009年版，第259—275页。
③ ［英］沃特森：《多元文化主义》，叶兴艺译，吉林人民出版社2005年版。

因为它很容易指向文化政治和表象层面，而无视资本权力的实质性压迫，从而走向失效的"政治正确"。在使用多元文化主义理论观照中国少数民族文学的时候，尤其需要注意不能滑向对差异性的绝对化，而要走向一种对于中国各民族的总体性以及关系中的自我的认知，它不否认族群认同，但绝不会将之与中国认同以及人类命运共同体的认同对立起来，这才是一种取长补短、互为镜鉴的"积极的多样性"[①]。

三　多民族文学史观

2006年7月，在青海西宁举行的第三届"中国多民族文学论坛"上，"中国多民族文学史观"成为一个标志性的议题，此后成为一个热点话题，吸引了来自古典文学、现代文学、比较文学、人类学、民俗学等不同学科的学者参与进来讨论，中国社会科学院《民族文学研究》杂志开辟持续性的专栏刊发了相关文章。"多"的意思包含四个层次：一是多民族，具体到中国就是56个民族；二是多语言，不同民族的语言；三是多文学，不同的文学界定和标准；四是多历史，就是与前三者不同的记录与书写方式。同时，"多"也并不否定主体、主流与主导性观念的客观存在，而是多样与统一的辩证。多民族文学史观是基于中国多民族的发展历史和中国统一的多民族国家的现实属性，认识中国文学多民族共同创造的性质及历史发展过程和规律的基本原则和观点。中华多民族文学史观下中国文学史研究的基本问题包括地域、民族、国家等影响中国文学史发展的要素，各民族文学关系，口头文学的文学史地位，不同民族母语文学创作和双语创作现象，文学史性质的重新认识、文学价值的评价标准、不同语种

---

① 刘大先：《积极的多样性：文化多元主义的超越与少数民族文学的愿景》，《南京社会科学》2019年第5期。

文学翻译和不同民族文学的跨民族、跨文化传播等。这不仅是新的学科生长点，同时也是整个文学史观念范式的转型。[①] 作为史观的转型，随着讨论的深入，实际上已经超越某种编制文学史的策略，而成为一种重新反观包含多民族文学的中国文学遗产的认识论转型。

四　各民族文学关系

中国社会科学院少数民族文学研究所（该所成立于 1980 年，2002 年 10 月更名为中国社会科学院民族文学研究所）的"中国各民族文学的贡献及其相互关系研究"项目，是"九五"期间（1996—2000）国家哲学社会科学规划的重大课题，后来，"各民族文学关系"成为少数民族文学研究的重要范式之一。中华民族多元一体格局的理论在 90 年代得到了研究者的广泛认同，并作为研究前提接受下来：在中华民族文学发展进程中，各民族文学的发展是一个综合性整体，中华民族文学宝库中的丰富遗产是各民族共同创造、共同奉献的。郎樱、扎拉嘎带领的民族文学研究所团队秉持的理念是，由先秦直至清代的文学史发展过程中，众多的民族以不同的方式参与其中，为自己的民族文学以及汉语文学的发展作出了贡献。这个项目从民族融合，民族文化交流、碰撞与整合的角度出发，将涵盖诸多民族特色的中华民族文学作为一个有机整体来把握，根据不同时期民族关系的变化，分析其对于文学发展的影响。这可以说是对马学良、梁庭望等前辈开创的综合研究的继承与发展。各民族文学关系研究涉及历史学、民族学、文化人类学、神话学、民俗学、

[①] "中华多民族文学史观"研究的代表性成果是李晓峰、刘大先《中华多民族文学史观及相关问题研究》（中国社会科学出版社 2012 年版）及《多民族文学史观与中国文学研究范式转型》（中国社会科学出版社 2016 年版），还有徐新建《多民族国家的文学与文化》（人民出版社 2016 年版）。

美学、文艺学、心理学、语言学等诸多学科；并且引入了80年代以来新兴的各类诸如系统论、结构主义、接受美学、精神分析、阐释学、比较文学等理论与方法。它们集结的成果在新世纪初年陆续出版①，并成为少数民族文学研究领域接受度与共识度较高的通识性成果。

五　国家通用语

少数民族文学作品存在多语言现象，其中绝大部分是少数民族作家采用国家通用语——汉语的写作。国家通用语是指一个国家内不同语言背景的人进行交际的共同语。2000年10月31日第九届全国人民代表大会常务委员会第十八次会议通过了《中华人民共和国国家通用语言文字法》，并于2001年1月1日起施行。此法确立了普通话和规范汉字作为"国家通用语言文字"的法定地位，同时各民族也都有使用和发展自己的语言文字的自由，少数民族语言文字的使用依据宪法、民族区域自治法及其他法律的有关规定。这种规定符合中国多种语言文字并存的实际，亦即"中文"不仅包括汉语言文字也包括各少数民族语言文字，汉语非单一族属语言，而是作为通用语存在。这不仅是维护国家主权、民族尊严和文化安全的举措，同时也有利于国家统一、民族团结和文化建设。对于少数民族文学研究而言，可以破除汉语与少数民族语言二元对立的虚假想象和关于"少数民族文学"的狭隘本质化定义（该定义中必须是作者为少数民族身份，作品反映少数民族生活，作品语言是民族语言才

---

① 刘亚虎、邓敏文、罗汉田:《中国南方民族文学关系史》，民族出版社2001年版；扎拉嘎:《比较文学：文学平行本质的比较研究——清代蒙汉文学关系论稿》，内蒙古教育出版社2002年版；郎樱、扎拉嘎主编:《中国各民族文学关系研究》，贵州人民出版社2005年版；关纪新主编:《20世纪中华各民族文学关系研究》，民族出版社2006年版。

属于研究对象)①，与时俱进地根据现实的发展境况进行实事求是的观照与探讨，是新时代中国特色哲学社会科学研究学科体系、学术体系与话语体系建构的产物。

六 民族心理

民族心理是少数民族文学批评中的常用词语。它一般被解释为一个民族在长期的历史发展过程中所形成的意识、感情、爱好以及习惯等心理特征的总和，因此有时也被称为"民族性格"。但如同心理本身只能描述而无法定义一样，民族心理表现为具有内聚性、向心性和自识性等特征，却无法精确界定，这也带来了少数民族文学批评中常见的概念的含混性。民族心理属于主观性范畴，需要通过民族物质和文化特点表现出来，如建筑、服饰、语言艺术等。民族心理在民族共同地域、共同经济生活及历史发展基础上形成，有的与宗教信仰密切相关，可以理解为某种情感结构，是集体记忆沉淀的结果。某种程度上，民族心理类似于荣格所谓的集体无意识，它是集体的、普遍的、非个人的，与个人无意识有所区别，它的存在并不取决于个人后天的经验，而是通过继承和遗传而来，其内容就是最初作为没有内容的形式，但是却具有形成具体意象与内容的潜能的原型（archetype）。②李泽厚在《主体性论纲》和《美学四讲》等著作中多次提到的积淀所形成的"文化心理结构"，后来进行了广义和狭义的区分：广义上是普遍性的心理形式，即由理性观念主宰着的感性行为的自由意志；但狭义上的积淀即审美，由各不相同的文化所造成的心理差异，即理性与感性的结构、配合、比例因时、

---

① 关于少数民族文学的狭隘本质化定义的辨析，参见刘大先《中国少数民族文学研究七十年》，《东吴学术》2019年第5期；朝戈金、刘跃进、陈众议主编《新中国文学研究70年》，中国社会科学出版社2020年版，第291—292页。

② ［瑞士］荣格：《荣格文集》，冯川译，改革出版社1997年版，第39—96页。

因地、因人而异。这使得文化心理结构既是人类的，又是文化的，还是个体的，个性有着潜能与创造性。① 少数民族文学中的民族心理因而可以视为文化心理结构的个性显现，它是历史实践的结果，也会随着物质生活条件和社会环境的改变发生变化，因此应当结合具体情境进行分析，不能将其作为先验性的范畴。

七 民族性

民族性是在少数民族文学创作与评论中常用词，但其并非"族性"和"民族"的简单组合，因为这两个词根都具有极为复杂的内涵及其历史演变脉络，需要做出区分。"族性"的讨论往往与民族主义、暴力、自决、多元社会、公民身份、文化融合、全球化时代的移民、种族主义及排外等联系在一起。② "民族"固然在古代典籍中能找到对应词，但其现代意义则经过了欧洲民族主义的影响才完成转型。③ 在新中国文学中，"民族"具有双重含义，不能笼统言之，其一是民族主义意义上的，即"国家—国民—民族"的叠合，对应的是"中华民族"这一融合了政治与文化、想象与实践的共同体；其二是公民身份意义上的，特指中华民族各个组成部分的不同少数民族，它们由中国共产党吸取中外经验，结合本土历史现实与地缘政治现状，由中华人民共和国宪法确立下来，强调从属于"人民"这一集体内部的某种由于地域、血缘、语言、心理等因素所造成的存在。两种"民族"并不在同一个逻辑层面上，在使用中往往通过语境可以区分出它们之间的差别。由此带来的民族性也有两种含义：

---

① 李泽厚：《历史本体论·己卯五说》，生活·读书·新知三联书店 2008 年版，第 118—125 页。

② Montserrat Guibernau & John Rex eds., *The Ethnicity Reader: Nationalism, Multiculturalism and Migration*, Cambridge: Polity Press, 2010.

③ 关于"民族"的概念史与思想史研究可谓汗牛充栋，对其基本梳理与概括可参见刘大先《现代中国与少数民族文学》，中国社会科学出版社 2013 年版，第 4—16 页。

广义的民族性，是"中华民族"意义上的国家民族；狭义上的民族性即专指少数民族的"民族特色"或者"民族特质"。试图给"民族性"做一个静态的言说无疑是不可能完成之任务，因为它总是随着时代、社会、语境的变化而变化，必须在发展中历史地、动态地对其进行言说。

八　母语文学

母语文学是指中国境内除了通用的汉语之外，拥有自己民族语言和文字的少数民族口头和书面文学。这种形态的文学，一方面得益于中央文化方针和民族政策的扶持；另一方面也是地方族群精英的文化自觉和文化自豪感增强的结果——一部分少数民族知识分子意识到较之于其他资源，文化与语言同样是一种重要的资源，因而有传承、保护与弘扬的必要。伴随着各种地方民族语创作、文学杂志、书籍的出版，中国文学得以展开了它在汉语之外丰富复杂的面貌。用维吾尔文、哈萨克文、蒙古文、朝鲜文、藏文、彝文、朝鲜文、壮文、傣文……创作的作者产生了大量的作品，即便那些没有文字的民族也有自己丰富的母语口头文学传承。[①] 这些母语文学让"中文"不再仅仅是一般公众想象中的单一汉语，从而丰富了"中文"的内涵与外延，也让"中国文学"具有了在文化内涵、美学品位、民俗趣味、文体风格、修辞方式上的多层次多维度的拓展。多民族母语文学作为中国文学的丰富性构成，至少在三个层面上具有补充、充实、创造的功能。其一是它们各自以其具有地方性、族群性的内容，保存了不同文化、习俗、精神遗产的传统；其二是当掌握母语同时又掌握第二、第三种书写语言的作家，会将母语思维带

---

① 钟进文主编的《中国少数民族母语文学研究》（民族出版社2014年版）收集了涉及我国21个少数民族的古代民族母语文学创作与研究、现当代少数民族母语文学创作与研究、少数民族母语文学创作、研究的理论思考等方面进行研讨的专题论文。

入书写语言之中，让传统的母语书写文学、民间口头文学滋养着当代作家文学；其三是各种母语文学之间、母语创作与国家通用语创作之间的彼此互译，加深了民族交流与理解，丰富了中国文学的多样性。但是，在讨论母语文学时，需要警惕语言决定论和文化相对主义。①

九　人口较少民族文学

中国人口较少民族是指总人口在 30 万人以下的少数民族，包括塔塔尔、珞巴、高山、赫哲、独龙、鄂伦春、门巴、乌孜别克、裕固、俄罗斯、保安、德昂、基诺、京、鄂温克、怒、阿昌、普米、塔吉克、毛南、布朗、撒拉、达斡尔、景颇、柯尔克孜、锡伯、仫佬、土族 28 个，占中国法定民族的半数。21 世纪初，国家民委推出了"兴边富民行动"和重点帮助人口较少民族群众摆脱贫困的战略决策。同年，北京大学、中央民族大学和国家民委民族问题研究中心共同组成了"中国人口较少民族经济社会发展研究课题组"，对这些民族的经济和社会发展问题进行了专题调查研究。2005 年，加快人口较少民族发展，成为中央民族工作会议关注的核心问题，国务院还通过了《扶持人口较少民族发展规划（2005—2010 年）》。随着这一工作的深入开展，对这些民族的文化教育发展研究，也逐步提上议事日程。人口较少民族同样具有自己悠久的口头或书面文学传统，反映了中国文化生态的多样性和中国文学生动的现场。② 改革开放以来的文学实践，更是通过对人物、风景、住所、仪式、饮食、服饰、习俗、信仰、禁忌等的描写刻画与抒情议论，对本族群文化

---

①　刘大先：《千灯互照：新世纪少数民族文学创作生态与批评话语》，暨南大学出版社 2017 年版，第 177—183 页。

②　对中国人口较少民族书面文学的整体发展情况进行综述和理论探讨的论文，参见钟进文主编《中国人口较少民族书面文学研究》，民族出版社 2012 年版。

进行创造传播，保存了丰富的历史与情感信息，对他人起到了认知和教育的作用，增加了中国当代文学的内容组成和多样元素。不过，其中也存在着向族群共同体文化退缩的风险。在当下的文化融合语境中，需要主动走出文化的封闭圈，在关注本民族社会、生活、文化的同时，也努力在继承中有所扬弃和超越，从而走向中华民族共同体意识的锻造。

十　少数民族文学发展工程

2013年起，中国作家协会组织实施"中国少数民族文学发展工程"，内容主要包括重点作品创作扶持、优秀少数民族文字作品翻译扶持、优秀作品出版扶持、理论批评建设扶持、少数民族文学对外翻译、少数民族作家培训等。"中国少数民族文学发展工程"的全面实施，使少数民族文学在培养人才、鼓励创作、加强译介、扶持出版、理论批评建设等方面取得了显著成效。[①] 截至2019年10月，先后扶持少数民族重点作品选题578项，出版少数民族文学原创作品80部，出版"中国少数民族文学之星"丛书20部，出版《新时期中国少数民族文学作品选集》60册，共收录了55个少数民族2218位作者的4279件作品。其中小说792件，散文1413件，诗歌2010件，报告文学63件，影视剧本1件。理论研究覆盖了少数民族民间文学、文化史、文学发展史、文学理论、现当代作家创作论等各个方面。在定点深入生活项目中，共组织作家赴内蒙古、广西、云南、新疆、宁夏、西藏等少数民族聚集地开展"深扎"活动160余次。《民族文学》杂志社在内蒙古莫力达瓦、辽宁丹东、浙江象山、海南陵水黎族自治县等30余地建立创作基地，为少数民族作家深入生活、扩展视野、增进交流提供了平台，也为本地区文学事业

---

① 白庚胜：《民族文学新声》，作家出版社2018年版，第33—47、57—66页。

注入了活力。杂志社还积极开设专辑专栏,举办培训班、改稿会、笔会等作家培训交流、文化实践活动。在少数民族青年作家培养工作上,围绕新设的"中国少数民族文学之星"丛书项目,中国作协创联部已先后开展了改稿会、在《文艺报》和中国作家网推出专版、专题推介、组织采访采风及新书发布会、座谈会、作家进校园等活动。目前这个项目仍然在继续中。

十一 少数族裔文学

族裔与种族不同,它是以生物性、物质性为基础,但更多是建立在文化性与象征性之上。① 族裔话语显示出族群政治的文化与建构转向,也意味着身份话语的反种族主义歧视倾向。少数族裔文学(ethnic minority literature)在族裔话语中产生,一般是欧美国家用来指称自己国内的少数民族、移民及离散文学,如美国黑人文学或非裔美国人文学、亚裔美国人文学、拉丁裔美国文学等。它与后殖民主义、女性主义等理论有一定的关联,意在去除欧洲中心主义在文学及文学研究中所形成的隐性霸权,② 虽然少数族裔文学也是共产主义和左翼革命在全球范围内蔓延的结果,但伴随着民族独立、民族解放运动的退潮,现实斗争向文化领域的转移,它更多烙上了后结构主义的文化政治、微观政治色彩。国内研究者有时候会借用"少数族裔文学"的术语或概念来指称中国少数民族文学,这实际上没有了解"少数族裔文学"的背景和话语发展背景——它更多是"差异政治"的产物,而少数民族文学可以说是平等尊严政治的产物,中国的少数民族文学尤其有着明确的社会主义导向。2016 年 10 月

---

① 陆薇:《族裔》,汪民安主编《文化研究关键词》,江苏人民出版社 2007 年版,第 522 页。
② 参见安德鲁(Andrew Bennett)与尼古拉(Nicholas Royle)关于"种族差异"与"殖民"的词条,[英]安德鲁、尼古拉《关键词:文学、批评与理论导论》,汪正龙、李永新译,广西师范大学出版社 2007 年版,第 200—215 页。

29日,西南民族大学与中国少数民族文学学会在成都联合召开了"世界少数族裔文学国际研讨会",并发表了宣言①,但并没有引发后续的学术反响,也可见此术语与观念在中国的水土不服。

十二 身份/认同

"身份/认同"(identity/identification)最初是个哲学范畴,表示"变化中的同态或差别中的同一问题,例如同一律",多译成"同一"。现代心理学从三个方面发展了认同的概念:一,一个人对认同的解决对其心理发展影响深远;二,个人认同离不开社会文化参与,这不仅因为社会文化给特定时期的认同提供选择,也因为特定的选择能在社会文化中产生放大效应;三,认同作为术语,实际上是对我/他关系的一种界定,可以适用于任何实体,包括个体和集体。② 20世纪60年代,"认同"术语进入西方人文研究领域,20世纪90年代进入中国大陆人文学术语境,主要是用作动词,兼有对内求同,对外识别之义。个体认同从来都是多层面并且具有流动性,体现了个体或者集体不同的人格侧面、社会评价、角色定位、自视角度等。认同可以分为两种类型,一种是"固定认同",也就是自我在某个既定的传统与地理环境下,被赋予认定之身份,进而借由拉康意义上的镜像式心理投射赋予自我定位,这种认同基本上是一种固定不变的身份和属性;另一种则是通过文化建构、叙述和时间与历史的累积,产生时空脉络中对应关系下的"叙述认同",叙述认同经常通过主体的叙述以再现自我,并在不断流动的建构与协商过程

---

① 《平等·正义·爱——世界少数族裔文学宣言》,《中外文化与文论》2017年第2期。

② 参见阎嘉《身份/认同》,汪民安主编《文化研究关键词》,江苏人民出版社2007年版,283—285页。

中形成。① 就少数民族文学而言，因为书面文学很大程度上是个人的事业（民间口头文学情形比较复杂，不可一概而论），在认同问题上就包含了家庭、族籍、地域、文化认同诸多方面。② 但它同时具有的集体认同则具有排他性质，指向于某个共同体对其他不同层面共同体的排斥。在中国语境中，少数民族文学的身份/认同需要区分个体与集体的不同层面，协调与平衡国家共同体认同和少数民族共同体认同。

十三　未识别民族

民族识别工作从1953年开始，是持续了近四十年的历史过程，截至1990年第四次全国人口普查止，正式确认的少数民族共55个，③ 由于种种原因中国存在着一些未识别民族（unrecognized ethnic groups in China），指的是未被中华人民共和国政府官方认定为独立民族的特定群体，也可能是指民族辨析尚且不明晰而未获官方承认的民族。国务院人口普查办公室与国家统计局人口和就业统计司编的2020年第六次全国人口普查总数据显示，"其他未识别的民族" 6岁以上人口合计574451人。④ 未识别民族和归为某个少数民族的人口群体包括：革家人（未识别民族），俫人（未识别民族），僜人（未识别民族），夏尔巴人（未识别民族），蔡家人/菜族人（未识别民族，一般归为汉族），疍家人（归为汉族），穿青人（归为汉族或

---

① 廖炳惠编著：《关键词200：文学与批评研究的通用词汇编》，江苏教育出版社2006年版，第129—130页。

② 刘大先：《现代中国与少数民族文学》，中国社会科学出版社2013年版，第95—148页。

③ 黄光学、施联朱主编：《中国的民族识别：56个民族的来历》，民族出版社2005年版，第104—117页。陈连开、杨荆楚、胡绍华、方素梅主编：《中国近现代民族史》，中央民族大学出版社2011年版，第709—711页。

④ 国务院第六次全国人口普查办公室、国家统计局统计资料管理中心网站：http://www.stats.gov.cn/tjsj/pcsj/rkpc/6rp/indexch.htm。

未识别民族)、惠东人（归为汉族）、哥隆人（归为汉族）、临高人（归为汉族）、标人（归为汉族）、茶洞人（归为汉族、壮族）、龙家人（归为汉族、白族、布依族）、本人（归为汉族、布朗族、白族、蒙古族）、里民人（归为黎族）、东家人（部分归为畲族）、西家人（归为苗族）、瓦乡人（归为苗族、汉族、土家族）、布央人（归为瑶族、壮族）、布努人（归为瑶族）、包瑙人（归为瑶族）、绕家人（归为瑶族）、莫家人（归为布依族）、普标人（归为彝族）、布赓人（归为彝族）、拉基人（归为彝族）、羿人（归为汉族、仫佬族和未识别民族）、木佬人（归为仫佬族）、掸人（归为布依族、壮族）、诶人（归为壮族）、八甲人（归为傣族）、老品人（归为傣族）、莽人（归为布朗族）、克木人（归为布朗族）、昆格人（归为布朗族）、曼咪人（归为布朗族）、勒墨人（归为白族）、苦聪人（归为拉祜族）、毕苏人（澜沧县等地归为拉祜族，勐海毕苏人未识别民族）、老缅人（归于拉祜族）、载瓦人（归为景颇族）、补过人（归为哈尼族）、阿克人（归为哈尼族）、阿侬人（归为怒族）、嘉绒人（归为藏族）、白马人（归为藏族）、达曼人（归为藏族）、木雅人（归为藏族）、顾羌人（归为藏族）、茂人（归为藏族）、尔龚人（归为藏族）、史兴人（归为藏族）、纳木依人（归为藏族）、却域人（归为藏族）、仓洛人（归为门巴族）、古格人（归为回族、藏族）、康家人（归为回族）、托茂人（归为回族）、回辉人（归为回族）、土生犹太人（归为回族）、艾努/阿布达里人（归为维吾尔族）、罗布人（归为维吾尔族）、克里雅人（归为维吾尔族）、哈卡斯人（归为柯尔克孜族）、土库曼人（归为维吾尔族或柯尔克孜族）、图瓦人（归为蒙古族）、布里亚特人（归为蒙古族）、摩梭人（归为纳西族、蒙古族）、翁阔人（归为鄂温克族）、卢人（部分归为满族，部分属于未识别民族）、阿尔巴津人（归为满族、汉族、俄罗斯族）、者来寨人（归为汉族）（自认古罗马军团后裔那拨）、土生葡人（混血，未识别）等。

十四　中国多民族文学论坛

中国多民族文学论坛是2004年由中国社会科学院《民族文学研究》杂志编辑部创办的跨学科文学论坛,以应对少数民族文学创作的态势和建立相应批评话语与理论探讨的要求。"中国多民族文学论坛"是中国少数民族文学学科的内部突破,却并非仅仅是一种内部的风景与小圈子闭门造车的产物,它是一群敏感的学者觉察到新世纪以来中国文学与文化话语整体走势的变迁,而刻意寻求学术研究范式转型的产物,它以"多民族"取代"少数民族",有意纳入宏观的全球视野,以跨学科的意识,自觉地跨越边界、填平鸿沟,力图打破文学研究各个领域存在的画地为牢、闭关自守的局面,从而达到让独具中国文学特色的"少数民族文学"走出民族院校、边疆地区,而成为一种中国文化与文学常识的目的。① 中国多民族文学论坛先后与成都、南宁、西宁、桂林、昆明、乌鲁木齐、喀什、赤峰、太原、大连、贵阳等地高校、文联和作家协会等组织机构合作,至2015年,总共召开了12届,21世纪以来最重要的少数民族文学研究方法与理论几乎都出自这个论坛,产生了深远影响。

十五　中华文学

"中华文学"最初在学术意义上使用,是"九五"期间(1996—2000)的国家社会科学规划重点项目和"九五"国家图书出版重点项目的《中华文学通史》(张炯、邓绍基、樊骏主编,该书于1997年出版十卷本)提出的。中华文学是基于中国与中华民族

---

① 该论坛在成立十周年时,作为阶段性总结,出版了汤晓青主编的《全球语境与本土话语:中国多民族文学论坛十年精选集》,社会科学文献出版社2014年版。

的近现代认知与重塑，① 为弥补中国文学史写作中长期缺乏多民族视野的缺陷而做的概念提升和观念设计。现代中国脱胎于王朝帝国，接续了天下观与大一统的理念，从全球范围内来看，是近现代转型中硕果仅存未曾分裂瓦解的国家，无论从地理、经济与族群还是从文化、政治与观念来说，都不同于欧洲意义上的"民族国家"，而毋宁说是一种"跨体系的社会"，是包含着不同文明、宗教、族群和其他体系的人类共同体，具有混杂性、流动性和整合性。② 对于这样一个国家的文学遗产与现状进行梳理与总结，必须要通盘考虑其复合性特质，它的复合性表现在语种、文类、体裁、题材、美学风格等诸多方面，"中华文学"于是作为统合了中国文学内部多样性的术语被提出来。鉴于21世纪以来的学术话语转型与学科体系进展，2015年3月16日，由《文学评论》编辑部、《文学遗产》编辑部、《民族文学研究》编辑部联合主办的"中华文学的发展、融合及其相关学科建设"学术研讨会，重新将"中华文学"的概念进行演绎与构建，《文学遗产》2015年第4期，《文史知识》2015年第6期相继推出研究专栏文章。③ 这一议题因应着中华民族伟大复兴的意识形态召唤，具有政治性与学术性相结合的思想史背景与现实关切。

十六　中华民族共同体意识

"中华民族"可以说是古老的事物，年轻的概念，松本真澄、黄

---

① 王柯：《民族与国家：中国多民族统一国家思想的系谱》，中国社会科学出版社2001年版，第268—288页。

② 汪晖：《亚洲视野：中国历史的叙述》，香港：牛津大学出版社2010年版，第283—321页。

③ 主要文章包括：张国星《中华文学：满天星斗、百川归海的历史品格》、朱万曙《观念转变与"中华文学"的建构》、马自力《"中华文学"命题的意义及相关问题》、刘跃进《"中华文学"的历史进程与现实意义》、韩高年《"中华文学"多元一体格局的形成及其文化基础》、刘大先《"中华文学"与文学共和》、孙少华《"中华文学"的气象与格局》等。

兴涛都做过专门的社会史、概念史与观念史研究。① 作为概念，"中华民族"在近代中国才出现，是20世纪初现代性民族意识和国家意识生成的结果，特别是清王朝临近崩溃之际和最终覆亡之后，在中国逐渐产生发展起来的具有政治、社会文化符号意义的民族观念凝结物。20世纪20年代之后，特别是"九·一八"之后，中华民族成为主导国内政治舆论的概念。"中华民族"明确强调中国境内各族人民作为国民或公民的平等身份，他们由历史延续下来的政治、经济、文化乃至泛血缘联系的特殊性及其强化趋势，以及依托在新的现代共和国家形式上的民族共同体之整体性和统一性，包括各族人民摆脱帝国主义列强的侵略，实现全民族独立和现代化发展的共同命运。现代中华民族观念的形成与演变，思想论证和社会接受，凝聚着作为现代国民的中国人之整体认同的政治文化底蕴与时代精神走向，它不仅强烈影响了20世纪以来中国的历史进程，还将继续影响其未来的发展。"共同体"自滕尼斯将其与"社会"并提，就成为社会学与民族学的基本概念。② 在民族主义理论中有一派关于民族与国家的讨论观点就认为"民族"是一种"想象的共同体"③，但其实想象一定关联着政治实践，中国作为一个在历史进程中不断变化的复杂共同体④，如何在当下这样一个不确定的世界中建构自我、确立文化自信⑤，就是一个非常关键的命题。2014年9月，习近平在中央民族工作会议暨国务院第六次全国民族团结进步表彰大会上指

---

① 关于"中华民族"的概念形成与观念史梳理，参见［日］松本真澄《中国民族政策之研究：以清末至1945年的"民族论"为中心》，鲁忠慧译，民族出版社2003年版；黄兴涛《重塑中华：近代中国"中华民族"观念研究》，北京师范大学出版社2017年版。

② ［德］滕尼斯：《共同体与社会：纯粹社会学的基本概念》，林荣远译，北京大学出版社2010年版。

③ ［美］本尼迪克特·安德森：《想象的共同体：民族主义的起源与散布》，吴叡人译，上海人民出版社2011年版。

④ 许倬云：《说中国：一个不断变化的复杂共同体》，广西师范大学出版社2015年版。

⑤ ［英］齐格蒙特·鲍曼：《共同体：在一个不确定的世界中寻找安全》，欧阳景根译，江苏人民出版社2003年版。

出,加强中华民族大团结,长远和根本的是增强文化认同,建设各民族共有精神家园,积极培养中华民族共同体意识。中共十九大报告进一步提出,铸牢中华民族共同体意识,加强各民族交往交流交融,促进各民族像石榴籽一样紧紧抱在一起,共同团结奋斗、共同繁荣发展。中华民族是一个命运共同体,一荣俱荣、一损俱损。各民族只有把自己的命运同中华民族的命运紧紧连接在一起,才有前途和希望。中华民族共同体意识是国家统一之基、民族团结之本、精神力量之魂。实现中华民族伟大复兴的中国梦,需要进一步巩固中华民族共同体意识,铸牢各族人民团结奋斗的政治基础、思想基础和社会基础。

十七 族别文学史

族别文学史和文学概况的写作是少数民族文学学科发生的起点。1955年,在中国作家协会第二次理事会(扩大)会议上,老舍作了《关于兄弟民族文学工作的报告》,在报告中,老舍提出了收集、整理、翻译、研究、出版兄弟民族文学遗产(资料和作品)的任务。1958年,中共中央宣传部召集到北京参加"全国民间文学工作者大会"的各自治区及有少数民族聚居的省的部分代表和北京有关单位,座谈并决定编写少数民族文学史,向中华人民共和国成立十周年献礼,进而动议在各少数民族文学史(或文学概况)的基础上,编著包括少数民族文学在内的多卷本《中国文学史》。这是第一次少数民族文学史编写工作座谈会,此后陆续开展了"三选一史"(歌谣选、故事选、谚语选和文学史)的工作,到1960年8月第三次全国文代会期间的第二次少数民族文学史编写工作座谈会时,已经写出了少数民族文学史、文学概况初稿的就有15个民族。此次会议讨论了编写的基本要求、古今史观、两条路线、具体作家作品评价等问题①,总体思路是要通过通史性的梳理,呈现出各少数民族文学的基本历史线索与知识框架,以便于各兄弟民族之间的理解与交流。中国各个少数民族文学史的当代著述在多数情况下是反映国家意识形态的政党、政府规划与反映民族自我意识的集体想象,以及反映学者个人见解的具体写作相结合的产物。尽管中间经历了"文化大革命"十年,主持这项规划的领导单位也由中国科学院文学所转为中国社会科学院(少数)民族文学所,但当时确立的基本写作架构即使到了21世纪初仍然得到肯定和坚持,产生了数十种少数民族族别文学史和文学概况。这种族别文学史书写范式,延续了六十余年,尽管在20世纪80年代以后受到了来自"综合研究"以及"各民族文学关系"研究的挑战,但作为一种国民文学知识的呈现与基本文学常识的梳理与整合,依然有其合理性。

十八 族群

"族群"(ethnic group)是舶来概念,在人类学和民族学中充满争论,延伸到少数民族文学界,仍然需要和中国本土实践继续磨合,才能逐步形成学术上的分析概念。② 在汉语语境中最早是台湾一些学者使用"族群"这一词,影响到大陆学者,目前需要面对如何将该术语"中国化"的问题。族群与族群意识(族群性)密切相关,族群意识有主客观两种定义,客观说认为它是与生俱来的、靠生物遗传性而扩展的社会关系,这种关系是一个大社会里,有别于其他社会组织关系,但又和其他社会组织特性相伴而生的社会关系;主观说则认为族群意识是后天产生的,即它是在族群互相接触过程中,

---

① 《关于少数民族文学史写作的讨论》,《人民日报》1961年6月28日。
② 叶舒宪、彭兆荣、纳日碧力戈:《人类学关键词》,广西师范大学出版社2004年版,第153—216页。

在保护原有利益、争取新利益的驱动下，需要明确区分开"本族群"与"他族群"这样的客观要求下而产生的；它是社会交往中形成的一种"社会建构"，即为了达到保护利益或寻求利益的目标，需要加强本族群成员之间的团结和凝聚力，增强对其他族群的对抗力，族群的领袖就会用各种方式来建构、加强族群意识，以有效地团结"自我"，排斥"他者"；建构族群意识的基础除了自然联系，如血缘、语言、习俗等外，还有社会联系，比如共同的政治经历或利益诉求等，作为各种因素建构起来的族群意识，不仅会随着族群交往的形式和内涵而改变，也会受到国家意识形态以及政治、经济、社会等体制、结构变化的影响而变化；由于族群有多层次性，族群意识也有多层次性，其范围可以从基层社会的家族、社区、地区，直到国家、人种。目前主观说占据主流，这也导致"族群"的概念既可以大也可以小，而且缺乏达成共同接受的界定，在社会学和人类学中还可以指称同性恋、异装癖以及形形色色的亚文化群体。也就是说，"族群"一般用于指称古代少数民族群体；或者部分未识别人口群体（某些被归入某个法律认定少数民族的人口，同样被视为该民族成员）；广义上的族群还可以用于指称各类亚文化群体。"少数民族"概念与之最大的区别是，具有明确的社会主义公民身份的政治性，它只是针对汉族之外的人口，所以在少数民族文学批评与研究中使用"族群"的情形，必须明确这一点。

如同前文所说，关键词写作与语言史、概念史、思想史、观念史有关联①，但为了避免繁琐考证与论述，更多采取当下直观的描述形式，而非演绎与界定。事实上，当我们试图从认识论的角度给予任何一个词语或概念以本质化的内涵与外延时，总要面临语境变化所带来的时代错谬与接受错谬。时代错谬指的是伴随着外部社会情

---

① 关于观念史与概念史的讨论，参见［美］洛夫乔伊《观念史论文集》，吴相译，商务印书馆2018年版。方维规：《概念的历史分量：近代中国思想的概念史研究》，北京大学出版社2019年版。方著中对"民族"一词尤有扎实论析。

境的变化，词语会存在字同而义异的情形。比如"汤武革命"与"法国大革命"中的"革命"意义就不同，柳宗元"欲采蘋花不自由"与"恋爱自由"中的"自由"也不是一个内涵，这中间涉及词语的历史化问题，即必须在整体的思想观念中理解处于其中的词语。①"接受错谬"指的是不同文化背景的人对同一个词语存在着不同的理解，不仅在异语种中存在翻译"回环"（round-trip）的词语转义现象，同一语种中对同一词语也同样有着不同用法。前者如现代汉语中有大量经过日语中介而译成汉语的西语概念，如"绝对""同盟""艺术"这些是由古汉语转化而来的现代汉语②；后者如"民族"在中文语境中的狭义与广义用法。

特定的内涵与外延属于特定时代积累成型了的知识，是词语发展的基础，而知识自身总是在特定认知框架中形成的，所以它也必然面对认识范式转型后的自我刷新。因而，本章采取的描述方法的前提是历史化，将关键词视为知识变革与思想创新的起点，它的生生不息意味着文化的创新活力。在上述关键词的扫描中，我们可以清楚地看到少数民族文学的相关词语，日益从其静态的定义转向流动的话语实践，正如"民族"是历史生成的，关键词也是历史发展的，某些意义会消失，某些意义会创生，只有既继承前人观念的积淀，同时在现实运用中开掘新的空间，维持既有义与生成义之间的平衡，将两者辩证统一起来，才是它的合理存在状态，不惟具体词语如此，整体意义上的文化也是同样如此不断吐故纳新、新陈代谢的。

---

① 冯天瑜《新语探源：中西日文化互动与近代汉字术语生成》中的讨论方式可供参考，中华书局2004年版。

② 刘禾曾列举了大量现代汉语的中—日—欧外来词、中—日外来词与源自古汉语的日本"汉字"词语，参见刘禾《跨语际实践：文学、民族文化与被译介的现代性：1900—1937》，宋伟杰等译，生活·读书·新知三联书店2002年版，第388—430页。

第九章

族群性、地方性与国家认同

中国文学的近现代转型，从19世纪中后期即开始其曲折演进的路程，到20世纪10年代，以"新文化"运动为标志，确立了延续至今的文学的概念、文类、体裁、风格、技法、美学的知识风貌与秩序。当我们回首百年来中国文学所经历的主导性话语时，会发现在某个特定年代往往会形成一个聚焦性的大问题，可以归结出诸如启蒙、革命、现代性等诸多关键词，它们有时冲突对举，有时交错并行，构成了内在的众声喧哗、歧语纷呈。21世纪以来及至当下，一个关键性的议题就是"何谓中国"，关于中国的认知、理解与阐释，实际上也带来对于"中国文学"的再认识。这不仅仅是外部地缘政治、经济形势影响的结果，同时也与新一轮的全球民族主义浪潮有关，更是中国文学研究自身由边疆、民族、地方等现实语境的变化而生发的话语现实，并在国家意识形态层面形成了无法忽视而攸关重要的身份与认同问题。

在"何谓中国"的路径探索中，中国内部多样性族群如何在晚近百余年来形成中国认同，并相应形塑出中国文学的总体性，自然也充满了不同的路径。对于少数族群而言，完成政治身份的现代性转换可能会经历一番艰苦的调适，而在文化与文学中观念的更新则尤为复杂。历史行进中人尽管有着切身的经验，却无法清晰窥见自身所处位置，对于未来也难以有完满的规划，更多是在混乱的暂时性与偶然性中经变从权、左冲右突,也正是在如此繁芜杂沓的图景中,"中国文学"得以呈现出无法被化约的风貌。

满族文学是其中尤为独特的一脉。作为入主中原的关外后发族群,中国最后一个前现代帝国的统治民族,满族的源流颇为复杂,从先秦追溯有东胡与肃慎两大系①,沿革颇为缠绕庞杂。1635 年,满洲确立族名,它本身就是由建州女真统一女真各部的产物,而在清朝开国的过程中又与军民合一的八旗制度中产生的"旗人"(包括满洲、征服并结盟的蒙古诸部、辽东汉人集团,以及东北亚各种小的部族)有重叠与交叉②,辛亥革命之后有过短暂的模仿式民族主义的"旗族"③阶段,最后才在社会主义中国经过民族识别与认定,成为今日之"满族"。在从晚清到民国的递嬗中,满人经历蝉蜕般的身份重建,内部表现为不同的政治立场与观念选择,从政治地位到族别名称,从文化心理到民族情感,从文学趣味到美学想象,现代满族文学也于此过程中诞生并逐渐形成自己的特质,此后贯穿于整个 20 世纪。从"旗人文学"到"满族文学",伴随着该族群主体自身身份、位置、观念的改变而改变,这种改变不仅是个体的命运,而且是近现代以来每个中国人的集体命运——确认个体自我(个人)与集体自我(族群、国家)在世界与社会中的身份。因而梳理这个过程,不仅是对满人的考察,同样可以透视近现代以来中国人的自我认知。当我们都明白"满族文学"这一概念是以后见之明筹划规范的结果时,发掘与阐释其历史与文学遗产,主要是希望这种遗产进入到当代文化生产之中,成为一种重新认识历史与文学的有机养料,并且为当代文学与中国文化

---

① 林惠祥:《中国民族史》,商务印书馆 1993 年版,第 148—196 页。
② 王锺翰:《关于满族形成与历史发展中的几个历史问题》,《清史满族史讲义稿》,鹭江出版社 2006 年版,第 84—139 页。
③ 定宜庄:《清末民初的"满洲""旗族"和"满族"》,《清华大学学报》(哲学社会科学版)2016 年第 2 期。

的发展提供借鉴。

一 双重地方化中的身份意识

满人最初从17世纪到18世纪末的发展，也即由边疆地带的部落发展为帝国①，显示了一种从"地方"到"天下"的观念转化。清初诸帝（尤其是皇太极）都颇为强调"国语骑射"的文化与军事传统，将其建立为"国家制度"，显示出一个小民族生怕在入主中原后失去自我的怵惕之心，但是随着帝国的展开，它要应对的是来自地理、人口、生产生活方式、语言、习俗、信仰等诸多方面的多样性，带有强烈族群色彩的满语及相关习俗与传统就捉襟见肘了，尽管政府通过各种官方政策和相关支持性条例予以扶持乃至特权，在实际中都无法持续。1753年，乾隆皇帝进一步强调"国语骑射"，将其视为"满洲根本"，并作为八旗子弟遴选考核的手段，但这恰恰从反向证明了"满洲旧习"的衰落。这种衰落也就是所谓的"汉化"潮流，从康熙后期就已经开始，到此时已经愈演愈烈，以至于官方不得不通过大规模系统文化工程，比如修订《八旗满洲氏族通谱》《八旗通志》来为满人身份设立界限。② 这是依托满人统治帝国的思路，但显然不符合实际政治的运转，与整个国家官僚系统已经接受的儒法意识形态相左，也即当实际上清朝已经享有"天下"之后，现实倒逼着帝国的观念也相应转化为"天下观"，那种地方性与族群性的满洲观念行不通了。乾隆后期满人铁保与汉人纪昀主持修《八旗通志》时遍搜八旗诗文，得诗四十余卷，成《白山诗介》（1800年前后问世），1804年增补纂定，嘉庆御赐书名《钦定熙朝雅

---

① 刘小萌的《满族从部落到国家的发展》（中国社会科学出版社2007年版）梳理满人从明初到1636年清朝奠基的历史过程，而清在真正意义上成为一个统一大帝国，则是17世纪后半叶平定大顺、大西、南明、三藩及统一台湾之后。

② 姚大力：《"满洲"如何演变为民族——论清中叶前"满洲"认同的历史变迁》，《北方民族史十论》，广西师范大学出版社2007年版，第18—63页。

颂集》，辑录清初至中叶作品，可以说是对清初中期文学的总结，从审美趣味与观念来说，已经满汉交融，显示了带有局部色彩的族群性的退却。

到了19世纪中期之后，尤其经过鸦片战争和太平天国起义，一方面汉人与地方权势崛起，另一方面海外殖民势力渗入。其结果是清政府无法再幻想单独倚恃八旗人员作为统治中坚，更为关键的是，整个清帝国被硬性拉入到"万国竞争"的国际政治中——它在全球格局中被地方化了，也即发端于欧洲的地方性民族主义普泛为现代民族国家体系普遍性的特征。在这种"天下大势，浩浩汤汤"的"全球性"中，中华帝国必然是"地方性"的。这一切并非直接而若隐若现地体现在作为"心象"的满人文学之中，斌椿、顾太清、文康的行状与作品显示出帝国的普遍性逐渐瓦解而他们试图通过书写营造出心理上的完整的过程。①

中华帝国的地方化，伴随儒法意识形态所代表的普遍性的失落，促生了国家内部的话语分化与地方化。晚清以来清政府在内政外交上的屡次受挫，一次一次加深精英士人的失望，如果说鸦片战争之后的洋务运动还有辅佐中兴之意，那么甲午战争的失败尤其是维新变法被镇压，以及随之而来的八国联军入侵和义和团运动，则导致失望情绪转化为怨怼恨意。西方来的入侵者在战争、不平等条约与经济掠夺之外，还示范性地引发了民族主义的观念和斗争。殖民帝国霸权主导的世界语法当中，中国成为文明等级中的下层、野蛮和落后的存在，在对西方文明怨恨羡慕交织的情绪中，中国民族主义者复制了这套思维模式，追慕欧美，希望某一日能够成为与之并驾齐驱的强国。如同邹容的激愤之言："英法

---

① 关于斌椿、顾太清、文康的个案研究，参见刘大先的系列论文：《论近代中国士人的首次西游书写》，《东方论坛》2012年第4期；《满洲心象：论顾太清创作与晚清旗人社会心理》，《文学遗产》2017年第5期；《〈红楼梦〉的读者——〈儿女英雄传〉的影响与焦虑》，《西南民族大学学报》（人文社会科学版）2006年第1期。

等国之能亡吾国也，实其文明程度高于吾也。吾不解吾同胞，不为文明人之奴隶，而偏爱为此野蛮人之奴隶。"① 这种偏激之语的类比并不恰当，但极具挑动性，其内在逻辑显然是"文明"与"野蛮"的二元对立，这是"民族帝国主义"的必行之径。清廷在 20 世纪之交已经是众矢之的，更因为其在族群问题上长期以来的实际不平等而被类比为殖民者。于是，"由帝国主义侵略扩张导致的国家之间的冲突斗争……转化成了国内民族间的斗争，由帝国主义侵略中国引发的仇外民族主义情绪（义和团运动显然最典型），转化成了仇满的种族主义情绪"②。夷夏之辨的古老传统再次被激活，在被动与主动的双重机制下，满人族群由统治民族窄化为地方性族群。排满的情绪、思潮与行动在 17 世纪中叶满洲南下征服中原之时就产生了。明末清初的抗清义士们书写的《扬州十日记》《嘉定屠城纪略》等作品，在清末再次被发掘出来。但是，清末的革命排满因为有着现代民族主义作为理念支持和人类学等学科的"科学知识"支撑，而与早期的夷夏之辨及清初的反满思潮有了质的不同。"清末的排满主义，导致了明确的汉族概念——亦可以说是作为汉族的民族认同——的兴起，和以汉族为核心的民族国家（nation state）之构想圆融无碍，浑然一体。"③ 从戊戌变法到辛亥革命期间，正是由于从日本和西方输入了现代"民族"国家与科学观念，"汉人"转为"汉族"，才有"排满"的革命宣传动员。

事变日亟中，满人不得不思考自身的出路。从政府高层来说，奉命出国考察宪政的大臣载泽、端方等，上折要求平满汉畛域（1906 年）；而一些留学日本的旗人则通过刷新民族的观念，而进入到立宪思想的脉络之中。1907 年，恒均、乌泽声、儒丐、裕端

---

① 邹容：《革命军》，郅志选注《猛回头：陈天华邹容集》，辽宁人民出版社 1994 年版，第 186 页。
② 单正平：《晚清民族主义与文学转型》，人民出版社 2006 年版，第 151 页。
③ ［日］石川祯浩：《中国近代历史的表与里》，袁广泉译，北京大学出版社 2015 年版，第 27 页。

等满人在东京创办《大同报》,认为"今之中国,为满汉蒙回藏人合成之中国,而非一族一方之中国"①。不久,他们的同人还在北京创办了类似性质的《大同日报》。这样的宗旨基本上是接受了梁启超的"大民族主义"观点②,是一种文化民族主义,接续的是雍正《大义觉迷录》中的阐述。乌泽声更是认为:"民族以文明同一而团结,而种族则以统一之血系为根据,此民族与种族又不可不分也"③,"满汉处于中国,久为精神上之混合,文化上之陶铸,风俗上之浸染,政治上之团结,已成一民族,而不可分为两民族。且随社会之演进,已由民族进为国民,只有兄弟同胞之亲爱,绝无民族离贰之恶情。所谓排满排汉,不过无意识者浮言邪说,不足以为我满汉同胞之代表"④。他明确了"国民""民族""种族"之别——在他看来,后二者显然是片面性的、局部性的"地方",应该纳入到"国家"之中——这无疑显示了其与当时兴起的革命派排满论的辩论关系。但是时势逼人,立宪观念和文化民族主义在激进的革命氛围中无法获得改良式的成功,因为"现代民族国家的基础并非真正的原始民族或者说'文化民族',而是在资本主义发展过程中形成的现代民族,把他们凝聚起来的真正力量或者说更重要的力量是统一经济体和市场以及现代民主制、共同的政治信仰。只有如此,他们的共同利益才能得到最大的体现,也才能发现这一共同体的共同要求所在"⑤。不过,正是在这样的辩论之中,"满洲""旗人"才开始向"国家"内部的"满族"转型,获得其现代

---

① 恒钧:《中国之前途》,《大同报》第 1 号。
② 1903 年,梁启超介绍德国政治学家伯伦知理(Bluntchli Johann Caspar, 1808—1881)的学说时,强调在中华共同体内各族为统一之民族,并称国家要能实现自强,不能走向"狭隘的民族复仇主义",而需"合国内本部属部之诸族以对于国外之诸族"的"大民族主义","合汉,合满,合蒙,合回,合苗,合藏,组成一大民族,提全球三分有一之人类,以高掌远跖于五大陆之上"。梁启超:《政治学大家伯伦知理之学说》,《梁启超全集》,北京出版社 1999 年版,第 1069—1070 页。
③ 乌泽声:《满汉问题》,《大同报》第 1 号。
④ 乌泽声:《论开国会之利》,《大同报》第 4 号。
⑤ 王春霞:《"排满"与民族主义》,社会科学文献出版社 2005 年版,第 51 页。

民族的政治与文化内涵。

那是个天崩地坼的换代过程，社会中充满了无数的缝隙，文化与文学都处于激变之中。旗人的固有身份和社会位置被破坏，要在无序的环境中寻找存身之处，新兴的大众媒体提供了难得的飞地，此际的满人文学也得以呈现出不同于前辈的特点。满人精英文学到乾隆后期，无论从文化观念、审美趣味、艺术手法等诸多方面都因为对于年深日久而积淀深厚的主流文化（汉文化）的效仿与吸纳，使两者几无二致，这即一般所谓"汉化"。只是"汉化"的提法有欠精准，更确切地说应该是"中国化"——也即一旦接受中华文化正统及其美学观念，其文学特质便失去了"满洲特性"，同时获得了天下式的普遍性。满语作为官方语言之一，于此之际也无可避免地走向衰落，而同地域文化结合，将其部分词汇渗透到文人书写和底层旗人的通俗曲艺、口头文学中①，从而也逐渐形成一种雅俗共赏的风格。清末民初易代之前，满人文学大致可以分为宗室贵族文学、各地驻防旗人及底层旗人的口头文学，北京的宗室与底层满人因为五方杂处的文化环境，所以受汉文化影响更深，而地方驻防旗人往往带有文化孤岛的意味②，但他们也并没有发展出满人特色的书面文学创作，辛亥革命后才出现了大量的旗人报刊媒体从业者，促生出其第一代现代文人。所谓"现代文人"，便在于他们已经在文学观念上接受了西方迻译过来文类、体裁以及在职业上以之作为谋生手段，他们是晚清民国之际中国内外部双重地方化过程的产物。

---

① 赵杰：《试论清末民初满汉语言的融合》，王钟翰主编、支运亭、关纪新副主编《满族历史与文化》，中央民族大学出版社1996年版，第244—255页。
② 略举一例，比如李劼人在《死水微澜》中写到成都，"满城是另一个世界"，顾天成一进满城就想起别人告诉他的话"满吧儿是皇帝一家的人，只管穷，但是势力绝大，男女都歪得很，惹不得的"，这显然是一个内地汉人对满人的想象，但同时也显示了驻防旗人与地方的隔阂。李劼人：《死水微澜》，人民文学出版社2001年版，第194页。

二 辛亥革命后的生计、情感与道德

可以说，辛亥革命是满人文学关键性的拐点，满人作家受维新思想的影响至深，其意义甚至超过五四新文学运动。这与其身份上的象征意义与符号价值的败落紧密相关，当"首崇满洲"转为"五族共和"，意味着满人不再拥有政治地位上的优先性，甚至之前的优势反而转为劣势——汉民族主义宣传动员留下的后续影响，下延到民元之后普通汉人对于满人的认知之中，反向激发出满人的族群意识。辛亥革命后南北政府与清室《清帝逊位诏书》各方的"大妥协"造成的亚洲第一个共和国，并没有带来想象中的理想宪政。因为清帝国与民国政权的和平交接能够达成的最重要条件是北洋集团强大的军事力量，而当时南北两个政府的融合只是形式上的，并没有坚实的精英共识基础，这就使得替代清皇室的正统无法树立。"当时总体的历史结构性条件——'皇统解钮'后的秩序解体、晚清以来的军权与财权下移、帝国主义列强四面环伺、政治精英高度分化——对于建立一个宪政国家本来就是很不利的。这样的环境很难生产出作为宪政国家基础的精英共识，同时它又是革命思潮生产的最佳温床。"[①] 这带来政治、社会、思想上的淆乱，而现实中军阀之间的彼此倾轧与战争，革命党人的继续革命，合力让这个时代成为一个切切实实的乱世。

乱世之中，少数旗人精英去国离乡或者得到权益保障，绝大多数却是陷入无边的恐惧、穷困、饥馑、苦难之中。普通民众迫切向往的是现时的平安顺遂，对于那些已经丧失了特权的普通旗人而言尤其如此。在新兴报纸业中栖身的损公（松友梅）、冷佛、穆儒丐等旗人后裔，他们的作品体现出外在于"新文化"的通俗文学之中，更多谋求一种普通人的表达。他们带有地方史、风俗志意味的作品集中于民生、

[①] 章永乐：《旧邦新造：1911—1917》，北京大学出版社 2011 年版，第 13 页。

教育、情与法的主题,代表了最广泛的中国民众情感结构的变迁,而在现世安稳的诉求中,日常美学成为直观的文学风格。① 这也使得它们区别于同一时期兴起的"新文化"运动中激进革命的文学观念。值得注意的是,尽管在19、20世纪之交的满人精英与平民群体对于现实政治与价值立场有着不尽相同的抉择,但普遍服膺于康梁的改良与立宪观念,并没有走向激进的革命,哪怕如英敛之、汪笑侬这样对帝制王朝全然持否定态度之人在文化上也并没有彻底反传统。②

旗人生计题材与道德批判内涵几乎成了辛亥革命后满人文学中延续了二十多年的母题,直到因为日本侵华,激发起北京与关外东北满人作家共有的家国情结,才发生更宏阔的转向。这背后是深刻的社会史变革,失去制度庇护的绝大多数普通满人衣食无着,从乾隆中期以来就日益严峻的"旗人生计"至此已沉疴积弊。另外,辛亥革命后建立的中华民国虽然将自身界定为包含满族在内的多民族国家,官方强调"五族共和",但长期以来在民间层面形成的隔阂和怨怼一直无法消除,并且因为革命动员和实践过程中的过度宣传而造成了这一时期普通旗人的巨大恐惧。但需要指出的是,辛亥革命当中满汉冲突确实在所难免,但某些当时和后来出于各种不同目的的流言,夸张地宣称地方满城被屠戮殆尽则并不属实。一些广为流布的谣传鼓动满汉相仇,③ 鲁迅1933年就驳斥过。④ 常书红通过详细

---

① 这些作品长期以来缺乏整理与研究,于润琦主编《清末民初小说书系》(共10卷,12册)中收录了零散的篇章,中国文联出版社1997年版。陈均根据张菊玲先生复印自日本的报纸辑录出版了穆儒丐的《梅兰芳》(台北酿出版2012年版)和《北京》(台北酿出版2013年版;北京出版社2015年版时改名为《北京,1912》)。刘云主编《早期北京话珍稀文献集成》中收录了损公《小额》以及《新鲜滋味》系列三卷、冷佛《春阿氏》、穆儒丐《北京》等作品,北京大学出版社2018年版。

② 刘大先:《汪笑侬:过渡年代的过渡人物》,《现代中国文化与文学》2014年第2期。

③ 比如说,民军只是通过简单的辨别,如让旗城中的人们说"999""666",数数一到六(因为据说旗人往往将"九"读作"钩",而将"六"读作"拗"或上声);或摸摸他们的后脑勺是否扁平(据说旗人小时候睡摇车,将后脑勺压得很平),只要其露马脚,便格杀勿论……诸如此类空穴来风,往往引起极大范围内的弥散性恐慌。

④ 鲁迅:《谣言世家》(1933年11月15日《申报月刊》第二卷第十一号,署名洛文),《鲁迅全集》第5卷,人民文学出版社1973年版,第191—193页。

的史料考察认为,"综观辛亥革命各地独立的过程,在倾向和平解决之各种因素和各支力量的共同作用下,大部分旗营并非经历长时间激烈的战斗,死伤的满族人数也远远低于某些传闻透露的数字。而且,在革命军控制后的绝大多数地方,都及时采取了一些安抚旗人的措施。另一方面,虽然在某些满城一度出现'排汉'的言论和举动,但相当一部分满人还是采取了与民军合作的态度"①。尽管如此,谣言能够流传,也确实折射出特定时间里满汉之间的疏离与恐慌,加之民族主义观念的濡染,从而激发出对于族群特性的强调以抱团取暖,进而谋求政治利益。

颇为典型的例子是穆儒丐。作为接受过中西学教育的旗人子弟,儒丐早年留学时的满汉平等"新民"之说与乌泽声同声相应:"中国之人民,皆同民族异种族之国民也","准之历史之实例,则为同一之民族,准之列强之大势,则受同一之迫害,以此二端,则已足系定其国民的关系矣"②。他的观念基本是以"国民"包纳"民族""种族",多元族群在"国家"的框架内被视作族属不同,但政治地位、社会结构位置相同的分子。但是现实的政治和情势不容悠游回旋的改良空间,如同陈志让描述的:"1900年代中国的绅士集团分化了,有的与工商阶级结合,要求民主立宪的现代化;有的加入了军队,与军人群众结合,要求共和;有的与秘密结社联络来推翻清室;大部分都继续拥护清室,保存了绅士的政权,企图安定社会局面。在有组织的群众之中,军人反满,要求建立共和国体和政体;秘密结社反满,但没有显明的建设性的政纲。中国社会各阶级都呈现出离心的倾向,在这个倾向之中,清朝两百多年的统治就结束了。"③ 清朝结束后是军绅政治的混乱局面,满人的地位和权利一落

---

① 常书红:《辛亥革命前后的满族研究:以满汉关系为中心》,社会科学文献出版社2011年版,第130—131页。
② 穆都哩(儒丐):《蒙回藏与国会问题》,《大同报》第5号,1908年1月。
③ 陈志让:《军绅政权——近代中国的军阀时期》,生活·读书·新知三联书店1980年版,第15页。

千丈，乃至中下层不免陷于饥馑，这让儒丐的"国民"愿望落空，反向刺激了其族群身份与意识的刻意标榜。其《北京》等作品表现出对既有秩序的怀旧式想象、对于君主立宪知其不可为而依然充满向往的执着、对于伦理观念保守主义的倾向，某种意义上来说带有"遗民文学"的色彩。作为时代的"失败者"[①]，儒丐及其同侪充满了对于现实的不满与牢骚，并且在文字重塑历史与现实之中，隐微地透露出有别于主流和更"先进"理念的情感（进化论意义上的"先进"无疑是革命），在客观上呈现了现代性进程所带来了社会整体性的变化，让我们看到一种必然性在偶然性中的显影。如同1907年王国维在一篇文章中屡次三番说道的："知其可信而不能爱，觉其可爱而不能信。"[②] 这便是列文森所谓的历史与价值之间的矛盾："不只是历史影响价值的哲学基础，而且历史的意识也在心理上妨碍对价值的理解。"[③] 他们的历史意识不足以明确到支撑他们坚定地拥抱新价值体系，转而怀旧般地投向想象中美好往昔的温情一瞥，更激发出对现实的焦虑和不满。历史的丰富褶皱，心灵的幽微闪现与亲和的文学书写形式，共同营构出一种在情感与价值之间体恤同情的通俗认知，失败的零余者最终在更广大的民间大众那里找到了精神寄托。

对于道德问题的强调，尤其使得满人作家同"民主"与"科学"的"五四"主流区别开来——显然，无论是在当时还是后来的传播中，"五四"中"德先生"与"赛先生"的名头和形象都要盖

[①] 王德威发明过"后遗民"这一概念，认为"'遗'是遗'失'——失去或弃绝；遗也是'残'遗——缺憾和匮乏；遗同时又是遗'传'——传衍留驻"，颇有见地。王德威：《后遗民写作》，台北：麦田出版社2007年版。林志宏《民国乃敌国也：政治文化转型下的清遗民》一书探讨了辛亥革命的失败者们的政治与文化活动，中华书局2013年版。不过他们讨论的范围和对象更为广泛，本章则集中于旗人写作。

[②] 王国维：《静庵文集续编·自序二》，谢维扬、房鑫亮主编，胡逢祥分卷主编《王国维全集》第14卷，浙江教育出版社2009年版，第121页。

[③] ［美］列文森（Levenson）：《儒教中国及其现代命运》，郑大华等译，中国社会科学出版社2000年版，第347页。

过了"费小姐"(自由)和"莫姑娘"(道德)。由于传统权威的丧失,而新的伦理标准尚未建立,新潮时人对汹涌而入的西学不暇甄别,如同严复所说,"西学乍兴,今之少年,觉古人之智,尚有所未知,又以号为守先者,往往有末流之弊,乃群然怀鄙薄先祖之思,变本加厉,遂并其必不可畔者,亦取而废之。然而废其旧矣,新者又未立也。急不暇择,则取剿袭皮毛快意一时之议论,而奉之为无以易"①。有破而无立,社会行为一时出现毫无规范的黑洞状态。其直接后果是,"辛亥革命的洪流冲垮了清皇朝,也冲击了旧的道德规范和价值体系。从正面而言,这对于思想解放不无作用,然而,道德失范也带来新的社会问题。这主要表现在新政府的迅速腐化"②。上行下效,整个社会风气都陷入崩坏。1912年2月23日,蔡元培、唐绍仪、宋教仁等发起社会改良会,试图以人道主义及科学知识为标准,改良社会恶习;李石曾、吴稚晖、张继、汪精卫等还发起进德会,都有类似的努力③,但是越是强调道德的话语,恰恰表征了它在现实中的窳败。对于一个从政治到社会、从文化到生活都处于急剧变化中的时代而言,道德显然不仅仅是个人的品性问题,而需要同社会的结构性变迁关联在一起。但是对于处于中下层的满人报人作家们而言,他们并没有窥见历史大势与洞见未来的能力,同时又要面对日常中触目可见的种种"礼崩乐坏"的情景,当缺乏新的价值观做出解释时,他们自然会倾向于以旧有的规范批驳新出的现象。这中间涉及不同观念之间的斗争,可以理解为一种情感上的怀旧,类似于博伊姆所谓的"修复型怀旧","强调返乡,尝试超历史地重建失去的家园……(它)自视并非怀旧,而是真实与传统……维护

---

① 严复:《论教育与国家之关系——在环球中国学生会演说》,《严复集》,王栻主编,中华书局1986年版,第168页。
② 罗检秋:《近代中国社会文化变迁录》第3卷,刘志琴主编,浙江人民出版社1998年版,第17页。
③ 罗检秋:《近代中国社会文化变迁录》第3卷,刘志琴主编,浙江人民出版社1998年版,第18—20页。

绝对的真实"①。这种怀旧并非反思性的，对未来缺乏乌托邦建构，却反映出普通民众的一般情感与观念世界。

如果从身份认同及转换的角度来说，北京与驻防旗营的满人往往会成为历史书写与认知中的代表。在"新清史"的相关著作中，从罗友枝、柯娇燕到路康乐、欧立德，满人的"特质"往往被强调，清朝皇帝与政府在应对不同族群治理时也确实有着多元的方式，但就历史的大传统而言，作为接续明祚的东北少数族群，要获得合法性和国家控制的平稳运行，必然要接受儒法国家的"大传统"，否则不可能统御庞大帝国两个多世纪。如前所述，最迟到18世纪中叶，满人在精英文化和文学上与汉人已无多大差异。只是在辛亥前后因为排满革命才发生了族性的现代民族主义式自觉，并在民国之后因为一系列内外情势兔起鹘举的变化中，完成了满族的现代转化。路康乐说："清廷和八旗制度的历史并没有在辛亥革命中结束。虽然逐渐式微，但清皇室和八旗制度又存在了十多年，因为民国初年的几任政府进行了认真但逐渐递减的努力来遵守和执行让革命获得相对容易成功的退位协议。虽然民初的财政都十分艰难，但每任政府都继续如承诺的那样资助皇室和旗人。对于皇室来说，除了在1917年与张勋进行了妄想式的合作外，也很努力遵守退位协议的规定。……随着冯玉祥把溥仪逐出紫禁城并剥夺了他的皇帝头衔，以及随后国民党军队破坏了清皇陵，民国与皇室和旗人的这种暂时妥协在20世纪20年代中后期最终结束。当时，八旗制度内的人事任命也停止了，给旗兵的饷银和清廷的津贴都停发了。当日本人扶植'满洲国'时，皇室的成员而不是清王朝本身过上了一种时间并不长的'新生活'。然而，对于普通旗人来说没有第二次机会了，他们不仅要在经济上努力赚钱糊口，而且在精神上也要努力适应新的环境。由于他们的努力，他们在1949年后从清朝统治下的世袭军事阶层转

---

① [美] 博伊姆：《怀旧的未来》，杨德友译，译林出版社2010年版，第7页。

变为一个民族,'旗人'转化成了'满族'。"① 路康乐的描述高度概括,但他忽略了另外一条对于形成现代满族而言很重要的线索——而这也几乎是"新清史"诸位大家无一例外的通病——地方尤其是东北地方满人在现代以来伴随着救亡与革命话语的兴起而产生的流动,并在此过程中逐步形成的新型国家认同。这当然与新清史研究较少涉及现代以来中国革命尤其是新民主主义革命有关,但他们那种自上而下的思路注定了不可能关注自下而上的地方性与底层视角。对于现代中国而言,后者可能更为重要。

三 京旗、地方满人与国家想象/实践

清帝国内部在19世纪后半期已经出现了地方化②,中央政府鞭长莫及,在镇压太平天国运动中坐大的地方军事实力派,以及北洋水师败落后分散出来的一些军阀集团,与地方士绅结合,这一切使得20世纪初的中国一度处于各自为政、彼此攻斗的状态。③ 1900年由义和团运动与八国联军入侵引发的"东南互保"(包括山东、江苏、上海、浙江、福建、安徽、湖北、湖南、江西、广东、广西),不仅典型地显示了南北的分歧,同时也是中央与地方的分裂,更是不同理念的割裂。事实上,在帝国崩溃之前,一体性的意识形态早已经瓦解,北京作为政治与象征的"中心"都已经名存实亡,兴起的是形形色色的地方性与不同观念的碰撞。此前我们研究中往往更多集中于东南口岸城市,因为它们似乎更能代表"现代性"(普遍

---

① [美] 路康乐:《满与汉:清末民初的族群关系与政治权力(1861—1928)》,王琴、刘润堂译,中国人民大学出版社2010年版,第338—339页。
② [美] 孔飞力:《中华帝国晚期的叛乱及其敌人:1796—1864年的军事化与社会结构》,谢亮生等译,中国社会科学出版社1990年版。
③ 地方军事力量割据化与士绅阶层的恶劣化齐头并进,两者互为因果,但最根本的源头则是来自殖民入侵,其结果是诡异地在中国广大的地域人口文化中造成了无数的地方性缝隙,从而为新文化、文学孕育了生长和发展的空间。

性),但如果我们从这种殖民现代性视角中跳出来,会发现内陆、边疆地方的应对带有本土现代性(特殊性)的意味,地方满人的线索无疑是其中一脉。

这条线索由马加(出生于辽宁新民,1910—2004)、李辉英(出生于吉林永吉,1911—1991)、颜一烟(出生于北京,1912—1997)、舒群(出生于黑龙江阿城,1913—1989)、关沫南(出生于黑龙江哈尔滨,1919—2003)、胡可(出生于山东青州,1921—2019)、柯岩(出生于河南郑州,1929—2011)、胡昭(出生于吉林舒兰,1933—2004)等满人作家组成。地方割据和分立造成一定程度的封闭性,与此同时,战争与反帝反封建则带来了突破、迁徙与碰撞。他们或者加入东北抗日联军,或者在八路军军区工作,或者在被称为"东北作家群"的群体中四处流浪,其中很多去到延安,命运各异。比如舒群在延安时就任《解放日报》主编,但因为牵连到"丁玲、陈企霞反党小集团"以及其他问题,后被打成"反党分子",开除党籍,直到1976年才恢复工作。而李辉英在抗战期间则辗转武汉、桂林、柳州、重庆,1948年到东北大学(东北师大前身)中文系任教,1950年后定居香港直至去世。在这些作家的观念中,起自于个体与地方的经验,并没有导向族群性民族主义,而是投身到反法西斯的同盟之中,获得了超越狭隘族群与地方的普遍性,这是在"中华民族"形塑过程中满人融入"中华民族"("国家"的建构)的显现。值得一提的是,在三四十年代的特殊地区——伪满洲国,儒丐、柳龙光的书写颇有族群民族主义的意味,尤以1916年出走沈阳的儒丐的一系列对于旧京旗人风俗文化的忆旧性散文以及追溯满洲在努尔哈赤、皇太极带领下崛起并开国的长篇小说《福昭创业记》为著。栖身于沦陷区,必然使得这些满人要在各种错综复杂的势力之间协调平衡,对于中华民国的不信任乃至仇恨,几乎是弥漫在辛亥革命后满人文学中的主基调情感,伪满洲国于是被寄予了不切实际的期望,在不触犯日本军国主义意识形态的情形下,儒丐曲折地表达带有族裔民族主义色彩的观念。当然，这种后发的、应激的、模仿式的民族主义注定了其昙花一现的命运。社会主义中国成立之后，他也迅速融入认同毛主席与新中国的理路之中。

除了儒丐这样北京旗人，上述满人作家基本上分布于黑龙江、吉林、辽宁以及华北及蒙古部分地区，与现代革命主流的"南来之风"相比，他们构成了"北下之力"。如果说清末民初北京旗人作家的地方性意义更多来自于从"帝国"分离出来的"地方"，20世纪初中叶后的黑吉辽满人作家的地方性意义则建基于从"地方"构想"国家"——边疆地带以其特殊性构成了衰败的中心地带的补充、映照乃至反拨。他们所处之地本就是东北亚地缘政治博弈地带，19世纪中期以来便是中俄日韩朝不同势力角逐的场所。20世纪的革命与战争则进一步使得"地方"打开了：如果说"地方"原先可能具有某种封闭性，但它在烽烟四起的语境中不断地被突破，随着"地方"自身的觉醒，它主动将自身敞开并且努力与更广阔的外部世界关联起来。在争取民族解放与民族独立的过程中，东北满人逐步消除了其地方性与族群性，而进入到一种与前清儒法意识形态全然不同的新型政治主体的归属之中，将个体的翻身与新社会和新国家的建构联系起来，从而形成了真正意义上的满族现代文学。

上述满人生存境遇及文学表述，可以看到满人群体在所依恃的帝国政权崩解之后，如何在不同取向中寻找到自己的道路，并通过文学书写来想象时代与社会，进而使得文学本身成为一种实践，参与到建构一种新的族群自我身份的历史之中。这个过程中，满人群体在总体性秩序变动中经历身份的瓦解与重建，满人文学也内在于中国文化重塑自身主体性的过程之中，因而也就具有了文化政治的意涵。文学在这个政治化过程中既是区别身份认同的手段，也是凝聚共同体的工具，更主要的还是一种想象乌托邦未来的途径。满人文学从传统那种脱离现实、讲究文人雅致的趣味中叛逆出来，经过清末民初的报人作家在语言风格上的融合雅俗和观念上的亲近底层，在精英文人那里表现为维新或革命观念，到"新文学"之后的老舍则以"国民性"批判显示了启蒙的影响，而在抗日救亡中流散的满人作家们则接受了共产主义理念，他们体现了阶段性（同时也是类型性）的文化抉择。在他们的取舍之间，满人身份得以重塑，满汉不平等已经转为陈迹，满洲、旗人、旗族转变为"满族"，成为"中华民族"的一个有机组成部分。

虽然在"五族共和"的论说中，"满"就作为与"汉、蒙、回、藏"对举的存在，但作为明确的少数民族政治身份，则是20世纪50年代开始的民族调查与识别工作的产物，这意味着满族作为众多少数民族的一员而存在，相应的是满族文学也是作为中国多民族文学的一员而身处于文学生态之中。在中华人民共和国成立初期的社会主义文化中，地方性或者说少数民族的族别特性即便不被禁止但终归并不受鼓励，相反以阶级性作为统摄性的话语则备受推崇，因而可以想见老舍的《正红旗下》这样带有满族文化特性的作品自然会无疾而终。而"新时期"以来，伴随着思想解放尤其是20世纪80年代中期"文化热"与"寻根文学"的兴起，涌现出赵大年、朱春雨、赵玫、庞天舒、叶广芩、孙春平、关仁山等大量作家,[①] 他们的创作从革命战争到农村改革、从历史故事到家族忆旧，题材与风格多样，但有一种共同的倾向，即"满族文化"逐渐形成富含风情性和传统象征的内容呈现出来。在更年轻一代的作家周建新、巴音博罗、刘荣书等人那里，则更趋于多元，而"满族文化"反倒更带有族群与地方色彩了。从宏观的话语角度来说，晚近四十年的满族文学更偏向于"文化小说"的脉络，无论从现实题材还是历史重述，都比较强化满族文化的特殊性，而那种特殊性往往又是由静态化和符号化的记忆与书写所建构。也即，某种被发明的本质反过来成为

---

① 路地、关纪新主编的《当代满族作家论》共选论近百年来满族作家53人，参与撰写者50余人，可以视为20世纪满族文学的剪影，春风文艺出版社2004年版。

被追求与模仿的范例,这可以视为文化多元主义潜在影响的结果,并且预示了它被利用与消费的命运。这种情形并非孤例,在许多中华人民共和国成立后识别与命名的少数民族文学中都呈现出类似的倾向与表述,一方面它们显示出中国文化的多样性源流与现实;另一方面也折射出宏大叙事终结后对于族群性与地方性文化的复归。这种"民族性/族群性"暗示自己"世界性"的歆羡与诉求,隐含着超越"国家"的意味,即某种"地方"试图越过国家的中介直接与"世界""接轨"或者"对话",而那个"世界"又再次回到欧风美雨为代表的强势文化语义之中。

回眸百年中国文学,"满洲—旗人—旗族—满族"这一系列族别名称的变迁及相应的文学表述,体现了满人社会地位的起伏及认同的嬗变,与之相关的是其族群性的盈虚消长:从部落到帝国,满人获得统治者及代言人的象征位置,满洲特性在"天下观"中发生蜕化,走向一种普遍性;从天下到万国的近代转折中,中国的普遍性退缩为全球中的地方性,曾有的普遍性只停留在满人的想象性书写中;20世纪之交尤其是辛亥革命之后,满人从精英到底层的族群自觉在西来的民族主义话语中被刷新,成为国家中的地方化存在;20世纪三四十年代的反殖民反封建斗争、民族独立与民族解放,让边缘地方的满人融入国家之中,进而在社会主义中国成为多民族平等公民的有机组成部分。这种复杂的起伏嬗变,始终与时代和社会交织在一起,启蒙、革命、解放、阶级、现代性的主流话语一直如影随形,但满人文学依然体现出其独有的路径,在这条路径上我们可以看到来自不同地域、阶层的满人所做的选择各有不同,从君主立宪到救亡图存,到融入社会主义叙事,再到文化主义的怀旧表达,众水汤汤,最终归于中国文学的整体之中,生动地体现了中华民族共同体统一与多元的内在辩证。

在这种辩证的背后,则隐藏着一个需要在事实与价值之间的抉择:族群—国家—世界的不同话语到21世纪以来,已经越来越形成彼此竞争又媾和的态势。现代"民族/国家"是"想象的共同体",但也一定基于历史与现实的基础,"想象"不仅仅是虚拟建构,同时也是一个述行实践。在资本、技术、商业金融全球化与民族主义、保守主义、宗教基要主义卷土重来共存的悖反性语境中,如何审视当代中国的不同族群、地方与国家之间的关系,如何创造出有别于原先民族主义的话语,构建新型的共同体意识,以适应原本就不同于"民族—国家"的"文明型"国家(或者说跨社会的体系)的中国实践,这是真正具有现实感的命题,并且也不局限于满族这样的单一民族。

第十章

生活史、文化寓言与身份流动

"新蒙元史"或者说"大元史"在晚近二十年如同"新清史"一样,是历史学界极为热门的话题之一,因为全球史的方法与视野转换,一改以后发的民族/国家为本位的惯有认知,产生了许多令人耳目一新的作品,甚至产生了超越于专业的大众影响。① 因为涉及少数民族政权和世界性帝国,以及由之而来的关于中国史叙述的完整性与连续性问题,在史学界引发了持久的讨论。② "新蒙元史"无疑具有调转中原/儒家文化中心、从边疆看中国、从多族群互动理解中国文化的启发性,是对民族/国家历史话语范式的突破,是当代历史语法转型的反映,这种观念与所谓的"征服王朝"③ 及"满蒙史学"④ 并无直接显性关联,但无疑带有消弭中国"多元一

---

① 尤其是杉山正明的一系列通俗历史作品《忽必烈的挑战》《疾驰的草原征服者》之类,有意思的是,他的许多叙述与其说是历史书写,不如说是文学想象。
② 张志强主编:《重新讲述蒙元史》,生活·读书·新知三联书店2016年版。
③ "征服王朝"是由德裔美国人魏特夫(Karl A. Wittfogel)提出。他于1939年受美国洛克菲勒基金资助的中国史研究计划,聘请专事辽代社会史的中国学者王毓铨和冯家升做助理,于1949年完成出版《中国辽代社会史》(*History of Chinese Society Liao*)。书中用人类学的"涵化"论取代"汉化"说,将中国历史上的少数民族王朝分为全盘汉化的渗透王朝和保持自身特性的征服王朝,现在再回头看,这两种说法都有其问题。但此说很受日本学者欢迎,尤以原野四郎、村上正二、田村实造为代表。参见郑钦仁、李明仁编译《征服王朝论文集》,台北:稻乡出版社2002年版。
④ "满蒙史学"在日本学者那里从晚清时即有萌生,无论是"京都学派",还是"东京学派"都有学者参与,从鸟居龙藏、白鸟库吉、内藤湖南等为代表的"满蒙"学说,到直接为侵略帝国主义侵华提供理论与政策的石原莞尔、矢野仁一的"满(见下页)

体"历史谱系的隐在含义。只是这些历史话语并非由中国人或者蒙古族提出，如同人类学上说的，属于"客位"的书写，而"主位"或"局内人"的书写反倒更体现于文学之中。这是本章的问题缘起，即如何在中国立场下，从蒙古题材历史的文学书写中发现本土历史叙述的问题——不了解周边族群（蒙古、藏族、西南及新疆诸民族）的历史与书写就无法真正理解兼容并包不同经济、宗教、生活方式的多样性文化的"大中国"，也就无法形成关于当代中国文学的总体性认识。

我从事少数民族文学研究，无意也无力处理有关历史学的问题，不过可以从文学的角度对重述历史做一些讨论，以裨补历史学不甚关注的层面。小说重述历史并非新鲜事物，然而新世纪以来蒙古题材历史书写却有其独特之处，我将选择三部长篇小说为中心进行讨论：蒙古族作家海伦纳用汉语创作的《青色蒙古》、蒙古族作家阿云嘎用蒙古文创作的《满巴扎仓》以及生活在内蒙古的汉族作家肖亦农的《穹庐》，并与其他地区多民族作家作品进行比较。综合自我与他者的双重言说，目的在于一方面反观主流文学史自身脉络中"新历史小说"的式微和转变，另一方面则通过主题的归纳发现从帝王将相到细民众生、从政治与战争到文化与生活、从族群差异到族群认同的多样性生态，进而发现文学所具有的"多元总体性"价值。这不仅是小说创作发展自身的转折，同时也是文学与历史在当代的博弈。

"历史"与"文学"的辩证，在美学史、文论史上有着悠久而丰厚的传统，在经过"叙述的转向"之后，历史书写不再执迷于本质式真相的迷思，而毋宁说，在逻辑的意义上历史与文学都只是一种片面的观察与叙事。文学尤其是小说在历史与记忆认知中的知识、伦理与情感意义同样获得其合法性，甚至"文学记忆的多样性历史

（接上页）蒙非中国论"，带有分裂中国的意味。这种学说如今尽管已经被抛弃，但其中的许多观点已经潜移默化进后来学者的认知范式之中，不可不察。

观念具有突破'历史'书写偏狭的可能性,可以释放出文学书写参与历史的能量"①,因为文学某种意义上是超越历史的,也即在无论何种题材(故事讲述的年代)的书写之中,都立基于当代的形式、观念与意识(讲述故事的年代),它指向于当代认知结构、情感的形态以及当代文化的建构。

一 大历史中的日常生活

蒙古族有着悠久的口头说唱传统,但小说体裁并不发达,社会主义新中国成立初期只有剧作家超克图纳仁于1957年发表的四幕话剧《金鹰》,讲述清末牧民对王爷的反抗,带有阶级叙事色彩。当代蒙古族历史题材小说的发生是"新时期"以来非常晚近的事。除了扎拉嘎胡1984年取材于民间传说的《嘎达梅林传奇》以及苏赫巴鲁1985年出版的《成吉思汗的传说》(该作1993年改名为《大漠神雕——成吉思汗传》)之外,并无太多值得一提的作品。②

新世纪之后,蒙古历史题材创作陡然兴盛起来。值得一提的是,题材多集中于两大类,第一类是帝王贵族及政治斗争的宏大叙事。成吉思汗与黄金家族的故事屡经书写,几乎已经成为一个原型母题。它先是在历史著作中被记叙,从《蒙古秘史》(作者佚名,主体完成于1228年,后续补增订,成书约与《三国演义》《水浒传》相前后)以及伊尔汗国的拉施特(Rashīd al-Dīn Fadl Allāh)14世纪初年完成的《史集》③开始,元明清三代的史传著作不断地加以强

---

① 刘大先:《从时间拯救历史——文学记忆的多样性与道德超越》,《扬子江评论》2014年第3期。
② 特·赛音巴雅尔主编:《中国蒙古族当代文学史》(汉文版),内蒙古教育出版社1989年版,第333—335、387—389页。
③ 《汉译者序》,[波斯]拉施特主编《史集》第一卷第一分册,余大钧、周建奇译,商务印书馆1983年版,第5—6页。

化，影响较大的是1370年宋濂主编的《元史》，1662年萨冈彻辰（Sayang Sečen）撰述的《蒙古源流》，18世纪初罗卜藏丹津（LobsandanJin）撰述的《黄金史》[①]。19世纪中叶进入到文学叙述中，以1865年（同治四年）尹湛纳希的《青史演义》为肇端。在文史之间，成吉思汗及其重臣成为"箭垛式"的人物。到了21世纪初，蒙古族作家巴根和包丽英以通俗演义的形式形成了集束式的作品群。巴根的"蒙古贵胄"系列，包括《忽必烈大汗》（2012）、《成吉思汗大传》（2015）等。包丽英的"蒙古帝国"系列，包括《成吉思汗》《拔都：征战欧洲》《忽必烈》（2007）、《真金太子》（2007）等；"蒙古王妃"系列，包括《高丽公主》《金国公主》《大理公主》（2009）；"蒙古四大汗国"系列包括《伊儿汗国》《金帐汗国》（2017），以及蒙古帝国后裔题材的《莫卧儿帝国》（2015）等。蒙文的则有那仁敖其尔、哈达奇·刚、额尔敦扎布《圣祖成吉思汗》（2016）。[②] 加上还有汉族作家冉平的小说《蒙古往事》（2005）、电影剧本《止杀令》（2013）等，简直称得上蔚为大观。第二类是英雄与枭雄的浪漫传奇故事。台湾的蒙古族诗人席慕蓉《英雄噶尔丹》《英雄哲别》和《锁儿罕·失剌》讴歌了蒙古历史上的三位英雄人物。[③] 郭雪波的《青旗·嘎达梅林》（2011）重述了"独贵龙"起义的领袖，《蒙古里亚》（2014）涉及著名的丹麦探险家亨宁·哈士纶（Henning Haslund，1896—1948）与戈壁大盗"黑喇嘛"丹毕坚赞，《诺门罕之锤》（2018）则是红色间谍的冒险生涯。

这些帝王与英雄的历史评价其实颇富争议。比如准噶尔部的噶

[①] 达力扎布编著：《蒙古史纲要》，中央民族大学出版社2011年版，第257—263页。

[②] 该书汉译本由作者之一哈达奇·刚翻译，内蒙古人民出版社2016年出版。

[③] 这三首长诗收入了席慕蓉在大陆出版的诗集《以诗之名》，作家出版社2011年版，其中《英雄噶尔丹》存目。

尔丹（1644—1697）一度试图统一西域和蒙古草原，① 国内的评价显然倾向于认为客观上他为清帝国的大一统奠定了基础，但也造成了经济文化的破坏。而在蒙古国近来的历史叙事中，则将其塑造为大蒙古民族主义的英雄。比较典型的例子是 2013 年蒙古国与美国合拍的历史题材大片《阿努哈屯》（Ану Хатан），该片将噶尔丹入侵、喀尔喀部寻求清廷帮助，讲述成了清朝入侵下的民族英雄故事。帝王将相书写，并没有摆脱梁启超所批评的历史成了"家谱"和"英雄之舞台"，"以为天下者君主一人之天下"，"合无数之墓志铭而成者"②，而忽略了历史上那些无名的、沉默的、承担痛苦与推动前行的绝大多数民众。置诸这样文学史脉络和历史书写生态之中，海伦纳的《青色蒙古》就显出其别具一格的特殊性：它涉及的就是康熙平定准噶尔部噶尔丹的这一段历史，但它将帝王与英雄的运筹帷幄、纵横捭阖仅仅作为遥远的背景，而聚焦于科尔沁牧民的日常生活，让无情的历史进程显示出其血肉丰盈的底色。

《青色蒙古》分为三卷，第一卷是时代性不明显的民俗叙事，是科尔沁草原牧民蒙克巴图和纳钦父子两代艰苦而充满体恤的生活。他们是洪戈尔村牧民的头人，也是"潮尔沁"③ 艺人，蒙克巴图曾有一个情人乌云珊丹，但终究与朵兰结了婚，生下纳钦。纳钦长大后与乌云珊丹的女儿索伦高娃彼此相恋，但也是一波三折，好在所遇到的日常繁杂事务都有惊无险地平稳度过了。第二卷是被战争波

---

① 关于准噶尔汗国的历史叙述，不同国家学者有较多成果。撮其要者，参见：中国社会科学院民族研究所和新疆社会科学院民族研究所合作编写的《准噶尔史略》，人民出版社 1985 年版。苏联学者伊·亚·兹拉特金《准噶尔汗国史（1635—1758）》，马曼丽译，商务印书馆 1980 年版。[日] 宫脇淳子：《最后的游牧帝国：准噶尔部的兴亡》，晓克译，内蒙古人民出版社 2005 年版。

② 梁启超：《新史学》，《梁启超全集》，北京出版社 1999 年版，第 737 页。

③ "潮尔"（Cogur）词根含有"回声"和声""回响"之意，是一种蒙古高原上的古乐器名，有民间艺人认为潮尔即马头琴的前身。潮尔沁即潮尔琴手。参见海伦纳《青色蒙古》，作家出版社 2017 年版，第 10 页"脚注"。2014 年 11 月 11 日，潮尔经国务院批准列入第四批国家级非物质文化遗产名录。

及的生活与爱情,主要是清帝国与准噶尔部在乌兰布通之战(1690)前后。纳钦被征入伍与准噶尔兵作战久未归来,索伦高娃怀有身孕,无奈中嫁给朝伦巴根,生下纳钦之子乌纳嘎。纳钦则在被俘与逃亡中,遇到了喀尔喀部的斯日吉玛,与之相爱。又在再一次逃亡中巧遇了单独带着孩子的索伦高娃,因为朝伦巴根也入伍未归,被认为是战死沙场了,所以两人回到故乡。第三卷是战后归家的纳钦与索伦高娃重建家园,在与狼灾、旱灾、雪灾、瘟疫的对抗中顽强生活下来。不料,朝伦巴根却并没有死,找了过来,按照当时的蒙古盟旗制度(札萨克)法律,衙门判决恢复索伦高娃和前夫的婚姻,一对已经有了两个孩子的爱人只好分离。

  繁复的人物、纠缠的关系与细小的情节使得想要概括出《青色蒙古》明确的主旨变得非常困难,毋宁说它所叙述的就是一种清初科尔沁蒙古人的生活史。较之于那些半文半史、半真半假的"蒙古帝国/贵胄/王妃/汗国"叙事,《青色蒙古》透露出一种民众立场的历史态度。事实上,前者除了杂沓而重复的、趋于定型的高度符号化、抽象化的人物与故事之外,无论从认知与美学上都没有提供任何新鲜的质素,它们已经趋向为一种"神话叙事",某个重要的历史人物承载着层累的意识形态观念,在不断的累加式书写中,成为一种难以撼动的"民族象征",从而也就抽空了作为文学创作的意义。英雄传奇书写也基本上成为"话语"的承载物:比如20世纪30年代的反垦领袖"嘎达梅林"(Mon. Гada Meyiren),30年代被表述为"蒙匪",50年代的汉译本则通过强化他在起义中的阶级内涵,以阶级共性和民族融合为基础重构了其英雄的意义,但"文化大革命"时代又被认为是民族分裂分子,到了冯小宁导演的电影《嘎达梅林》(2002)以及郭雪波的《青旗·嘎达梅林》中,他则成了生态环保的先驱者。[1] 外部的特定意识形态话语借助作家之

---

[1] 蔡伟杰:《从蒙匪、英雄到环保先锋:嘎达梅林在现代中国的表述与政治》,《蒙藏季刊》第22卷第3期,2013年10月。

手说话,而不是作家创造性地通过形象生发出新的话语,这使得历史主体,那些具体的人及其生活是缺席的。上述两大类叙事都着眼于生活与时代的"异动"、反常与特殊的人物与事件,而没有平凡、常态与普通民众及其日常生活,《青色蒙古》在这个意义上,颇类似于"微观史学"的叙述视角,尤其是娜塔莉·泽蒙·戴维斯(Natalie Zemon Davis)《马丁·盖尔归来》的那种以小见大、见微知著,聚焦于作为历史主体的人的命运,然后才辐射到与人的遭际相关的其他层面。

从生命史和社会史的意义上来说,《青色蒙古》不仅显示了生命时间不以政治战争等断裂性因素为转移的绵延和连续性,至少还在三方面填补了既有写作的缺失。(一)地方性知识的复杂展示。举凡科尔沁草原上的风景建筑、生产劳作、习俗仪轨,乃至人的情感结构都有所反映。草原的风光,牲畜的牧养、妇女改嫁的民俗,盐湖挖盐的过程,卷一第24节铺排的春天打马印、剪马鬃、骟儿马的祝词、仪式、场面,卷三第5节关于大萨满祈雨的祭祀……铺陈出牧民生活与草原文化的丰富层面,有利于增进认识与理解。(二)经济与政治微妙细节的补苴罅漏。卷一第13节纳钦进贝勒府对贝勒的满族夫人的印象,第21节仁钦喇嘛与梅林关于满蒙联姻的对话,卷二第10节流浪到喀尔喀地区的纳钦与诺日布关于清政府与准噶尔蒙古的战争的交谈,第12节梅林对蒙古衰落的议论,卷三第12节喇嘛庙侵占土地的描写……这些经济细节以及历史观点,不仅形成了与主流政治史叙事的对话,更重要的是让人得以窥见当代蒙古人对历史的认知。当然,作为文学作品,它最突出的地方还是在于(三)情感方式与人性维度对自然与自由的渲染。对于自由与自然的向往贯穿于小说人物行为的始终:"风一样的自由,或许是蓝天下蒙古人追求的一种理想"[1],但这并非要显示出某种化约了的"民族

---

[1] 海伦纳:《青色蒙古》,作家出版社2017年版,第215页。

性",而是带有更普遍意味的自然人性。这种自然人性尤其表现在对于爱情和欲望的追求之中,小说中写到的男性对于爱情似乎并不那么专一,尤其主要人物纳钦,他深爱索伦高娃,但在遇到斯日吉玛的爱情时也是真诚的,那种爱里面包含在困苦中的救赎和体恤,而没有现代以来的"浪漫之爱"所具有的排他性和独占性。当纳钦不得不逃亡,未婚女子斯日吉玛生下了孩子也并没有受到歧视或者道德批判——在旧蒙古高原上这种情形并非孤例,蒙语中有一个专门的词语"格林哲"(Ger-ün Jige,意为娘家的外甥)用来指称姑娘出嫁前留在娘家的孩子,他们一般由娘家父母或孩子的舅舅抚养成人。① 这样的孩子可能因为爱情,也可能因为其他原因,张承志的《黑骏马》中也曾写到索米娅被强奸后生下女儿其其格,最终也被后来的丈夫接纳了。这种情感结构显然具有民俗学与人类学的多重意蕴,而最为突出的无疑是对于生命本身淳朴而单纯的善待。性/爱情、生命、生活在整个书写中构成了三位一体,人们在艰难世界中追求爱情,珍爱生命,努力地生活,当然也受到来自外部环境与时势的挤压,有其悲情的命运,但那些有性格缺陷的人都是常人,都有其可敬可爱之处,它们构成了一种特定历史与地域中日常生活的真实感。

在书写历史的"真实"时,文学观念有过几种不同的观念,第一种是事实真实,文学书写作为历史的补充和佐证;第二种是心理真实,文学作为一种特殊的认识方式,它可能是虚构的,但与历史的实证具有同等价值;第三种则是对于真实观的解构与建构,侧重于历史中失语者(弱势群体、边缘人与从属者)的再现与表现,乃至完全舍弃真实这一理念,而强调虚实共生。这被有论者称之为传统、现代、后现代三种不同文学观的表征②,但在实际的写作中它们

---

① 海伦纳:《青色蒙古》,作家出版社2017年版,第248页。
② 高继海:《历史小说的三种表现形态——论传统、现代、后现代历史小说》,《浙江师范大学》(社会科学版)2006年第1期。

难以做清晰切割，也即物理真实、心理真实与虚拟真实可能同处于一个作品之中。体现在《青色蒙古》中，可以说形成了一种美学上融合的真实。

二 文化遗产与记忆的寓言

相较于《青色蒙古》中生命史的绵延与生活史的细密，阿云嘎《满巴扎仓》则带有大而化之的寓言象征意味。"满巴"意为医生，"扎仓"意为学院或研究院，是喇嘛学习经典的学校；满巴扎仓通俗地说即喇嘛主持的医学院。传说元末明初元上都（今属内蒙古锡林郭勒）被烧，元顺帝妥欢帖木儿（Toghon Temür）逃至应昌（今属内蒙古赤峰），有一部药典从上都大火中被抢救出来，辗转流落于鄂尔多斯民间。满巴扎仓在鄂尔多斯北部建成后，药典被送至此处保管，各方势力都对此垂涎三尺。《满巴扎仓》写的就是清末时期，满巴扎仓中的喇嘛与鄂尔多斯王爷、清政府的密探之间因为争夺与保护这部药典而发生的故事。

小说通过设置悬疑，情节和人物冲突的快速推进，营造了一种紧张而顺畅的阅读感，从而使之看上去像是一部通俗作品，它几乎放弃了对人物细腻情感及性格挣扎进行刻画的企图，而更愿意讲述一个支线错综复杂但主线非常单一的故事。借用电影学术语，这是一部"高概念"（high concept）小说，通过有趣的噱头——通俗文艺中常见的各方"夺宝"母题，讲述直白的意图。围绕着传说中的蒙医药典，一心想要生子的王爷哈屯、希望攫取它献给清帝以博得赏识的商贩桑布、扎仓中动机各异的喇嘛医师，都煞费心机。但药典从未得到正面描写，它的具体内容如何以及具备何等价值都被搁置了，这使它成为一种文化符号，从而具有了非物质文化遗产的寓言意味。"高概念"与寓言都很容易堵塞阐释的多维路径，因为它意图显豁，对于读者而言，文本的细枝末节完全可以不用顾忌，而直奔所要揭橥的主旨而去。但《满巴扎仓》之所以值得讨论,就在于它的文本具有显隐的两个层面。

显性层面显然在于如何对待传统文化的遗产。是封闭的敝帚自珍,还是敞开的共享于世?小说的结尾,扎仓堪布(主持)给出了明确的答案:

> 保护秘方最好的办法,就是把它公开。再说了,对所有人有益的方子是不用保密的!我也想过,原先这部药典肯定不是什么秘方,它只是放在元上都的一间房子里,供医生们去翻阅。明朝官兵烧毁了那里的诸多书籍后,这部药典才进入了保密状态!现在清朝的皇帝又下了令,说谁找到这部药典,就赏谁做大官。帝王再有权也不是医生啊,他要我们这部药典干什么?若是生了病,叫我们满巴扎仓的医生去看看便是。这样一想,那位皇帝不是为了治病。那么他是为了什么呢?就是为了将我们蒙古族的一部珍贵遗产占为己有,或者将它彻底毁掉!明朝军队烧掉了元上都整个一座藏书阁,清廷又继续扫荡了仅存的一些遗产,他们究竟是为了什么?他们究竟在怕什么?那我们到底该如何传承这部药典呢?只有一个办法,就是将秘密的东西公开化,将在一个人手里保管的东西,交给更多的人。这个时候,我们的秘方药典就成了整个蒙古的遗产,皇帝即便要去了那部药典,也无法达到他的目的。①

这是一种对于过去历史流传物的开放的态度,在 21 世纪以来的非物质文化遗产话语中尤具有示范意义。2003 年联合国教科文组织通过《保护非物质文化遗产公约》,保护非物质文化遗

---

① 阿云嘎:《满巴扎仓》,哈森译,重庆出版社 2014 年版,第 273 页。

产与文化多样性话语结合，2006年之后在中国形成了从官方到民间的热潮，地方政府、知识分子与普通民众对此有不同的诉求与态度。这就涉及何为"传统文化"，怎样对待和使用"传统文化"。"'传统文化'从来就不是一成不变的刻板，不过更多忧心忡忡的学者会指责商业化或者政治化所带来的对于'原生态'的戕伤，其实这是一种精英主义的态度，或者毋宁说是对其抱有的一种'静止化'、'客体化'、'物化'的态度，而真正民间的传统从来不会有此的担心。更多的时候，那就是一种自在的活动，只是官方或者带有种种预设目的的人才使之成为一种自为的活动。而一旦权力羼合进来以后，它就必然发生效应，传统就被刷新了，这样的现实传统才是真正对当下民众有意义的——也就是伽达默尔所说的'效果历史'。传统总是作用于当下，而当下又总是在传统中创造了新的传统。"① 也就是说，"传统文化"的创造性转化与创新性发展始终是它自身的题中应有之义，它是流动性的实践，而非本质化的存在。但是，在许多非物质文化遗产案例中，由于现代版权观念，以及与地方性和族群性利益的紧密关系，而产生了一种抱残守缺的倾向，在文学表述中，某种特定的传统文化也很容易被视为某个特定主体所拥有的文化资本，而不是超地域和族群的、集体智慧结晶的共享遗产，这自然带来了对其差异性的强化和排他性占有的观念。

《满巴扎仓》中，无论是鄂尔多斯王爷的个人使用，还是怀有私欲的医师试图囤积居奇而获得在医术上的话语权，或者是清政府的密探想夺走献给朝廷，都有独占药典的欲念，而这恰恰丢弃了对于占有药典意义的进一步考量——它的意义在于用于造福更多之人，而不是作为禁脔绝学秘不示人。那种抱残守缺者，就是鲁迅所嘲讽的"保古家"，而对于生存、温饱与发展的当务之急而言，"《三坟》《五典》，

---

① 刘大先：《文学的共和》，北京大学出版社2014年版，第307页。

百宋千元,天球河图,金人玉佛,祖传丸散,秘制膏丹"都是有待检省与扬弃的。① 对于药典这种实践性很强的文献尤其如此,封藏就失去了其意义,就只是某种"历史的活化石",而失去了其自身改进与发展的潜能。王世贞为李时珍《本草纲目》所作的序中就明言:"藏之深山石室无当,盍锲之,以共天下后世味《太玄》如子云者",这就是一种开放的态度,只有为公众分享才有可能推动其发展。特定的族群、地域和文化视角,能够发掘曾经被主流叙述所遮蔽的部分历史,激活文化多样性的活力因子,但如果陷入对某种历史文化遗产的孤立与凝滞的认知之中,则并非民族与文化之福。阿云嘎通过"夺宝"式母题的书写,讲述文化传承的方式,接续的是80年代的"新启蒙"乃至可以上溯到鲁迅时代的启蒙与变革观念。

在文化遗产这个显性叙述之下,还伏藏了一条隐性的脉络,即弥散在《满巴扎仓》的人物情绪中对满蒙关系的认识与态度。小说里的高僧拉布珠日在教育徒弟时告诉他自己的身世:他原先是蒙古亲王之子,但因为亲王理解朝廷对付蒙古的策略——这个被他归结为蒙古后裔只有两条路可走,一是继承父位成为清朝的工具,二是到寺院当喇嘛毁其一生。另外两位精英人物,金巴喇嘛与流浪医生的看法也与之类似;而在朝廷密探桑布对更登喇嘛的恐吓中,更是直接表明朝廷对蒙古官员的驯化与工具化态度。② 这些直接议论的细节本不是作者要描写的重心,只是在文本中捎带写出,但整个文本的各类冲突中,朝廷(代表政治)与扎仓(代表文化)的矛盾无疑是最突出的,并且政治与文化的矛盾,很大程度上被具象为族群之间的矛盾——此类表述在前述《青色蒙古》中也有所显示。这提示了历史与记忆之间的错位。在主流历史叙述中,满蒙关系尤其是"北不断亲"的满蒙联姻制度,一向被视为有利于民族整合和国家统

---

① 鲁迅:《忽然想到五至六》(1925),《鲁迅全集(编年版)》第3卷,人民文学出版社2014年版,第229页。

② 海伦纳:《青色蒙古》,作家出版社2017年版,第134—141页。

一的积极政策,对满蒙两族的长期友好、对清廷统辖与治理边疆、对促进满蒙汉各族在政治、经济、风俗文化各方面的互相融合都起到了重要作用。① 从宏观历史的后设回溯而言,确实如此,但回到彼时具体的层面,也未尝不存在一些龃龉和彼此的不满。② 上层精英那里,可能是权力与利益分配的不均衡;在普通蒙古牧民那里,则是缩减了其迁徙与获取财富可能性的生活实际问题。用拉铁摩尔(Owen Lattimore)的分析来说,满人建立的清朝采取土地分割的领地附庸制度,中止了蒙古人的移动性与财富积累之间的自然循环,使普通人深受由蒙古王公与商人相勾结的贸易的剥削③——《满巴扎仓》中的商人桑布就是最为典型的象征。《满巴扎仓》在不经意间流露出集体记忆残留的怨恨情绪,即普通民众对于精英层面满蒙关系的直观想象及其沉淀。

现代历史题材文学的"解释"与"讽喻"传统④,往往容易形成一种詹明信(Fredric Jameson)所说的"民族寓言",即便是那些看起来似乎是关于个人和利比多驱力的文本,也投射了一种带有民族/国家意味的政治:"关于个人命运的故事包含着第三世界的大众文化和社会受到冲击的寓言"⑤。他所讨论的是"第三世界文学"通常所具有的民族主义意涵,而在"第三世界"内部其实也存在于少数族群摹仿式的"民族寓言"书写之中,但《满巴扎仓》没有走向

---

① 参见黑龙《满蒙关系史论考》,民族出版社 2013 年版;杜家骥《清朝满蒙联姻研究》,人民出版社 2003 年版。

② 如一些个案研究所显示的,清朝廷与蒙古精英之间存在牵制与利用、防范与不满的关系。乌兰其木格:《清代满蒙联姻大潮中的暗流——土默特和硕额驸纳逊特古斯谋害格格案分析》,《内蒙古师范大学学报》(哲学社会科学版)2011 年第 3 期。特木尔巴根:《乾隆中叶满蒙关系新探——以色布腾巴勒珠尔爵位更替为例》,《满族研究》2017 年第 3 期。

③ [美]拉铁摩尔:《中国的亚洲内陆边疆》,唐晓峰译,江苏人民出版社 2005 年版,第 50—52 页。

④ 参见邹红、沈庆利主编《历史题材文学系列研究·中国现代历史文学的传统与经验》第二章,北京师范大学出版社 2014 年版。

⑤ [美]詹明信:《处于跨国资本主义时代中的第三世界文学》,《晚期资本主义的文化逻辑:詹明信批评理论论文选》,张旭东编,陈清侨等译,生活·读书·新知三联书店 1997 年版,第 523 页。

此种"民族寓言",而成为一种"文化寓言"。这同历史学领域的"新文化史"(New Cultural History)从社会客体转向于个人主体①,关注诸如饮食、医疗、服装、日常语言、身体、消费等主题也不一样,虽然是以文化(蒙医)为题材,但并不意在书写其演变或结构,而是将其作为文化本身的隐喻,从而在偏僻的题材中生发带有普遍意义的议题,在这个隐喻的缝隙则流露出无法被历史叙述而只能由文学(尤其是母语文学)表达的族群记忆的影迹。

三 空间的重置与身份的流动

肖亦农《穹庐》倒颇具民族寓言的意味,它以俄国"十月革命"后布里亚特蒙古人从贝加尔湖一带回归中国呼伦贝尔为情节主线,讲述的是现代性中的地缘政治空间的重组与身份认同的选择。骑马放牧、逐水草而迁徙,游牧民的流动性本来是由生产与生活方式自然形成的:"公元前一千纪以来,多支游牧民族在欧亚草原上迅速崛起,并向军事化方向发展。他们不仅创造了精良的武器、马具和动物纹装饰艺术,还形成了尚金、驯马、巫术、宗教等一套生活习俗和宗教习惯。这些游牧文化以一股强劲的思想浪潮,一种流行的社会风尚,快速席卷了广袤的欧亚草原。这些自由驰骋在草原上的游牧民,不仅与南部农业民族保持着密切的文化联系,或以军事冲突,或以商贸往来,促进了自身文化的发展,同时也在这个过程中间接地充当了欧亚大陆东西方文化交流的桥梁。"② 蒙古人是后崛起的几乎堪称空前绝后的游牧民力量,它们前现代时期在欧亚大陆的移动与驰骋改变了世界史的构造,但是进入到现代以后,这一切

---

① 晚近关于"新文化史"的述介和讨论,参见陈恒、耿相新主编《新史学》第四辑,大象出版社2005年版。

② 马健:《草原霸主:欧亚草原早期游牧民族兴衰史》,商务印书馆2014年版,第190—191页。

发生了深刻的变化。一方面是游牧经济与战争方式被工业革命及新兴的军事技术弱势化了,另一方面由于现代民族国家体系的建立,国家疆界划分变得明确,游牧迁徙变得艰难甚至不合法。《穹庐》中的布里亚特人回归就是一种在现代国际秩序剧烈变革时代中的移动,对于蒙古族这样一个跨境民族而言,这种移动就尤其具有身份归属与认同的含义。

布里亚特蒙古人只是驳杂的蒙古人内部极小的一个分支部族,属于厄鲁特蒙古人近支。① 《蒙古秘史》中最早提及布里亚特人(不里牙惕)是一支林中百姓部落,元代属岭北行省管辖。明清两代中,屡次与俄国发生冲突,基本接受清的宗主国地位。清政府与沙俄于1689年(康熙二十八年)签订《尼布楚条约》,这使得原布里亚特人的地方划了出去。小说中通过贝加尔湖畔慧觉寺中的大喇嘛奥腾的话解释了这段因缘:"《尼布楚条约》一签,康熙爷就顾不上咱布里亚特蒙古人了……"② 国界的勘定,使得游牧族群必须选择自己的国家归属,也正是在这一年,土谢图汗管辖的乌宗人和赛音汗管辖的哈塔斤人加入俄国国籍,在1694—1696年,土谢图汗管辖的宗加尔人也陆续加入俄国国籍。到1695年康熙平定了噶尔丹后,通吉斯克的布里亚特人返回中国呼伦贝尔,③ 即后来的"巴尔虎人",而小说中写到的嘎尔迪老爹的布里亚特部落则还在贝加尔湖畔生活。不同的选择决定了不同的命运,这是跨境民族的特有生态。

蒙古人回归的故事,1771年(乾隆三十六年)土尔扈特部从伏

---

① 蒙古族的流变是一个复杂的过程,元后大致分为瓦剌(卫拉特、厄鲁特)、鞑靼两大部分。在由明至清的演变中,大致可以分为三支:漠南蒙古(包括科尔沁、察哈尔、喀喇沁、土默特、鄂尔多斯,所处地域的主体部分大致相当于今日内蒙古一代,以及宁夏、甘肃、青海部分地区),漠北蒙古(喀尔喀部,所处地域主体在今日蒙古国),漠西蒙古(即卫拉特/厄鲁特,包括准噶尔/绰罗斯、和硕特、土尔扈特、杜尔伯特四大部,以及辉特等小部,所处地域在今日中国新疆,以及俄罗斯、哈萨克斯坦、乌兹别克斯坦等地)。
② 肖亦农:《穹庐》,作家出版社2018年版,第19页。
③ [苏]符·阿·库德里亚夫采夫、格·恩·鲁缅采夫等:《布里亚特蒙古史》,高文德译,中国社会科学院民族研究所社会历史室,1978年,第612—613页。

尔加河下游的东归要更为人所知,其首领渥巴锡被书写为爱国主义的民族英雄,最出名的莫过于塞夫、麦丽丝导演的《东归英雄传》(1993)。但布里亚特人东归的故事此前几乎未见任何文艺作品的表达,这可能与人口多寡的影响力有关,也涉及现代中苏关系等因素,更主要的是布里亚特族内人也并没有刻意进行族群记忆的整理。《穹庐》在当下背景中的诞生,将布里亚特人的东归,书写为回归故国,有其特定的关于"中华民族共同体"意识的铸造的意味。值得一提的是,游牧民的迁徙传统,受气候、土壤、资源、经济、政治、战争多种原因影响,缺乏对于具体空间的故国认同;同时对于游牧民族的现代转型而言,国家意识形态的认同也在构建中,这部作品没有回避这两点,正是在此显示出其现实主义的创造。

《穹庐》给人直观的印象是英雄史诗,恢宏壮阔的场景描写和慷慨悲壮的美学风格直承了19世纪那些伟大现实主义巨制的格调。由于题材厚重所带来的沉雄气韵,交织着浩瀚明快的人物性格与风景刻绘,让文本整体上焕发出磅礴抒情的气质,这是史诗所具有的崇高而单纯的气质。史诗所要展示的是具有集体人格特征的命运,而嘎尔迪老爹、谢尔盖、班扎尔这些人物就分别代表着草原传统、新兴的布尔什维克和背叛自己家庭的革命者,甚至那些次要人物如奥腾大喇嘛、日本女间谍三丫、格鲁吉亚医生萨瓦博士都各自在其心理与行动中表现出其背后的历史背景与现实诉求。他们都有其独特性和成为"典型"的潜质,体现出马克思所说的"类"的概括性和综合性。[1]

但《穹庐》并非英雄史诗这么简单,因为小说将一个族群的颠沛流离放置在近现代递嬗的历史进程之中,从而必然使得现代性的冲突成为不可回避的文本内部结构方式。小说情节中充斥着草原父

---

[1] 马克思认为人是"类存在物,不仅因为人在实践上和理论上都把类——他自身的类以及其他物的类——当做自己的对象;而且因为——这只是同一种事物的另一种说法——人把自身当做现有的、有生命的类来对待,因为人把自身当做普遍的因而也是自由的存在物来对待"。马克思:《1844年经济学哲学手稿》,《马克思恩格斯文集》第1卷,人民出版社2009年版,第161页。

子的代际冲突、东北亚地区的族群冲突、新旧交替的文化冲突、无产者与贵族的阶级冲突、革命/技术/现代政治与血缘/风俗/习惯法的冲突……所有的冲突都最终归结为旧有共同体的瓦解和新兴身份认同的形塑。布里亚特蒙古人的领袖嘎尔迪在革命者看来就像中世纪的骑士，仍然固守着过时的草原铁律，"既仁慈又残暴，既有智慧又愚昧"①。而他的"逆子"班扎尔原本也可能成为东方枭雄，之所以走上革命，无疑是变化了的外部情势所造成的选择。这个变化了的情势，让历史由混沌走向清晰，传统的秩序被改写，无法重现祖先的辉煌，是游牧文化"唱不尽的长调""不会哭的悲剧"②的悲情根源。秩序颠覆与重整的过程中，各方人物及其所显露的观念都有其合法性，因而使得小说超脱出了纯粹的命运悲剧或性格悲剧，而成为真正意义上的价值裂变的悲剧。

人在历史中的挣扎与奋进，是价值悲剧的起源。布里亚特人在满人、俄罗斯人、汉人、日本人的不同政治势力中左冲右突，同图瓦人、鞑靼人交往共存，与晋人、陕人、阿拉善蒙古人、鄂尔多斯蒙古人血脉相连。他们一路突破重围、浴血奋战，最终回归中国的历程，显示了东北亚地缘政治在 20 世纪之初的分化组合与折冲樽俎。嘎尔迪带着自己的族众从北海之滨到额尔古纳右岸的流亡与迁徙，与近现代东北亚地理版图的变化彼此呼应，这是一个空间改写的过程。大卫·哈维（David Harvey）曾经梳理过 19 世纪中叶后全球地理版图在资本主义工商业和殖民主义中的重绘，到第一次世界大战后，全球空间基本上都被重置了。③ 这个原先生存空间经历了去领土化和重新规划的过程，也是布里亚特蒙古人从身份认同到心理情感的转型过程。

---

① 肖亦农：《穹庐》，作家出版社 2018 年版，第 59 页。
② 陈岗龙：《蒙古人》，《多兰诗选》，哈森译，作家出版社 2016 年版，第 36 页。
③ ［美］哈维：《后现代的状况：对文化变迁之缘起的探究》，阎嘉译，商务印书馆 2013 年版，第 324—330 页。

因而，小说的隐含线索和情节驱动力是空间的变化。"穹庐"这个空间意象，首先是草原蒙古人物理意义上的毡帐居所，同时也构成了他们的心理和精神空间。那用石头制成的蒙古大包就是蕴含着生命原力的嘎尔迪要固执地活在历史中的隐喻，但石砌的穹庐终究抵挡不了铁与火的攻击，就像烈马的肉身抵挡不了奔驰的火车。"火车把牧人的心眼撑大了，铁路把牧人心搅乱了"——火车扩展的地理空间同时带来了心理空间的转化。西伯利亚大铁路、无线电、飞机带来了外部力量，这些现代性事物逼迫着在前现代、半封闭空间"活在夜壶"中的嘎尔迪和他的部众，自觉不自觉地走出牧歌之地，改变原先的生态、生活方式和情感结构，走进现代历史。草原与布里亚特人的遭际，从经历者自身来看是一曲挽歌，从区域史和全球史的角度看则是一个均质发展的现代性时间中不平衡空间中的插曲。

这个插曲时而吟唱着悲怆的长调，时而迸发出激愤的呼麦，而最终奏响了回归的凯歌。近现代的东北亚历史和布里亚特蒙古人的走向原本充满了多重可能性，但历史必然性在这里显示了它无比强大的威力。嘎尔迪对于草原的眷念实际上指涉着对于文化传统与身份的执着和固守，当地图被现代政治重绘，那种狭窄的文化认同被打破，走向了更为广阔的中国认同，由游离在民族国家之外的游牧民部族转变成了现代中国各兄弟民族的一个组成部分，从而以新的方式书写了爱国主义的主题。

认同的断裂与重塑充满了内在的艰难，我们可以看到小说内部有着多声部的对话，不同人物站在各自立场上都有着自己的表述。肖亦农对于嘎尔迪这个人物在充满同情之时也进行了无情的批判，让他成为一个类似肖洛霍夫《静静的顿河》中格里高利式的人物。这让人不由得想起恩格斯对巴尔扎克的评价："现实主义甚至可以违背作者的见解而表露出来。"[①] 作者的情感和他所表现出来的历史理

[①] 恩格斯：《致玛·哈克奈斯》，陆梅林辑注《马克思恩格斯论文学与艺术（一）》，人民文学出版社1983年版，第189页。

性之间并不一定保持一致——他尊重历史，并不避讳自己和所写对象的历史局限性。正是在客观的对话性中，小说刻绘出了布里亚特人的中国认同形成过程中存在的犹疑、被动和趋利避害导向。这种对于认同的现实态度，显示出文学的现实主义勇气。因而，可以说《穹庐》既是英雄传奇，又是现代性悲剧，同时也是当下现实主义历史写作中审美与伦理达到统一的一个创获。

80 年代中期以后"新历史小说"一度以反拨社会主义现实主义和革命英雄传奇的新型叙事出现，用象征、心理意识和精神分析、散文化和诗化、戏拟、荒诞、讽刺等现代主义手法，将革命、集体、阶级和理想的历史置换为家族、个人、身体与欲望的历史。某种程度上推进了历史书写的广度，并且引发了 90 年代叙事中的日常生活转向，影响直至当下。但是耐人寻味的是，90 年代同时也是凌力、二月河、熊召政等帝王将相书写的热潮期，延及到新世纪蒙古历史题材叙事中的帝王与贵族叙事，这种叙事基本上或者重复了旧式评话演义的窠臼，或者复现了准民族主义的神话，都无助于对历史的认知。对于蒙古族这样在历史上有着举足轻重意味的跨境民族而言，晚近的历史学研究与书写的全球史范式，无疑对中国史叙述中的蒙古族定位带来了巨大的冲击，本章从文学中的当代蒙古历史题材书写选取代表性案例，试图勾连起对于当代中国的蒙古族历史与文化较为完整的认知图谱。

海伦纳的《青色蒙古》涉及科尔沁部（属于漠南蒙古）与准噶尔部（属于漠西蒙古）的战争，但并没有集中于宏大政治军事转折，而是接续了近现代文学以来一条被压抑的历史书写线索，用论者的话来说，即曾朴、李劼人开拓的"风俗史"与"非英雄"叙事，[①] 正是落脚于日常生活和生命史，使之具备了裨补正史对于情感风俗观照不足的意义。准噶尔之战是满蒙关系的重要节点，也是清

---

① 杨联芬：《从曾朴到李劼人：中国长篇历史小说现代模式的形成》，《四川大学学报》（哲学社会科学版）2003 年第 6 期。

帝国统一中国、扩展疆域的关键一步，进而影响到原居漠北的布里亚特蒙古人。阿云嘎《满巴扎仓》立足于文化寓言的建构，而鄂尔多斯部、土默特部的背景，则凸显出满蒙、蒙藏、蒙汉文化之间的交流，最终走向了对于历史传统的反思性建构。肖亦农《穹庐》则在东北亚宏阔的地缘政治现代嬗变中，彰显了中国的向心力与包容性。这三部小说从地理上覆盖了蒙古三大部，从时间上则囊括了清初到民国，以之为中心可以加深对蒙古族的历史与地理、情感与想象、思想与智慧的理解，而文学叙事的建构与重构，正是当代文学参与历史实践的方式之一。

我曾经在一篇讨论藏彝走廊历史题材小说中的文章中，呼吁重建包孕着个人与国家、欲望与社会、情感与理想、美学与价值的历史观，进而走出狭隘的自我、记忆、经验，突破地方、文化和族别的局限，获得特殊性与普遍性的统一。[①] 通过对上述新世纪蒙古历史题材小说的分析，证实了小说具备这种"总体性"的潜能。当然，这并非说它们已经完全达到了理想状态，但它们所显示出来的认知与价值，让"中国"和"中华民族命运共同体"得以直观地呈现出来，无疑为当代历史书写拓展视野和改换角度，提供了可资参考的案例。

---

① 刘大先：《新世纪少数民族文学历史叙事的方式及其问题——以藏彝走廊作家为中心的讨论》，《中国文学批评》2018年第2期。

第十一章

历史叙事的方式及其问题

　　重述历史从 20 世纪 80 年代中期肇始的新历史小说之后，成为当代文学书写中一个显著的命题，并且在新世纪以来得到了长足的发展，其基本模式是以家族史、民间史、私人史、欲望史、生活史、心灵史取代此前的斗争史、官方史、革命史、社会史和文化史。这中间涌现出有别于意识形态一体化时代的别出心裁之作，颠覆了一度成为圭臬的革命英雄传奇与社会主义现实主义式的历史叙事，在崇高与悲壮的美学之外，开启了情感、身体、欲望等被压抑的个人化美学。其中，颇为值得注意的是地方性、族群性话语对于国家性话语的补充，在少数民族作品中得到凸显，比如霍达的《穆斯林的葬礼》、阿来的《尘埃落定》等，它们与莫言的"红高粱"系列、陈忠实的《白鹿原》彼此补充，因为其巨大的影响力与示范效应，共同影响了后来的写作。

　　可以说，重述历史是新世纪以来的少数民族文学最为突出的现象之一。这些重述历史叙事无疑提供了从特定的族群、地域和文化视角观察中国历史的新颖角度，能够揭掘曾经被主流叙述所遮蔽的部分历史，激活文化多样性的活力因子，但往往也存在着陷入孤立与封闭之中的问题。作为一种值得注意的文学现象，本章以西南地区尤其是云南楚雄和昭通的彝族与四川康巴藏族的小说和诗歌为中心，分析它们的重述方式及存在的问题，试图总结其经验和不足——这些问题对于其他地区的少数民族文学而言也带有普遍性，见微知著，可为其他少数民族文学未来的重述历史写作提供一定的借鉴。

一　讲述边地往事的方式

云南楚雄作为以彝族为主的多民族聚居区涌现出的讲述历史的长篇小说，与带有族群文化本位色彩的英雄书写（比如蒙古作家苏赫巴鲁、巴根、包丽英等对于蒙古帝国和成吉思汗的英雄叙事①）不同：楚雄作家群的历史书写更多从英雄走向个人、从帝国走向地方、从前现代走向现代的转型，显示了我们时代历史题材小说的形式多样性与观念多元性，一定程度上丰富了当代中国文学的内容，但也体现出了经验创新上的不足。

李学智《大户》②采用的是民间传说的形式，小说写美籍华裔教授王哲文到石羊古镇考察，租住在一栋老房子里，房东父亲罗老爹的讲述与王哲文每日的梦境联结起来，勾勒出这个盐都古镇上制盐的灶户王老四一家三代的命运与遭际。小说的时代背景并不清晰，通过涉及的大西军情节，可以推测出是明末清初。但大时代的变迁似乎与王家的家族兴衰成败并没有直接的牵连，虽然家庭作坊式的制盐业也会受到官方盐政的影响，但是这些都被一笔带过，小说集中在王有福（王老四）如何从父亲手中接过家庭主事的重担，在与三个兄弟分家后兢兢业业扩大生产、振兴家声，直到成为显赫的"大户"，娶了四位太太，生了五个子女。但最终还是摆脱不了家族衰落的命运，几个子女并没有像他一样赓续家业，在他死后不久，其辛苦一生积攒的家业就败落，祖宅都变卖给罗家了。

---

① 关于当代蒙古族的历史叙事，晚近的研究有汪荣《历史再现与身份认同：以新时期以来的"蒙古历史叙事"为中心》，社会科学文献出版社2017年版。
② 李学智：《大户》，云南民族出版社2007年版。

这部小说称得上是小业主的生活史，人物性格并没有被特别精细地刻画，保持了民间故事般的素朴简单。整个故事靠讲述与梦境向前推进，但罗老爹与王哲文这两个叙述者只具备形式衔接功能，而没有情节推进的结构功能，情节缺乏起伏，语言也因为缺少描写而显得单薄。因而，小说更像是一个带有自然主义色彩的故事，但故事的劝善教化意味被冲淡，而代之以人情世故的世情展现和普通民众的发迹变泰的感叹。令人遗憾的地方也正在于此，故事化使得小说中的生活史游离在大历史之外，虽然具有一定的认知价值，但归根结底没有形成一种超越于民间故事的历史观和价值观。

李夏《大地子民》颇为恢宏大气，这个贯穿了百年的故事，展现了楚雄罗玛沼热雷土司家族及相关人物命运从民国初建到21世纪的起承转合。小说以历史亲历者拉措的"未来完成时"的时态回溯了其一生的经历，这个时态决定了叙述者不自觉地采取了全知全觉的视角。拉措的父亲杨清远从江南到普洱经商，被土匪洗劫流落到热雷土司的领地做了奴隶茶师，并娶了彝女，生下美如天仙的拉措。拉措在一系列因缘际会中与土司之子格雷阿鲁相爱，但罗玛沼这个带有世外桃源意味的彝族地方在纷纭变幻的历史大潮中难以独善其身。格雷阿鲁的哥哥、新一代土司莫尼若、奴隶仔布勒、走马帮的离散汉人周复生、拉措的哥哥世雄各自走上了不同的人生道路，有人跟国民党军队去了台湾，有人流落在泰国，有人成为共产党的干部，而罗玛沼则神奇地消失了。

这场跨越世纪的悲欢离合最终以阿鲁与拉措在晚年时重聚而获得完满。在艰辛磨难中支撑着拉措熬过时光的摧枯拉朽、目睹各个时代的潮起潮落，她活下来的理由最后被归结为追求"温暖的人间小团圆"。这样的历史观当然有可以商榷的地方，但普通的个体在历史之中所能把握的岂非也就是这些？可能正是因为内心中的那点信念，使拉措跨越时间与空间，虽遭颠沛而终不至于沉沦。小说将罗玛沼这个地方升华为一种带有普遍意义的存在，颇显气象。那个消失的罗玛沼在叙述者的认知里:"只是自然地融入了更大区域的一草一木,像水流到地下层,像空气无所不在,那是一种自然的、巧妙的融合。它存在于广阔的无形,存在于永远。"① 从这个意义上来说,《大地子民》就不仅仅是发生在某个彝族小村镇的故事,而是一百年来在曲折苦难中文化交融的"中国故事"之一。

如果说《大户》是民间叙事,《大地子民》是浪漫叙事,那么段海珍的《天歌》②则是神性叙事,虽然我们这个祛魅了的世界是一个"无情识的世界",但小说保留了复魅的空间。《天歌》以彝族史诗《梅葛》③作为叙述的原型框架,将神话、仪轨、传说与不可索解的神秘现象夹杂在人物的现实生活之中,让金沙江上游、百草岭腹地的蜻蛉河畔成为一个人神共居的场所。盘龙村与青龙山上的水洼分别表征了汉文化与彝文化,它们由彝汉混血的阿吉独枝玛(汉名徐梅兰)联结起来。时间线索在颇有原始思维色彩的叙事氛围中被打乱,奇异与神迹、传统与现实、历史与情感彼此交织,谱写了一曲缠绵玄幻的呓语"天歌"。

小说中与彝族史诗相对应的是汉族的花鼓戏,但后者并没有获得与前者等量齐观的呈现,在行文中一笔带过,而两者都要被改造成的革命歌曲,也没有得到充分描写,这里显示出小说视角上的缺漏之处。以在海外读书的安可可采访暮年的阿吉独枝玛,用阿吉独枝玛的亡灵口吻来叙述,使得这段从民国到当代的历史退缩为一个个人情感史,但其中的感情缺乏铺垫。阿吉独枝玛曾经借改写民歌参与滇西工委的地下宣传工作,这个过程中她爱上了特派员卢天赐,思想上却并没有融入革命事业中,直到最后也无法理解社会变革意味着什么,只是沉浸在个人的情感天地之中,而她的爱也只是一厢

---

① 李夏:《大地子民》,晨光出版社2015年版,第357页。
② 段海珍:《天歌》,作家出版社2016年版。
③ "梅葛"一词是彝语的音译,本是一种曲调的名称,因为彝族史诗用梅葛调演唱,所以得名。梅葛被认为是彝族民间歌舞和口头文学的总称,内容包括历史文化、生产生活和习俗信仰等各方面。

情愿的幻想。我们可以看到她的等级观念、对于忠心耿耿爱慕着自己的仆人阿福的曲解、对于"大跃进""文化大革命"的刻板印象，都没有摆脱前现代的原始思维，她的世界观直到梅葛成为非物质文化遗产后也没获得开阔性发展，最终使得小说成为一个意指不明的心理独白。

从叙事结构上来说，这几部长篇小说除了秦迩殊《雪色》是第三人称全知叙事之外，都是通过外来者听当地人或者当事人讲述的模式。这种模式必然导致的一个结果是，以个人化的记忆代替了宏大的历史。个人的历史观囿于时代与社会的局限往往缺乏超越与提升，这使得讲述超过个人经验范畴的历史时不免捉襟见肘；但又因为经验的贴近与亲历性质而似乎天然地掌握了讲述的权力，所以他们讲述时的偏狭就会被一种"假性真理"所覆盖。这样一来，小说的历史观往往显得陈腐，作者几乎很少让叙述者跳出讲述人的角色。因为没有他者的参照和自我与他者之间的认知互动，所以无论是民间叙事、现实叙事、浪漫叙事还是神性叙事，都仅仅是讲述了某个地方性的往事，而看不到在地方之外的宏阔政治、经济与文化变迁。

二 抒情与神圣世界

抒情性是少数民族文学重述历史时的突出特征，尤其表现在重写民族史诗之中，这是其不同于主流文学书写模式的地方。总有一些人和事物在发展的潮流中，因为各种外在的原因不适应时间的速度和频率，从而外在于所谓现代性的进程之中，他们曾有的生活方式和传统文化面临急剧变迁的命运。这不仅仅是外在的转变，给心灵带来的冲击尤为重大，由此生发出了一种特定的挽歌与抒情式写作，在少数民族文学中成为一种醒目的现象。诗言志与诗缘情，一向是中国传统诗学的主流，然而到了现代以来，尤其在现代主义洗礼之后，中国当代诗歌在朦胧诗之后，有种种新的探索，口语、身体、日常化……因为被秉持文学批评话语权力的人所主导，这些路向成为重要的诗歌议题，它们总体上显示了当代社会诗意的丧失，日常生活的审美化，以及散文时代的到来。诗歌似乎越来越理性化、技术化、琐碎化。然而，在这些时髦命题的背后却隐藏着一股汹涌的潜流——绝大部分不曾进入主流批评视野的少数民族诗歌依然在保守的面孔下执着地进行浪漫主义式的抒情。但是与沈从文式"批判的抒情"不同①，这种抒情恰呈相反的颂扬面貌：他们或者带着集体狂欢的激情要为濒临消亡的族群文化留存记忆，或者在想象的幻境中点燃逝去历史的盛大意象焰火。

云南昭通乌蒙山的彝族诗人阿兹乌火在长诗《彝王传》②的最后卒章显志，点明自己写作的缘由

> 我们向世人讲述彝王／其实也就是讲述我们自己／这是每一个彝族人神圣的责任／只有这样　即使几万年后／我们的子孙才不会丢失这一段记忆

阿兹乌火汉名叫李骞，他的另外一个身份是文学教授，属于彝族的文化精英。他起意为彝族传说中的祖先、王者、英雄、神灵创作一部长诗时，是为了完成心中的情结：既诉说本族群的璀璨往事，歌颂英雄祖先的业绩，同时也是抒发带有共通性的情感。《彝王传》分为上中下三篇，分别为"横空出世"、"繁殖之神"、"六祖分支"。从内容上来看，是以传说中的彝王阿普笃慕的事迹为线索。然而恰如他自己所说："这首长诗不是以叙事为主，而是一首带有神性色彩

---

① 王德威认为沈从文的"抒情地方主义"通过写出在特定历史语境中付诸阙如之物，或者运用和现实格格不入的修辞，以形成批判的意图，从而具有反讽的意味。王德威：《现代中国小说十讲》，复旦大学出版社2003年版，第128—184页。
② 阿兹乌火：《彝王传》，云南人民出版社2013年版。本部分所引诗句均来自此书，不再一一标注。

的抒情长诗。诗中的彝王只是生命的一种直观体验形式,而非历史中的伟人。应该说,我笔下的彝王更接近彝族民间口头传说中的王者,他是一个无所不能、自由自在的神灵。"这种抒情与20世纪90年代之后趋于个体化、肉身化的自我抚摸不同,而倾向于一个宏观、博大的抽象主体。这是一种"大抒情",指向的是共同体的同情共感,导向更为广泛的普遍价值——那些在日益平庸、精细、功利、工具理性化时代行将就木的对于血性、威武、勇猛、豪放、牺牲、苦难、超越的渴望。

阿普笃慕据说是洛尼山(今云南昭通境内)人,是滇、川、黔、桂四省区彝族民间共同尊奉的祖先。"阿普"是老祖宗的意思,"笃慕"是他的真正名字。他是彝族始祖希慕遮的第三十一代孙。阿普笃慕后娶三妻,生下六子,是为彝族六祖。① 对于始祖阿普笃慕的追溯,唤起的是诗者的寻根冲动:

历史并不遥远　你从书本走来/伸出手　包围了我们/握你的手　那样紧紧地/握住生命的一瞬间/让你的血为我们化成一枝花/抚摸你英雄气味的手/也许能找到一个新的开始/你是历史　我们是现实/遥遥相望对坐成新的风景/我们看见你在史书里走动/你呢　彝王是否看到/我们如一只鸽子　飞来飞去/寻找栖身的高枝/高枝就是你/一株挺拔而沉默千年的古树

少数民族诗人作家的写作往往带有很强的代言意识,无论自觉或者不自觉,作为一个族群的文化精英,在书写涉及族群历史、文化、社会时总有一种共同体意识,而很少个人主义式的表述。

---

① 阿普笃慕即《西南彝志》中记载的仲牟由。"六祖"在云南、黔西彝语中称为"曲布",凉山彝语称"六"为"虎",黔西和凉山彝族不知道"曲布"是六个祖宗,而以为是一个祖宗的名字。按照这个解释彝族的虎崇拜实为祖先崇拜。参见马长寿遗著,李绍明整理《彝族古代史》,上海人民出版社1987年版,第8—10页。

在现代性冲击中的回归祖灵，可以视作是一种无可奈何的退守性思路。然而这是站在启蒙式理性规划视角下的审视，如果换个立场，站在彝族的主位，那么这种寻根则具有寻找遗落的价值的意味：

  在那岩洞一样的城堡里 你的形象/正不断损坏又不断恢复原样/你没有损失 你的名字 被称为万物的起源/依然是一个未愈的历史伤口/在历史学家的头脑里留下长长的标记/你手握真理和弓弩穿过人类的童年/来到我们的时代你就粉身碎骨/每一块碎片 变成一座山 一面旗帜/穿过走廊厅堂 鹤立山顶/于是我们相信另一种精神存在

"另一种精神存在"就潜藏在火崇拜、虎图腾、毕摩与经书的意象中，它们表征着一个虽然日益萎缩却不失自信的文化传统在现时代的不屈和呐喊。这更突出地体现在关于"繁殖"的讴歌之中。在阿兹乌火的诗句中：

  你的女人是所有的女人/你的孩子是所有的孩子/你思念你战斗 你在远方/你的出现让世界感到陌生/你手中的灯光埋葬了一切黑暗/现在就是现在 彝王/终身不灭的圣火/让那些在黑夜被追杀的蝴蝶/重新获得光明

海德格尔在《诗人何为》中把普遍技术化的"世界时代"标识为"世界黑夜的贫困时代"，处身于其中的人类总体正在经受历史前所未有的严峻考验，在这个语境中，"诗人庄严地吟唱着酒神，追踪着远逝诸神的踪迹，盘桓在诸神的踪迹那里，从而为其终有一死的同类追寻那通达转向的道路……在贫困时代里作为诗人意味着：吟唱着去摸索远逝诸神的踪迹。吟唱，诗人就能在世界黑夜的时代里道说神圣者"①。阿兹乌火就是试图"道说神圣者",他的"彝王"通过自己生生不息的繁殖力、勃勃有力的播撒力,让暗夜中颓败溃散的人群重新得到光明。人们遭逢的是同样的命运,在技术化的蒙蔽中找寻出路。在这里,"彝王"虽然只是一种中国边地族群的信仰和图腾,却不妨具有全人类的价值。

在民间传说中,阿普笃慕成年时处于野蛮时代,人心败坏。他只是一个普普通通的老年乡民。因为本性的良善,在天君策格兹降大洪水的惩罚中幸免于难。但是一个人无法生存,天君策格兹召来太阳神女儿、月亮神女儿和星云神女儿三个仙女,让她们去嫁给阿普笃慕。三仙女看着阿普笃慕"满头白发如霜雪,额头皱纹如梯田,嘴唇如瓶口,身子似木桩,两手似竹竿,两脚似谷扒,一身破烂衣裳,一副穷困潦倒、瘦弱的老人样",心里不愿意。三仙摘来三株神药树的三片叶子,刷洗阿普笃慕的头脸、身子和四肢,才让他改头换面,变成了英俊潇洒的小伙子。这些曲折的情节,并没有出现在阿兹乌火的抒情长诗中,他只是通过狂野浩瀚的铺写,张扬阿普笃慕的生命活力。

> 彝王　你一世英雄　一世忧愁/一次次死去　又一次次复活/你像一座山　一座粗犷的山/轰然倒下　又雄性地站立/站起来　控制着天空　土地/控制着世上最渺小　最辽阔的生命

在这种赞颂中,生与死循环不已,宏大的主体从乌蒙山跃升而出,笼盖四野,获得了世界性的象征意味。抒情在这里不仅表现情感,也表达情感,"彝王"被书写为一个迷狂式的直觉主体,表达的恰是诗人自身的情感。从技法来看,因为主观抒发的压倒性力量,使得韵律不再重要,"声情并茂"更多地体现在从格律和形式的枷锁

---

① [德]海德格尔:《林中路》,孙周兴译,上海译文出版社2008年版,第245页。

中解放出来，用自然之声、大地之言、原生之口进行天然的表达。

下篇是对民间传说"六祖分支"的重写，描写了阿普笃慕一生中最重要的事迹：大洪水之后的大迁徙。传说中阿普笃慕的三个妻子各生育两个儿子，共六个儿子。他将其民众分成六个部落，跟随其六个儿子向外去开拓疆域、发展农耕、繁殖六畜：老大慕雅枯和老二慕雅切率领武部落和乍部落向云南的西部、南部和中部发展；老三慕雅热和老四慕雅卧率领糯部落和恒部落沿着金沙江流域进发，逐渐到达现在的大、小凉山和四川南部；老五慕克克率领布部落在云南的东部、东北部，以及贵州的兴义、毕节一带发展；老六慕齐齐率领默部落则到广西的隆林一带发展。六部在各地生根发芽，繁衍成今天居住在中国西南地区滇、川、黔、桂四省区的彝族。这个叙事与彝文古代经典《指路经》形成互文，也解释了前文的寻根意识的族群文化来源。按照《指路经》的传统，分散在各地的彝人最终要魂归故里。

  彝人每天出发的地方 其实也就是/祖宗灵魂的归宿地 或者是先人/刀耕火种的家园/不管你从哪里起程 也不管你到哪里去/只要你是一个彝族汉子/最后都要到彝王阿普笃慕的身边/喝一口葡萄井的凉水

  你很古老 但你的精神永远年轻/你当年种下的每一棵树到如今/长出了三年前的叶子/而我们 就是你大树上的一片新叶/总有一天 这些新长出的绿叶/都要回到你的故乡/因为那里是彝族人灵魂的寄养地

"树"与"树叶"构成了鲜明的隐喻在诗中出现数次，"归去"的书写不惟阿兹乌火一人，几乎遍及彝族诗人的诗作之中，比如吉狄马加的《让我们回去吧》、阿库乌雾的《招魂》。它要表明的是阿普笃慕不是厚土封存的历史，而是依然鲜活的现实。"彝王的时空离我们越来越远/彝王的血脉离我们越来越近"。这样的历史意识也许提请注意的是在多样性的民族文学之中不可忽视的情感。它们的书写表面上执着于某个狭小的题材，旨归却在普遍的人类关怀；它们不务技巧，而从本民族的口头传统中提炼素材和手法；它们的宏大抒情，树立了一个似乎陈旧的主体性，却反映了一种被遮蔽的存在意识。

这种抒情复活的是某种小传统，通过颂歌式的抒情营造出一个超验世界，穿透了世俗和现实，完成对神圣性的复活。在科技、资本、消费主义日益强势的氛围中，弱势个体的自我出现分裂、流散和支离的局面，灵光消逝，大抒情则起到了弥合与修复作用，让自我在对于祖灵代表的共同体中圆满、充实、完整，接续了断裂的历史，重建一个世界。因而不能仅仅从通行的文学审美予以观照，它们实际上是一种精神档案和文化表达。从文化复兴的角度来看，也提供了一种参差多样的思想资源。

三 地方历史的成长

康巴藏族作家达真的《命定》[①]则带有成长小说的意味。犯了淫戒的喇嘛土尔吉和因赛马斗殴杀人的马帮客贡布在大历史的沉浮中，从麦塘草原上遗世独立的边缘生活，走上抗日缅甸远征军的国际主义反法西斯征途，似乎是命定，却也是主人公自己选择的结果，更是历史偶然中的必然。

最初，土尔吉只是因为动情而不容于寺庙，在与头人女儿私奔的过程中又遭到追杀，只想远离故乡；而桀骜凶悍的贡布则为了尊严而不得不远走他乡。两人在逃离熊朵草原过程中相遇，在共同逃亡中一起成长。在色甲果金矿听到抗日宣讲团演唱《松花江上》时，

[①] 达真：《命定》，四川人民出版社2016年版。本部分所引《命定》内容均来自此书，不再一一标注。

这两个"化外之地"的青年还不理解"抗日"的真正含义，土尔吉只是出于对宣讲者的同情而掏出仅有的藏银捐献了出去。不过，采金场上，汉人带来的"掌声、口号声这两样新品种同藏人的口哨声、根嘿嘿的助威声混交在一起，成为这片草原上以'杂交'方式重新孕育的聚会方式，并在此处生根、发芽、开花、结果，传宗接代"，"他融入了合唱中，融入了那种悲悯的场景"。在异乡然打西修机场的半年，是土尔吉从对于"飞机"的想象到受到"抗日"宣教的成长时期。虽然作为一个前佛教徒，他并没有想主动走上战场。命运似乎再一次显示了它的力量，追杀者的威胁将他和贡布裹挟进了远征军的队伍之中，并且在战争中逐渐体会到民族、团结和国家的意义。逃离故乡，是进入到已经被全球性改变的现代世界；修机场则是接触到现代科技对于农牧想象的冲击；而加入远征军时的土尔吉和贡布则已经不由自主在现代政治与战争中成为参与者。

小说因此实际上形成了一个寓言：土尔吉从一个自为的少数族裔个体，成长为了一个自觉的现代民族国家一员，而"中华民族"就是在这样"命定"的过程中，将各个不同的族群凝聚在一起，成长为一个宏大的主体。从这个意义上而言，边缘族群个体的成长与现代民族国家的塑造形成了同构。这不只是土尔吉和贡布的成长史，也是整个现代中华民族在反对帝国主义入侵中成长的历史。

因此，《命定》更是一个历史小说。这是部雄心勃勃的作品，从两个边缘的小人物入手，尤其具有重塑一个时代精神历程、民族凝聚和历史脉络的野心。1942年1月2日，同盟国中国战区统帅部成立，战区包括中国、越南、泰国和缅甸，由蒋介石任总司令，美国将军史迪威任参谋长。中国和东南亚各国组成了反法西斯统一战线，而土尔吉和贡布参加的远征军则是中国在第二次世界大战期间唯一一次派遣军队出国作战，也是中国自甲午战争以后第一次援助他国作战。这个宏大的历史事件曾经因为种种原因而在正史系统中长期被湮没，直到20世纪80年代才逐渐有零星的正面关注。近几年随着纪念抗日战争胜利六十周年的各种文化活动,出现了《我的团长我的团》《中国远征军》《我的抗战Ⅱ》等一些文艺作品,反映这段逐渐显得有些陌生的历史。

抗战胜利后六十年,土尔吉一直住在缅东北的巴默小镇守护着牺牲了的贡布和其他战友,等待着他们被历史"正名"的那一天。而达真打捞岁月封存的碎片,复原被遮蔽的故事,重写历史的冲动无疑也是一种"正名"的努力。由此我们也可以观察20世纪以来社会语境和历史话语之间纠缠错节、盈虚消长的面目,社会史、文化史、个人史、口述史逐渐突破正典叙述的系统,成为窥测过去的丛生幽径。

在大历史内部,个人的命运让人可触可感,充满了灵魂激战和现实人生的血肉肌理。土尔吉在龙岗山五六六高地上"对人性和身形的理解在故乡的柔情和异乡的惨烈所形成的巨大反差里"如同佛陀在菩提树下顿悟了一样,"战士和佛教徒的双重身份在残酷的战争中获得了前所未有的体验,这个体验在碎片上写着:一个国家,一个民族,一个个体,一旦面临野兽一样的军队的凌辱,慈悲为怀的菩萨心理也充满了憎恨,真正表达了生命的最高境界——爱和友善"。因为"人类最强大的力量不是武器和智慧,而是人类利他精神所孕育出来的无私无畏"。这样的升华,可以说是还历史一个公道。而历史也不再是书页间冰冷的文字,而是一个个充满欲望、情感、烟火气息、挣扎灵魂的活生生的人上演的一幕幕可哀可叹、可歌可泣的戏剧。

小说描写的功力和在精神境界上的开拓,让人看到俄罗斯文学的那种深厚悠长的刚健笔力。无论是战场血腥细节让人血脉偾张的浓墨重彩,还是藏地风俗民情体贴充实的酣畅淋漓,还是人物心理活动的细致入微,都在当代文学重故事、轻描写的整体风尚中显得颇为醒目,尤其是将人性欲望上升到高尚情操过程中,人、兽、神杂糅的真切考察,在充斥细碎与卑琐的写作氛围中显得难能可贵。

而尤为让人注意的是它在结构上的特色。虽然情节的推进是按照线性时间的顺序,从故乡到异乡的经历也按照人物命运的自然推进而发展,但是在叙述中,每当涉及人物的前史或者旁牵的故事时,总是节外生枝,往往某些并不重要的细节和情节也会浓墨重彩、刻意铺陈,作者常常在叙述中间加入闪回、交错,构成了镶嵌叙事或者说嵌入式的故事层叠。因此从形式上来看,似乎不太精练,增加了阅读障碍,给人枝蔓错生之感。不过,这并非是一种技法上的缺陷,而是源于中国传统叙事方式的一种再创造。

传统的中国古典小说"喜好将各事件重叠,或将事件与非事件(non-event)并叙,以强调它们之间平等的重要性,也因此反映了人生同时存在的经验……在叙事主线之下可以发现一条循序渐进的线索,但它的发展在表层却被说话人不断地间歇破坏……故事临场感的产生往往得力于在主线'事件'之上穿插许多无关紧要的'非事件'(non-events)。因此,所有的语言姿态、声音回响、夸大、论断、琐碎的指涉、抒情的描写、叙事格式等通常被视为阻碍作品时序流通的技巧,反变成了一个功能性的意符,达到了藉说话情景造成时间留滞的效果"①。即作者的声音并没有成为定于一尊的权威,人物的声音时时穿插进来,与作者的声音构成对话的同时,又共同达成了群体声音的众声齐语。这些声音各有不同的功能,有的推进情节进展,有的铺陈藏地的风俗民情,有的则生发对于命运的沉思与反省。

应该说,达真采取的这种叙述手法恰恰同小说本身要重写的历史形成了形式与内容上的暗合:历史并不是某条面目清晰的单线,而是充满了各种各样横生的僻径,任何一个偶尔蹿入两位主角人生遭际中的人物都有着同样的重要性,并没有因为他们惊鸿一瞥的出场就掉以轻心。从中国传统说部和藏族说唱史诗的传统来说,这是

---

① 王德威:《想像中国的方法:历史·小说·叙事》,生活·读书·新知三联书店1998年版,第90—91页。

古典叙事模式的遗产；从现代小说观念来说，这样的叙述超越了18、19世纪以来西方经典小说叙述模式的典型性；从长时段的历史来看，这是一种更为平民化的历史观；从众生平等的角度来看，这是一种带有佛教色彩的世界观。如果说，这本可以冠之以战争小说、历史小说之名的作品在文学技法上有所创新的话，那么这种非权威叙事充满了很大发展可能性。

上文通过个案，罗列了少数民族文学重述历史的方式、抒情特色、地方记忆融入"中华民族"历史的可能性。新世纪出现的这些小说置入更广阔的藏彝走廊一带的文学史中，也许更能清晰地看出它们意味着什么。从最初的益希单增、降边嘉措、李乔的革命史叙事，到20世纪80年代先锋试验及浪漫主义历史叙事，如扎西达娃《骚动的香巴拉》、阿来《尘埃落定》、尕藏才旦《首席金座活佛》、梅卓《太阳部落》《月亮营地》，再到新世纪书写历史的风潮涌起，泽仁达娃《雪山的话语》、冯良《西南边》、杨林文《兹祖濮乌》……纷纷从不同角度和地域切入本民族现当代历史的叙述，可以看到某种族别文学主体性的诞生和文化认同的寻求。在地方与族群文化传统中重塑族群记忆，往往具有人类学意义上的"族内人"的自我呈现，因为规避了外来者眼光，从而使得这种记忆更具有"原生态"的意味。

这种意义上来说，它们是一种自足的内部言说，将本地与本族群作为一个中心，敷衍传奇，演义过往，成就一段独立不依的族群与文化记忆。这种记忆无视了外在的进化论、人性论、阶级斗争、唯物史观，而着力于枝蔓丛生的民间与地方表达，从而为认识中国这一多民族统一国家内部的语言多样性、文化多样性和历史多样性提供了一种崭新视角。边缘、边区、边民的话语中形成一种新型的地方文化角逐力，在当下的文学文化格局中具有不可替代的意义——它一旦产生就会产生新的生产力，为未来的写作和知识积累养料。正是无数这样的"话语"的存在，才让中国文学拥有自我更新的能力。但是，从另一方面而言，在边地和族群内部讲述这些颇具异域风情的故事的时候，突出地方性、民族性和独特性固然有其文化意义，但如果只是表现这一方面，就失去了文学所应该具有的普遍性和共通性，而成为一种"文化小说"。仅靠情感与爱而无视整体性的政治历史格局的变动，难免有些苍白而狭隘，这是新世纪以来绝大部分涉及历史叙事的小说常见的问题。笔者曾经在一篇文章中将其归结为"神话历史"的模式："根底里是后社会主义时期身份的迷惘和认同的分化——原先的革命史观、宏大国族主体的历史被以欲望和身体为表征的个人主义史观所取代……少数民族文学的重写历史在这个细碎史观主潮中……还有着代言族群记忆的一面，但它们很多时候陷入将某个族群历史孤立化的封闭叙事，即往往会集中于族群历史本身而忽略了更广范围的各民族交流与融合。在幽微的层面，这实际上是一种族裔民族主义，也就是说搁置中华民族近代以来的建构历史，而重新回缩到一种族群共同体的首尾连贯的叙事神话之中。"① 因而重建包孕着个人与国家、欲望与社会、情感与理想、美学与价值的历史观是我们需要面对的重大问题。毕竟"真正的历史对象根本就不是对象，而是自己和他者的统一体，或一种关系，在这种关系中同时存在着历史的实在以及历史理解的实在"②。这里面就要求既包含着过去和对过去的理解，也包含着过去与现在各自内部主体与客体的联结。立足于本土固然是根本，但只有走出狭隘的自我、记忆、经验，才有可能创造出突破地方且带有普遍接受素质的作品。

---

① 刘大先：《新世纪少数民族文学的叙事模式、情感结构与价值诉求》，《文艺研究》2016年第4期。
② [德]汉斯-格奥尔格·伽达默尔：《真理与方法：哲学诠释学的基本特征》，洪汉鼎译，上海译文出版社1999年版，第384—385页。

第十二章

重寻集体性与文学共和

本章结合乌热尔图的个案探讨集体性和文学共和的理论建设可能。乌热尔图的小说多写于20世纪80年代和90年代的前几年,距今远的有四十年,近的也有二十多年了。他是第一位鄂温克作家,但并没有产生过轰动性的主流影响。他的写作与时代的文学主潮总是若即若离,但也并非排斥或者疏离。比如说80年代走马灯式的各种风潮根底里往往都有着个人主义式理念的支撑,但乌热尔图从来没有强调过个人,而更多强调集体性质的部族;90年代前卫作家们的"新历史主义"和"日常生活美学",消解了之前现实主义式的写作手法,一切坚固的东西都烟消云散,主体性进入黄昏了,乌热尔图反倒重新开始历史的"准学术"写作和少数民族主体性的构建……如果不是仅仅将它们当作一种文学史材料,或者休闲遣兴的产品(虽然它们因为题材的特异完全可以满足追求"异族风情"的功能),乌热尔图的这些作品在当下有什么意义呢?为什么我们今日还要再读他的作品?他如果没有过时,那么究竟原因何在?

乌热尔图已经形成了自己的文学史地位,尽管有关他的经典化过程还在进行中,但任何一个治当代中国文学史或者批评的人都无法忽略他的有关鄂温克人森林狩猎题材的作品:他为中国当代小说谱系中输入了一个全新的意象——"猎人"和一个独特的场域——"森林",其中渗透的带有"野性的思维"色彩的生态与文化观念,无疑已经成为儿童文学、动物小说、寻根文学、生态文学、少数民族文学等各种界定中可以不断生发滋长的精神资源[①]，仅此两点就足以让人记住，更何况他在1994年之后转型进入非虚构写作所表达出来的自觉的族群声音、文化记忆和少数者话语。所有这些话题，每一个都足够形成独立的论述空间，不过我认为重新阅读乌热尔图小说最核心的意义在于，从中可以发现一种对于集体性的再寻求，这种集体性以族群共同体文化的面目出现，从中可以发现社会主义新中国成立以来关于个人与集体之间关系起承转合的思想演变的痕迹。这种对于集体性的重新张扬有别于新中国成立初期那种社会主义人民的集体性主体，而是在后者解体之后寻找到族群文化的归宿，从而提供了一种精神的栖息之地。

时间给予了这些作品双重的维度，即它们当初写作、发表时候的历史语境，以及当下的社会生活现实语境。带着双重视角的自觉，观察乌热尔图步入文坛三十余年的写作，其主题和形式的变化有迹可循：最初以动物和猎人题材见长，作品情节结构都比较简单，疏于描写，长于氛围与心理的勾勒，较多以对话形式突出某些抽象的理念，这些小说多次获奖，为他赢得了声名；20世纪80年代中期后他逐渐转入以写意笔触、象征手法书写鄂温克部族在遭逢现代性冲击时的生产、生活与精神的变化，因为"地方性知识"的熟稔和鲜明的情感态度，加之艺术技巧的娴熟，这些小说让他获得了更多批评者的解读和阐释；1993年之后，他沉寂一段时间之后开始转入到散文体写作之中，尤其是近年来着力于对鄂温克历史的整理与重述。这个发展轨迹可以看出一个少数民族出身的作家在因应外界环境和

[①] 相关讨论，参见王辽南《民族深层心态的吟唱——略论乌热尔图近期创作的忧患意识及其美学嬗变》，《阴山学刊》1991年第2期；师海英《乌热尔图文学创作的生态思想探析》，东北师范大学，硕士学位论文，2008年；王云介《乌热尔图的生态文学与生态关怀》，《黑龙江民族丛刊》2005年第3期；王建芳《乌热尔图小说意象论》，内蒙古大学，硕士学位论文，2011年；陈珏《乌热尔图小说话语形态分析》，《民族文学研究》2012年第2期。

自身精神成长中如何塑造自我、寻求认同并最终获得了特定的形象。

这当然是最简略的概括，乌热尔图还有些自己可能认为不重要或者不符合他后来文学理念的作品，在再版的小说集中已经去除了。全面对他进行评价并不是本章的目的，并且已经有很多人在进行此类研究。我这里只就他最重要的小说讨论一个少数民族作家在他的写作中能够给我们的当代文学提供什么样的经验与启示。这些经验与启示可能带有的边缘文化特质，但却又具有普遍性的意义，它们显示了一个作家如何能够敏感地意识到某种社会的变革会引发的后果，同时又以坚定的情感态度立定脚跟，树立了别具一格的价值取向，并且尽自己的力量寻找某种救赎之道。在乌热尔图这里，就表现为他对鄂温克文化的认同和建立鄂温克文化主体的努力。他的作品无意充当社会与时代的镜子，却具有一个萨满那样的预言神通；他的艺术手法与魔幻现实主义颇有相通之处，却可能是最本土的日常美学表现；他的伦理与道德皈依看似一意孤行，却是我们时代文化不可或缺的动力之一。如果要给一个重读乌热尔图小说的理由，我想，就是他在全球化为代表的启蒙现代性语境中，执拗地背转身，着力弘扬一种奄奄一息的传统，并且力图从弱势中重建另一种集体性，复活那些不同于主流的认识世界的方式。

一　代言与集体性的寻找

如果采用伯林（Isaiah Berlin）的说法，乌热尔图无疑属于那种刺猬型的作者[①]——一直以来，尽管题材、体裁略有变化，但都是在书写自己的原乡族群经验，一以贯之的小说主题是"变迁及伤痛"。他的作品带有浓厚的自叙传的色彩，但是与纯粹的经历写作不同，他将自己在大兴安岭丛林中、在鄂温克部族里获得的经历提炼为经

---

① ［英］伯林：《俄国思想家》，彭淮栋译，译林出版社2001年版，第26—98页。

验,并且上升为一种方法。

鄂温克族于1957年在新中国民族识别中获得命名,成为一个特定的中华人民共和国的民族。有关它的族源的源流考辨,其说不一①,乌热尔图本人也有自己的一些见解。②这些说法暂时可以搁置,我想说的是当鄂温克人从"索伦""通古斯""雅库特""霍恩克尔""喀木尼堪""特格"等种种称谓中脱离,获得当代集体性命名"鄂温克"之后,这种身份就具有了能动性,成为凝聚族众的一种感召符号。乌热尔图在晚近自传式的回忆《我在林中狩猎的日子》(2011)中,以后见的回忆勾勒了对于自己族群的认同,他写到十七岁时下乡插队,"鄂温克猎民定居点生活的一切,对我来说都是陌生的。说真的,那时我对自己的民族身份还很含糊"。但是后来某一次在火车上巧遇父亲,听到父亲和一位鄂温克猎民用母语攀谈的场景:"我觉得周围的声响消失了,只有那鄂温克母语平缓的音调带着一股甜味,在我耳边飘荡;父亲和我,也包括小八月,都罩在这声音编织的光环中,不再惧怕任何威吓与欺侮了。那一刻,有股暖流朝我涌来。"回归到语言编织的族群共同体中,母语及其所代表的传统给予了时代狂风中的动荡个体以子宫般的温暖和宁静。时隔多年之后的这个细节,在被书写中带上了那时候的浓郁主观化色彩,如果不追究细节本身的真实性,这种心理上的倾向无疑体现了作者本人的现实态度。而此时这段时间并不太长久的狩猎生活成了此后他有关丛林小说的基本素材。从这个意义上来说,这次插队经历是个真正的"再教育"过程,它所积蓄的能量要到数年后才逐渐挥发出来。

语言构成了民族分类中最为核心的要素,对于语言和声音的重视体现在乌热尔图几乎所有的作品中。他的大部分作品都以对话、

---

① 关捷、杨惠萍、高景新、李晓菲:《满、锡伯、赫哲、鄂温克、鄂伦春、朝鲜族文化志》,上海人民出版社1998年版,第346—347页。

② 乌热尔图编著:《述说鄂温克》,远方出版社1995年版。

独白、倾诉的形式出现,即便是最初的那些动物题材作品,场景性的描写、抒情与议论也很少。乌热尔图并非不善于描写,他的细部刻画细致而精确,比如《琥珀色的篝火》(1984)中写猎人的野餐,《丛林幽幽》(1993)中写熊和猎手阿那金的近距离接触,那些鲜活的段落放在任何地方都称得上精彩,然而他放弃了这种写法,更多采取了用模拟人物对话、讲故事的形式来推进叙事。

这是一种对于"听觉文化"的自觉,听觉相比视觉更是人类的感性生存方式和文化维度,它与整个身体感知是相连的。① 在像鄂温克这样原先没有文字与书写的部族中,生存知识、人生经验、传说故事、起源神话等在代际间口耳相传,构成了巨大的口头传统,它们缺乏"视觉文化"或者说"书写文化"的理性、严谨、持久、专注,但同样也没有后者伴随着的单向度和霸权。乌热尔图后来在《声音的替代》《不可剥夺的自我阐释权》等随笔中明确强调某种微小然而独特的声音也应该有自己言说的权利。这可以看作一种认同的寻找,因为50年代的集体命名,鄂温克在翻身得解放中,获得了短暂的"人民"的集体性认同,但是旋即就遭遇到"阶级斗争为纲"的冲击,少年时代的乌热尔图强烈感受到个体被压抑:"人民性"这种现代性政治规划本身是一柄双刃剑,它在提升匿名群体法权地位的同时,也避免不了要整饬规约那些群体蓬勃多样的"小传统"——这是个"祛魅"过程。更何况"人民"的主体自觉还没有得到伸张,就被过于激进的政治运动歪曲了。因而乌热尔图早期的作品,已经隐然体现了一种对于传统共同体崩解的隐忧和个体自由

---

① 沃尔夫冈·韦尔施(Welsch Wolfgang)在回溯"听觉革命"的时候就征引了贝伦特、海德格尔、罗森斯托克-休塞、麦克卢汉等人对听觉文化的举荐:"听觉文化将加深我们对他人和自然的关怀;它将推动学习,而不是纯粹颁布法令;融会贯通、网络状的思想形式是我们未来所需要的,它距听觉文化从一开始就较传统的逻辑切入要接近得多。它整个儿就是充满理解、含蓄、共生、接纳、开放、宽容"。[德]韦尔施:《重构美学》,陆扬等译,上海译文出版社2002年版,第210页。有关"听觉文化"的范式晚近的研究,参见耿幼壮《倾听:后形而上学时代的感知范式》,北京大学出版社2013年版。

的向往。

在《老人和鹿》（1981）的结尾，作者表示是借鉴了苏联作家舒克申（Василий Макарович Шукшин，1929—1974）的短篇写作手法，舒克申的作品大多数都是书写了恋家恋土的农民。这部作品中，与树木、河流、大雁、鹿犴等自在沟通的老人，是一个并未从传统共同体中割裂出来、与丛林山野融为一体的人物。这个带有"儿童文学"标签的早期小说主人公其实是"老人"，他试图将这种混沌未分的状态传承给孩子，但是野鹿的死亡直接导致了他的逝去。老人的死亡可以看作是一种"祛魅"的隐喻，表明了过去那种"天人合一"、万物有灵式的世界观的坍塌。老人与孩子的二元设定，此后经常出现在乌热尔图的小说中，老人代表的经验、智慧、美德属于一个行将瓦解的文化的最后绝响。《马的故事》里那匹普普通通的兔褐马可以视作一种作者自况，在将动物人格化的描写中，恋家的兔褐马蹄上即便绊着铁制的锁链，也阻拦不住从被出卖的牧场逃离、回归到自己群体的冲动。这种冲动其实是一种对于自由的激情，可以看到个人主义式的向往一开始也不自觉地流露在乌热尔图的作品中。《七叉犄角的公鹿》（1985）中叙述人的变位很值得注意，"我"本来是叙述者，公鹿是被叙述者，但是在公鹿与狼的搏斗中，叙述人的情感不由自主地代入，也就构成了认同的代入。公鹿虽然被追逐、猎杀、围困，但始终不曾屈服、倔强地反抗，让"我"由好奇而崇敬，在解救它的同时，也赢得了继父特吉的认可。"我"与特吉之间的矛盾缓解，正是源于共同认可公鹿那"勇士"和"英雄"气概的共同价值，像兔褐马一样，小说再次忍不住代言般地强调了"自由自在的生活！"这毋宁说是一种主体精神的确立。

如果将"七叉犄角的公鹿"视为鄂温克精神的化身，那么乌热尔图至少从20世纪80年代中期已经开始从早先的个人主义式诉求逐渐转入到另一种集体性的寻找，那就是返回到早先族群共同体的传统，并竭力树立这个共同体的主体性形象。因而，他在写作上采用的拟声和代言就顺理成章了——他试图让自己笔下的人物自己说话，来讲述自己的故事；或者通过人物之间类似多声部的对话，让事件和世界自己呈现本然的面目。我们在这种言说中可以看到一个文化传统内部的变异与断裂，像《沃克和泌利格》（1988）中年轻的猎手沃克与泌利格一同出猎，在沃克看来泌利格这个老猎手显得乖戾顽固、不近情理：他总是心怀不满、充满怨气地指责依莱斯河湾鄂温克部落中发生的变化：那些外来人把他当作异族风情的一部分拍照，用金钱购买猎物破坏了猎人群体的原始共产主义，"现在的河水再也不是蓝颜色……林子里全是血腥味，还有母猪的臭屎味"……两人争执之中，在莫名的冲动下沃克举枪杀死了他。整个情节是通过沃克与亡灵的对话展开，或者如果用更为"科学"一点的分析，也可以看作是沃克在杀人后的心理活动、内心独白的展示。确实如同泌利格所说，这个事故是两个人一同搞糟的，他们完全可以通过交流和沟通来缓解这种原本未必会酿成大过的冲突。但是这种内部的冲突，原因显然来自外部，那种温情脉脉的共同体再也不可能保持其原有的状态了。

在另一篇诉说式的作品《清晨升起一堆火》（1988）中，更加极端的情况出现了：给力克家族的巴莎老奶奶杀死了孙女特杰娜的孩子，因为那是未知的外来人的血统。血缘与纯洁性的问题是一种前现代性的思维模式，因为村社共同体的终结在现代性的进程中是一个全球的普遍性问题，而在感伤、悼念、怀旧、反抗的各种形式中，诉诸血缘的很少，这无疑是一种具有族群性特质的话语。那个与外人有染的特杰娜有着走出丛林的愿望，受到来自祖辈传统的扼杀，可以看作是一种退守性、封闭性的思路。这是一种"民族性"的反思吗？

  特杰娜又冲着林子喊了：闷死我了，闷死我了。她又在咒林子了：砍倒它，砍倒它。我还要去对她说，你不要咒林子，

> 千万不能咒，你要咒的应该是我的这双手，是它送走了你的宝贝。我还要去对她说，最该咒的还有长在我嘴里的舌头。从她肚子刚刚鼓起来，我嘴里的舌头就开始跟她嚷：谁给你揣上的，谁给你下的种儿。嚷过多少次我自己都说不清了。
>
> 你来吧，火。我要在一堆清清亮亮的火苗上洗洗手，让通红的火炭在我的手心里跳舞，让通红的火炭在我的手背上唱歌。

巴莎老奶奶这段向火的倾诉，也是清洗自己罪过的举动。火崇拜是常见的原始宗教思维，诉诸火的清洁功能，隐约可以见到一种弥合的企图，即缝补特杰娜与巴莎老奶奶之间那种代际冲突、族内与族外血缘冲突所隐喻的裂缝，期望在族群最根底的信仰之中找到安慰。这是一种寻找替代性叙事的尝试，希望在传统信仰中谋求出路。因而，我们可以看到巴莎老奶奶的哀悼并没有变成忧郁，按照弗洛伊德的分析，哀悼是世界变得空虚，而忧郁中，变得贫困和空虚的是自我本身。① 也就是说，巴莎老奶奶（或者说乌热尔图）的内在世界依然没有丧失，自我的冲突并没有被对象的冲突所替代，矛盾的矛头指向的是一个含混而又威权式的外部。只是，到最后我们会发现这不过是无望的哀悼，巴莎老奶奶在《灰色驯鹿皮的夜晚》（1990）里终于冻死了。

面对外部、异文化的侵蚀这一现代性的后果，丧失感弥漫不去，心理调适和情感修复的方法，在乌热尔图那里就表现为与自然的亲近，这种亲近不是走远了之后折返，而是未曾离开的天然关系，就如同身体与心灵的不可分割：

> 那些贴伏在山坡的矮草，它们密匝匝、绒乎乎的，被冰冷的霜雪揉搓得嫩黄嫩黄的挺像女人的细皮嫩肉；还有横在那里

---

① ［奥地利］弗洛伊德：《哀悼与忧郁症》，马元龙译，汪民安、郭晓彦主编《生产》第8辑，江苏人民出版社2013年版，第3—13页。

的一对秃山,挺得那么高,磨得那么圆,不叫你想起女人胸脯的奶子,也会把它当成两匹骒马滚圆的后腚。再说,那稍远一点儿的两道山梁,光溜溜的凑得那么紧,伸得那么直,你不把它看成两条滑溜溜的大腿,我真从马背上栽给你。在这儿,松树林也变起把戏了,它们好像黑马的长鬃甩来甩去的,那片桦树也挺美,抖着花白的树干,远看就像姑娘们的一张张嫩脸。说来说去,弄得你脑袋发晕,撩得你心头发痒的,该是那眼瞅要钻到山背后的太阳,眼下从它那儿泼过来的残光,不明也不暗不红也不绿,像一层蓝幽幽的水纹,这真叫你发呆、叫你发傻,还让你胡思乱想。这也难怪,不论哪个猎手,走到什么地方,只要想起伦布列猎场,都觉得心里头火烧火燎的。

——《雪》(1986)

这样的肉身化,让外界环境与人本身交融为一、无分轩轾,它们共同形成了自足的世界,不假外援,也无须外来的评价。在这个小宇宙里面,乌热尔图的集体性找到了落脚之处,而他的写作就是替这个融合了族群性、地方性和精神内涵的集体发声,焕发出它的光彩。

二 危机与自我阐释

死亡是乌热尔图小说的常见内容,是变迁与伤痛的直观体现,这可以视作风险社会中的创伤体验。他早期的《猎犬》就是一篇颇为诡异的作品,猎犬额努莫名其妙地疯了,咬伤自己的女主人宾塔,甚至不认一手带大自己的革讷,这种没有来由的疯狂形成了一种寓言:动物与人之间曾经的和谐关系的破裂,也是丛林生活分崩离析的一个部分。而这种和谐的破裂造成的精神问题,从关系内部是无法找到原因的。精神的错乱后来成为乌热尔图尤为关注的问题,这与鄂温克部落里的现实情形有着密切关联。《林中猎手的剪影》(1998) 中三位死去的猎手,几乎都或多或少带有自杀的性质,当然这很大程度是作者本人根据现实考察进行的猜测和解读。他们"极富耐性的求生意志",在现实的变迁中却同"摆脱不掉的自我麻醉、一种慢性自杀的倾向糅合在一起",有着猎手的尊严,在变得陌生的大兴安岭中却因为对生活的失望、对驯鹿命运担忧而又无能为力,只能走上自杀取死之道。社会学和精神医学的研究都一致认为,自杀来自偏离了某种正常状态的紊乱,或者是社会秩序的,或者是精神方面的。涂尔干(Emile Durkheim)认为社会整合的缺乏会导致利己型自杀,社会整合过甚,外部限制过多也会导致利他型自杀,而社会危机则导致失范型自杀。精神医学一般都会将自杀归因于抑郁症、双向交流障碍、精神分裂、酒精中毒等。[①] 猎手自杀的泛化也许可以从中寻觅出一些解释的线索,这既是现实中的狰狞事实,更多也是作者本人浸染了浓郁忧郁和愤懑的表述。

  工业化与现代化的片面性发展路线,使得整个社会成为一个危机重重的社会,风险成为一种系统。按照社会学家贝克(Ulrich Beck)的解释,现代化不仅导致了民族国家的形成、资本的集中、日益紧密的分工网络和市场关系、社会流动和大众消费,更主要的是导致了个体化。这种个体化包含三个层面:一是将民众从曾经的传统支配中解放出来,从历史规定性的社会形式中抽离;二是对于既有实践知识、信仰与伦理等确定性规范的祛魅;三是重新把新型的社会整合与控制机制嵌入进来。这实际上会导致个体与社会之间的直接性,社会问题从而体现为个体问题。[②] 疯狂、误杀、自杀等社会问题以个体形式出现,而人们很少会从社会领域寻找其根源,

---

[①] 吴飞:《浮生取义——对华北某县自杀现象的文化解读》,中国人民大学出版社2009年版,第20—31页。

[②] Ulrich Beck, *Risk Society*: *Towards a New Modernity Theory*, Sage Publications, Inc., pp. 127-137. [德] 乌尔里希·贝克:《风险社会》,傅博闻译,译林出版社2004年版,第156—168页。

这是许多当代文学作品中忽略的层面，即个人主义式的写作中往往从个体心理寻找动因。回到乌热尔图小说的讨论，我们会发现他始终在一种社会关系之中来书写这种风险中的创伤，而解决之道似乎只有回到对共同体的皈依之中。

比如误杀，《越过克波河》是对《沃克和泌利格》故事的丰富和改写，蒙克和老猎手卡布坎的人物设定如同沃克和泌利格，只是中间添加了少年波拉作为见证人。它同样是个共同出猎的故事，但是因为蒙克在他人猎场上行猎，实际上是跨越了边界，因而遭到了报应——他被误作公鹿打伤。尽管猎场在萎缩——退化的原因是可以想见的外来文化的冲击或者说现代性步伐进入之后造成的失范，但是猎人的传统和规则还是应该恪守。克波河就是这种界限的隐喻，而少年波拉目睹此事，受到的教谕是要在心中牢牢记住这条大河。通过对于禁忌的强调，呼之欲出的是浓烈族群与信仰色彩的集体文化观念。这种传统观念在现代化进程中自然会面临祛魅的境地，《胎》中的舒日克就在犹豫不决中自我突破了禁忌。他为了给自己怀孕的妻子打点猎物，在大雪封山中追踪一头怀孕的母鹿，茫茫山谷之中，两个生物其实都在为共同的目的——生命的继承和接续——而拼命挣扎。这原本是这个环境中的常态，黑格尔所谓两种合法性之间冲突的悲剧。① 但是如今却掺杂了外来因素的影响，因为按照传统鄂温克猎人的规矩，怀孕的母鹿是不能打的。如果不是内地的老客，将鹿胎吹上了天，四处宣扬鹿胎是皇家药典中的名品，根本不会有本地人猎打鹿胎的事。舒日克一路在不停地与自己的内心做斗争，试图说服自己和安抚内疚之情，甚至在猎杀母鹿的时候出现了妻子倒下的幻觉，而他也付出了代价：猎犬西诺被自己的子弹误杀。这种"报应"所带来平衡也可以视为一种象征："白茫茫的雪地上，他的身影在逐渐缩小，

---

① ［德］黑格尔：《美学》第3卷下，朱光潜译，商务印书馆1996年版，第284—289页。

直至消失在那与鹿胎同样颜色的山谷中。"这是猎人及其时代的终结。

挣脱禁忌,当然是一种解放,然而对于当事人而言却是一种丧失。我们可以看到乌热尔图的人物都在诉说同一个故事,一个森林退化、猎物隐迹、猎手失落的故事。《玛鲁呀,玛鲁》(1988)围绕向家神玛鲁诉说展开。出走了的弟弟努杰正是因为失去了狩猎的空间而走入了精神崩溃的边缘,这才导致了同姐姐巴格达的争吵——他在幻觉中重回旧地,以为自己打到了一头鹿,实际却并没有,因而遭到姐姐的羞辱。努杰不能接受而出走实际上就是自杀——由羞感导致的失范性自杀。这个极短的篇幅中其实容纳了许多更为复杂丰富的内容,比如由于生存环境变化而导致的人际关系的脆弱和共同体的解体。解体之后,是新型控制手段的介入。《在哪儿签上我的名》(1990)里,在猎民腾阿道的自白中,他和回乡的朋友诺克托出去打猎,"林子变得陌生了,变得可怕了,变得再也不属于鄂温克了"。因为外来的森林检查员似乎已经成了主宰者,森林已经不再是自在的存在。这个骄傲的猎民虽然看不上检查员,但并没有产生嫉恨,"就像一阵风迷了你的眼,你揉揉眼,不会去嫉恨是什么沙子迷的你"。但是他把检查员误作为熊枪杀了,这事已经无可挽回,就像那因为吃了毒药死去的驯鹿和猎狗,"没什么可说的了"。外来的检查员破坏了禁忌,这是他的取死之道。值得注意的是小说的题目与内容构成了互补,腾阿道的猎人身份在检查员代表的规训系统之中是不合法的,他只有以"杀人犯"的身份才能在表征现代性的审讯表格上签上自己的名字。解放与控制是一体两面,而传统的禁忌在冥冥之中起到了保卫共同体的作用。

外来力量始终游离在这个共同体之上,无法进入它的内心。《灰色驯鹿皮的夜晚》这部带有悬疑色彩的小说抽丝剥茧,层层展露出巴莎老奶奶死亡的真相,手法非常娴熟,然而这不是重点,小说所展现的环境才是真正的主角。一开头写到的巴莎老奶奶生活的村落：

> 奥彼莱村的历史并不长，也许根本就不能用历史这个词来形容它的过去。它刚刚熬过十一个年头，眼下时常被人看成新生的村落。它位于克波尔迪河与一条不知名的小河汇流处的高坡地。这里原有整片整片的密林，短短几年被砍伐得七零八落，残存的孤木变成不起眼的点缀，好似婴儿的嫩发。……当松木垛起的刻楞房子，替代尖顶的单布帐篷时，随着几户外乡人的迁入，奥彼莱村有了自己的正式称号。
>
> 现在，谁想在区域性通用地图上找到奥彼莱村的位置，仍是一件难事，应该说它太小啦。

这个由于"外乡人"的到来而命名的奥彼莱村，在"通用地图"上是找不到的，这是一块被历史发展进程淘汰而隐匿不见的村庄，它的过去一片空白，它的现在是缺席的在场。正是在这个村庄，巴莎老奶奶原本的家园，她却"恍若迷失在一片无人的森林"，没有人为她打开温暖的房门，于是她就在冷漠中冻死。事实证明，正是"我"这样一个外来人最后目睹了巴莎老奶奶的死亡而无动于衷——巴莎是否陷入了梦游的幻境，我们无从得知，而外来者"我"则确定无疑是在梦游。"我"永远也无法理解事情的真正来龙去脉，即便似乎身处其中。《梦，还有猎营地捅刀子的事》里，嘎拉亚因为红军的事而与岳父德日雅发生争执，被后者捅死，这个老头的貌似发疯显然不仅是因为争吵，更有广阔的生态变局的影响，那个萦绕在营地上空的梦似乎透露出一点端倪：

> "他说，在梦里扛着枪去林子里打鹿，走了好远，又迷了路。要不是在梦里，他可摊不上这种事儿。他东找西找就是找不到回来的路。这时候，他发现自己头上长出一对犄角，那犄

角挺沉，压得他抬不起头。他只好一只手扶着头顶的犄角，慢慢摸回来了。早上，讲这个梦的时候，他还笑了，让我摸摸他的脑袋，他那乱蓬蓬的头发上沾了碎枝，别的什么也没有。"

"那么，你没把这梦讲给谁听。"

"没有。现在就是在猎营地里，谁也不把梦当成一回事了。再说，这么怪的梦讲给谁听都要笑话的。"

德日雅在梦中找不到回来的路而变成了公鹿，"这些人从来不知道你是怎么想的，他也不想知道。我看，他们的脑袋永远也别想猜出来，鄂温克人脑袋里是怎么想的"。鄂温克人的梦，外来者无法理解，也不愿意试图去理解，甚至在部族内部，"谁也不把梦当成一回事了"，这是如今面临的变局造成的无知和刻意无视，梦似乎只能讲给古老文化的象征：萨满。

关于差异性文化之间是否可以理解，这个问题见仁见智，在乌热尔图那里形成了自己决绝的态度，那就是只能由文化持有者、族内人进行自我阐释，因为外来者往往会以自己的声音替代弱势者的声音。这并不意味着放弃交流、封闭自我，而是他要用文化所有权意识和言说本身参与到这种交流过程中去，而不是被他者所代表。面对日益个体化的情形，重塑集体性的族群风貌与文化精神，既是自我理解，也是对于他人理解的对话，它会丰富整个中国当代文学乃至文化的声音地图。

三　文学的返魅与"共和"

乌热尔图竭力营造和阐释的是一个带有现代理性所不可索解的意义与价值的存在。这是一种弥合吉登斯（Anthony Giddens）意义上的"现代性断裂"和"脱域"（社会关系从彼此互动的地域性关联中，从通过对不确定的时间的无限穿越而被重构的关联中"脱离出来")的努力①。其早期的《棕色的熊》中这种存在还不具有明确的意义指向，只是一个朦胧的共同体，然而已经带有些许神秘色彩。这个取自于少年时代经历的小说，是一个学习与成长的故事。十五岁的少年额波对熊的喜爱与恐惧交织的情感，经历升华，是一个接受部落图腾及其所代表的一系列理念的过程。经过猎熊的通过仪式，他才真正融入自己所属的共同体中——不仅是血缘的，更是社会、文化与历史的一员。这个共同体有其自身的意义和价值系统，像《琥珀色的篝火》中，即便妻子塔列病重急于下山救治，但是猎人尼库还是遵守了鄂温克人对于迷路者的救助传统，尽管那三个外来者及其所代表的异文化带给他的只是不愉快的记忆和伤痛。尼库的举动并不是出于某种外在道德的指引，而是作为内在律令体现出来。他在初秋雨夜密林中生起的琥珀色篝火，是内在光芒的焕发，它照亮、温暖迷失者的身体和心灵，是一种无目的的合目的性。乌热尔图要做的是恢复事物原本的那种模糊、含混、多元的状态，可以称之为一种通过文学的返魅，而萨满的形象就起到了沟通神（自然）与人的媒介作用。

《萨满，我们的萨满》（1992）是一篇重要的作品，在"这没添加想象的文字只是我的一段记忆"的直诉式言说中，作者强调的是"记忆的纯洁"。但这只是一种自我说明，克波尔迪河畔的达老非萨满在叙述人"我"的记忆中其实就像"一条藏身于深渊的大鱼，在一个短暂瞬间跃出了水面，随后又沉入了河底"，他那时明时暗的生活、他与熊之间扑朔迷离的关系，给予"我"的是不可索解的神秘。外来者带着"忘乎所以的好奇心"和"没完没了的兴趣"，"好似气候转暖后成群成群迁徙的候鸟，让你感到惊喜的先是它们的羽毛，随后才使你注意它们的尖喙……"，他们将达老非及营地当作异族风情的产物："他们也在我们身上、在达老非萨满身上，发现了以前从

---

① [英]吉登斯：《现代性的后果》，田禾译，译林出版社2000年版，第4—6、18—26页。

未了解的他们自身的一部分。就在一个短瞬间,我眼前闪过无数次闪电,刺眼的强光超过了平和的日光,使我头晕目眩。我担忧地望着围在陌生人中,承受着电闪雷鸣的达老非老头儿,我知道,从此他的面容将被那发出闪电的装置掳走,将被制作成面具攥在那些陌生人手中。我知道,即便在自己的森林里、在自己的营地中,他也躲避不开那游动着的人群携带着的闪电的无终止照射。"这无疑是现代性的侵袭和解咒,然而它所带来的只有情感和心灵的伤害。小说中有着三句标志性的话语,第一句是达老非对"我"的解释:"我是萨满!"这种萨满的自认是对于万物一体的皈依;外来人意识到他是萨满,兴奋点则在:"这是——活——化——石!"这是将萨满置于进化论线条上的前段,以其指称在那种认识论中的"原始""古老"和"落后"等状态以及负面价值;在被迫披上神圣的萨满神袍为外来人表演时,这种折辱之中,他爆发了:"我——是——一头——熊。"而他最终从容葬身于熊口,"我最终还是信服了,那是具有超常感知力的达老非萨满,为自己安排的归宿"。这种死亡可以从施耐德曼(Edwin Shneidman)的精神分析自杀论得到理解:它由情感上的疼痛(psyache)引起①,同时未尝不是达老非萨满对于后我(Postego)也即死后状态的看法所导致——回归到信仰的怀抱之中,与熊这一自然神灵融为一体。这是熊图腾原型的当代转写,更是一种新萨满主义的表现,放在当下的时代背景中看,可以说是一种全球性返魅思潮的显现。

　　1993年对于乌热尔图是个关键性的年份②,这一年他写下了最后一篇虚构性作品《丛林幽幽》。该作的情节结撰方式同样是回忆,现实与记忆不断交织,记忆中的过去承担了故事演进的叙述脉络,

---

　　① Edvin Shneidman, *The Suicidal Mind*, New York, Oxford University Press, 1996.
　　② 随着1992年后中国经济政策和相关意识形态的转轨,1993年在整个当代文学史中看也是个标志性的年份,文学的产业化市场化、文学的无主潮、知识分子精神的陷落和危机、大众文化的突起、先锋文化的终结、文学的无经典时代等等,都从这一年肇始。参见王艳荣《1993:文学的转型与突变》,中国社会科学出版社2013年版。

现实中的议论则以后见之明进行一种人类学式的阐释，而在回忆中还有追忆，层层叠叠的叙述结构中间，可以见到时间的绵延。这种时间并非是线性的，而是在叙事结构彼此来回穿梭，形成朦胧混沌的世界。猎手阿那金家族与熊之间的纠葛，成为贯穿始终的线索，最初是他出猎遇熊的历险，然后是熊入帐篷留在他怀孕妻子腹部一个手印，而他的儿子额腾柯在成长过程中也愈来愈像熊，最终还是同母亲一道与熊搏斗后融入丛林（这个情节类似于达老非萨满的故事），而小说结尾阿那金剥解熊肉时，在它的胃囊发现了乌里阿老祖母的玉石手镯。通过托扎库萨满天启般的言辞，族众们信服到，这头熊是他们的额沃——老祖母。在这个关键性的事件、这个关键性的时刻，古老的信念征服了所有人。就像额腾柯返祖式的浑身长满了熊毛情节一样，这个故事在复活的交错记忆中也构成了一种回归与返祖的轮回。往复重叠的记忆就像一条河流：

> 在鄂温克人的古老观念中，有一条河，那是氏族的生命之河，在河流的中部生活着享受阳光的人们，河流的下游居住的是那些告别阳光投入月光的人。那高耸的风葬架象征着木排，载着告别阳光的灵魂，顺着氏族的河流而下，漂向最终的归宿地。
>
> 可惜，这些有趣的观念，早已与那坍塌的风葬架一同在人们的记忆中消失。
>
> 在阿那金为多毛的儿子烦恼、茫然不知所措的时候，一个意外的遭遇，在他空荡荡的脑袋里灌满了新奇的联想，其实那并不是什么新鲜的泉水，对他对营地里的人对整个奇勒查家族来说，在大家共有的记忆库存中有什么东西折断了。那是若干年前，可以说是没什么人看得见、摸得着的奇妙现象，就像河水在河道中分成两段。对阿那金来说，在他头脑中分成两段的记忆像残缺的斧把，东一截西一块，扔得太久了，以致完全

忘掉它的存在。直至这一天，有人拣起断成两段的残片凑在一起，使人突然觉得营地普照的阳光如此明亮清透，从遥远的发源地冲刷下来的河水，在旧有的河道依旧欢畅奔涌。

在这一段类似于荣格（Carl G. Jung）式的自我解读之中①，乌热尔图以一个文化持有者的内部眼光剖析并描述了自己族群的集体记忆。"河流"的意象数次出现，在更早一些的短篇小说《你让我顺水漂流》（1990）中，最后一个萨满卡道布老爹就是要求死后被扔进河里，让自己顺水漂流。那是个笼罩着阴郁沉重氛围的死亡叙事，萨满之死已经成为一种无可回避的命运，而他最终的解脱无疑是回到祖先与命运的河流之中，重新获得连绵不绝的永恒生命。

记忆之所以重要，是因为它承载了祖辈积累的传统和智慧："儿童的知识主要来自营地老年人的口中，来源于她们出色的记忆。部族的老人负有责任把头脑中，从上一辈口中听到的数不清的涉及部族起源、迁徙历史、狩猎经验的传说，按照故事和神话的形式，慢声细语地讲给孩子们。毫无疑问，整个部族，对代表历史、代表智慧的老人们，保持着孩童般的精神依赖。"在这种传统之中，"老人"就显得特别重要。如果说部族是一棵家族树，他们就是深埋在地底下的根须。在书写这个过程中不断加入各类民族志式的记载，比如对于鄂温克营地"乌力楞"的解说，以及对于鄂温克人精神观念"敬畏"的阐释。这种再造文化记忆的尝试，"显示了身份追求和特定认知合法化的尝试。其意义不惟在所叙述的内容本身，也不仅仅是其叙事形式的转变，更在于它们建立了与曾经的外来人的不同的感觉、知觉、情意基础上的概念认知工具。不仅是按照自己族群的修辞惯习、表述常态来发表主张，而是把这种基于本族群的理

---

① ［瑞士］C.G. 容格：《论分析心理学与诗的关系》，朱国屏、叶舒宪译，叶舒宪选编《神话—原型批评》，陕西师范大学出版社1987年版，第99—100页。

解方式作为一种特别的知识方式，这样实际上从'全球化''现代性''消费主义'等范式中冲脱开来，它在推出主流叙事的同时也树立另一种普遍性，丰富了人类认识世界的方式"①。

如果我们对比同年王蒙发表的具有节点性质的《躲避崇高》、贾平凹的《废都》等所体现出来的主流话语的日常化、琐碎化、精神的降解化，乌热尔图的《丛林幽幽》反而呈现出崇高与高扬精神主体的意味。现实中的叙事人通过客观的描述和对部族物象风俗的解释，承担了将部族文化知识化的人物，实际上也就扮演了"老人"的传承角色。"老人"对于"孩子"的言传身教构成了部族生命河流，虽然曲折艰难甚至微弱濒危，然而终究不会全然断绝，它们共同构成了集体记忆，即便是那些似乎已经不再受到它约束的个体，依然不能摆脱它潜藏的影响。在这个集体记忆中，部族是与自然万物关联在一起的，就像《雪》里面写到的："你觉得在这世上无牵无挂，活得自自在在，可你不知有样东西从你生下来就跟随着你，虽说你从没觉出过，它早就影儿似的罩在你身上。有人说它像一条链子，把你和一座山、一条河、一片林子、死死地链在一起。这条神链磕不得，碰不得，你信不信？"

如同查尔斯·泰勒（Charles Taylor）所说，在现代性的语境中，那种固有的宇宙秩序、"伟大的存在之链"发生了断裂，英雄维度的逝去，目标的失落和狭隘化，导致的后果令人担忧：个人主义、意义的丧失、道德视野的褪色，工具主义理性的主导与猖獗，政治层面的现代专制主义、对公共领域的疏离和政治的失去控制。② 给定的秩序受到怀疑，这就是所谓的祛魅过程，现代自由因此而产生。但是自由也要付出代价，这是一种破碎的世界观，人的异化由此产生，

---

① 刘大先：《叙事作为行动：少数民族文学的文化记忆问题》，《南方文坛》2013年第1期。

② ［加］泰勒：《现代性之隐忧》，程炼译，中央编译出版社2001年版，第1—12页。

因为"再也没有什么神秘莫测、无法计算的力量在起作用,人们可以通过计算掌握一切"①,这个社会的神秘性荡然无存,就产生了海德格尔(M. Heidegger)所谓的"世界"(Welt)与"大地"(Erde)之间纠缠不已的斗争:"世界之抽离和世界之颓落再也不可逆转。""大地是一切涌现者的翻身隐匿之所,并且是作为这样一种把一切涌现者翻身隐匿起来的涌现。在涌现者中,大地现身为庇护者。""世界是自行公开的敞开状态,集中一个历史性民族的命运中单朴而本质性的决断的宽阔道路的自行公开的敞开状态。大地是那永远自行闭锁者和如此这般的庇护者的无所促迫的涌现。世界和大地本质上彼此有别,却相依为命。世界建基于大地,大地穿过世界而涌现出来。但是,世界与大地的关系绝不会萎缩成互不相干的对立之物的空洞的统一体。""世界立身于大地;在这种立身中,世界力图超升于大地,世界不能容忍任何锁闭,因为它是自行公开的东西。但大地是庇护者,它总是倾向于把世界摄入它自身并扣留在它自身之中。"②祛魅导致了自然神性的解构,工具理性大行其道冲击重组了原有秩序,自然和人之间也被重置为对象化和客体化的关系,亲密感丧失了,心灵也失去了依托。而人最终要诗意地栖居于"大地"之上,乌热尔图意在通过对鄂温克族群与生活空间的恢复,"把世界重置回到大地之中",连接起断裂的存在之链,修复支离破碎的亲密感,是对于"大地"的重返。

而更主要的,他呈现出一个"不同"的文学世界,正是有着这样形形色色的"不同"存在,才保持了文学生态的平衡与活力,没有窒息于强势话语比如政治和商业的意识形态的专断。20世纪后半期以来,相对论、量子力学在科学内部的冲击,内在关联、后现

---

① [德]韦伯(Max Weber):《学术与政治:韦伯的两篇演说》,冯克利译,生活·读书·新知三联书店1998年版,第29页。
② [德]海德格尔:《林中路》,孙周兴译,上海译文出版社2004年版,第26、28、34、35页。

代的有机论逐渐成为从科学话语向其他人文话语弥散的新一轮的思想革命①，乌热尔图的修复和重返可以视为此种返魅或者复魅（re-enchantment）思潮之一种。《雪》中提到了一个傻瓜生火的故事，他从找木头开始，反向追溯了松树、斧头、磨刀石、河水、小鹿、绿草、雨水、风和太阳，最后"太阳升起山顶，晒干了风婆的头发，风婆甩甩头发，刮起大风，雨婆乘风下起雨，青草绿了，鹿吃了绿草，游过小河，沾湿了磨石，磨石磨快了斧头，斧头砍倒了松树，松树架成一堆，傻瓜总算生起一堆火。"这个故事既是对于年轻人要敬畏万物的教诲，同时也是讲述者本人在重温中对于传统的不断淬炼。最关键的是，它所表现出来的关系性的意识。民族与民间的智慧的复活，使得乌热尔图的小说具有了一种从少数者角度来看更加普遍的意义。从形态和观念来说，他的作品属于费孝通所说"各美其美，美人之美"的文化理念阶段②，即少数者群体张扬自己的文化，同时将自身的文化理念置诸广阔的社会关系之中，"和而不同"只有在先有着如此多样性的"不同"，才能最终达致"天下大同"的"和"。重新解读乌热尔图，以及与他类似的诸多少数民族作家，也许能够在返魅的多样文学中体现文学"共和"的意义。

---

① ［美］大卫·格里芬（D. R. Griffin）：《科学的返魅》，大卫·格里芬编《后现代科学——科学魅力的再现》，马季方译，中央编译出版社1995年版，第1—59页。
② 费孝通：《人的研究在中国》，《论人类学与文化自觉》，华夏出版社2004年版，第29页。

第十三章

少数民族中短篇小说的现状与未来

在一篇总结晚近五年来中篇小说创作的文章中，孟繁华指出，中篇小说是百年来中国文学最重要的文体，"代表了这个时段文学的高端水平，它所表达的不同阶段的理想、焦虑、矛盾、彷徨、欲望或不确定性，都密切地联系着这个时代的社会生活和心理经验"①。确实，"新文学"肇始以来，中篇小说的创作积累了极为丰富的经验，能够容纳与传达较大社会与文学信息，比微型小说（小小说）要丰富，同时在应对社会现实时又不像长篇小说那样容易滞后。在当下资本化与市场化主导的文学语境与生态中，中篇小说的生产、传播与接受保持了我们惯性理解中的比较纯粹的"文学性"。中篇与短篇的界限并没有那么明确划一的区分标准，因而中短篇小说有时候可以放在一起讨论，它们大致可以归纳为那些体量上至少有一个主题，并关联起相关社会与文化网络的作品。

就少数民族小说而言，中短篇也可以说是代表我们时代少数民族文学的基本成就，虽然每年有大批量的长篇小说生产出来，但它们中很大一部分陷入文化理念的单一性之中，比如成为某种刻意表现"民族性"或者地方习俗与风物的"文化小说"，因为有着明确主题而显得过于理念化；或者虽然有着"史诗性"追求，实际效果

---

① 孟繁华：《中篇小说仍是高端成就》，《文艺报》2017年8月18日。

却不过是稀释中篇的敷衍之作。长篇小说的问题比较复杂,不是本章的主题,暂且放下,我想说的是少数民族中短篇小说也是内在于中国文学的整体生态之中,它再不可能依恃某种文化特质立足,也不可能无视主流中短篇小说在技巧、美学与观念中所取得的成就,一句话,它必得将自身置于中国文学的整体场域之中来定位自己的坐标。下面我将结合《民族文学》"2017年11月小说专号"做一些考察,以其作为个案,观察少数民族中短篇小说的现状与不足,并对其未来提出自己的一些期许。

一 社会问题与复杂性呈现

现实主义的回归与对于现实社会问题的关注可以说是新世纪以来小说的总体潮流,少数民族中短篇小说也在此潮流之内。但这并非是要通过小说来总结某种明确的社会问题,社会与生活的复杂性很难为某种先行的主题所简单化约,某个问题总是关联着纠缠在一起的社会总体诸多方面,小说不可能像学术论文一样提供"提出问题、分析问题、解决问题"的清晰思路。同时,现在的各类媒介与分工细密的社会科学可能比小说在总结社会问题上要做得更充分和精准,而小说的长处恰在于以其特有的美学方式呈现出无法被社会科学和媒体分析所概括的复杂性。它永远无法给出某个一劳永逸的方向,所能做的是"揭出病苦,引起疗救的注意",如果在此基础上能有超越性的启发,则可谓在审美与娱乐之外,达到了小说的社会认知与教育功能。

《听见》充分显示了马金莲(回族)日趋成熟的叙事技巧,小说从极为普通的校园日常入手,情节与人物丝毫看不出有任何离奇出脱之处,然而随着偶然性事件的发生,整个故事向着不可收拾的境地急剧发展。刚工作不久的班主任刘长乐充满了教育的热情,但并没有多少社会经验,在课堂上与学生腊志东的冲突时误伤了后者的耳朵。那个冲突几乎是无事的龃龉，只是因为两个人彼此之间的沟通不足而造成了难以预料的后果。情节随后急转而下，刘长乐带腊志东去县医院检查的时候，腊志东的父亲腊学民赶到，事情原本可以有转机。但是在接了几个电话之后，腊学民的态度转变，要求去市医院。其实所有人都清楚，伤势并不严重，甚至在校长和教育局副局长来了之后，几乎已经解决了。在一个电话后，又发生了变化。因为腊志东的二伯和村里的支书恶意炒作，事情被放到了网络上。到这个时候，已经不是任何人所能控制，所有人都被网络暴力裹挟着。刘长乐"看不见一张善良的脸"，最终跳楼，而腊志东受不了内心的折磨也出走了。这个叙事就如同山上滚下的雪球，越往前行滚动得越大，已经无法正常收场，只能以死亡的震惊效果来结束。马金莲出色地将这个悲剧的发生的复杂性展示了出来，每个牵涉其中的人都难辞其咎，究其根源，无疑是人与人之间的不理解和集体无意识式的"平庸之恶"的结果。

　　反讽的是，悲剧正是由于现代信息交流手段的发达造成的，手机与互联网看似便捷了交流，却以技术的冰冷阻塞了人与人之间肉身与心灵的沟通，误解与隔阂一次次加大。小说的结尾颇富象征意味：腊志东从医院出走在街上，"风吹过，他耳边回旋着一片盲音，什么都听不到"。其实他的耳朵没有问题，能够听见，之所以出现了盲音，是那奇怪的风，那些风是日益凋敝的人心、对于金钱的渴望、信息爆炸中不辨真相的嘈杂以及不同言语诉求难以调和的落差。刘长乐所面对的学生、同事、上级和无数不知名的网民共同构成了一种群体的暴政，杀人于无形。每个人都有自己认知的暗角，这个时候保持独立的思考和对于独立思考的局限有着自明，才能避免成为被盲动所左右的群氓。从这个意义上来说，小说引入了一个具有宽泛意义上反思文化语境的命题，这个命题不唯是当下的，也具有跨越时空的普遍意义。

　　陈思安（蒙古族）《大娘》试图创造一个当代传奇故事，小说一开始就通过高密度的内心独白加速交织的语言营造出一种紧张而又悬疑的气氛：好友被无辜捅死，使得打工仔李铁军陷入悲愤与急切的复仇冲动之中，但是警察似乎并无作为，因而他只能求助于"大娘"——某个地下江湖式的存在。因为地下世界的特殊性，他的经历也就带有了神秘的气息，然而事实后来被证明很简单，他只是顺藤摸瓜找到了凶手的家乡，在那里蹲点查到了对方的手机号，就让他绳之以法了，开始所渲染与烘托的氛围最后只有一个反高潮的结果。无论从细节还是从结构，这个小说都略显粗糙，但有意思的是它所表达的底层互助与自求正义的内容。当求告无门的底层民众遭遇突然而至的灾祸时，公权力的服务缺席，其结果就是："有钱有路子的人，他们有法子，但咱们这样没钱没路子的人能靠啥？不就是得靠咱们自己吗？现在你们让我知道了，咱们不只可以靠自己，咱们还能靠彼此，那我就不想像以前那样活了，我就是想跟你们一起，把这些大网眼儿给补上。"这种情节设定某种程度上反映了现实中存在的某些无奈，而在这种互助式秘密社会网络中，李铁军找到了归属感，进而在最后，"他决定，从这大铁门走出去之后，就好好地先去织一下自己的那张网"。当一个社会的正常法律秩序失效时，逼得个体自救，会产生何种后果，实在是值得深思的问题。小说也在无意识中显示了向更深层次推进的可能，比如写到李铁军对大娘的感受："她的身体生出来一张巨大的网。没有颜色的网，动态的网，无限延伸着的网，布满信息结点的网。每一个结点都绑着一个失去了爱着的人的可怜人，每一处延伸出去的方向都捆着一道说不尽的故事。这网子，要去扑盖住些什么东西呢。就像蜘蛛织出来的蛛网一样，逮到了小虫子以后，这网子又该拿自己怎么办呢？"这种秘密组织的"网"如果与代表社会正义的法律对应起来，就构成了两种正义之间的冲突，也就形成了不同价值之间的悲剧性冲突，遗憾的是小说对此没有进一步开掘。

阿舍（维吾尔族）《吉日》截取了生活中的片段，集中在一个十三岁少年阿则尔在尔德节前后与家人亲戚团聚过节的描写。少年之眼绝假纯真，凸显回族普通市民日常生活的不同维度。阿则尔面临着青春期的萌动和对生活一知半解的懵懂。爷爷被外地来宁夏的年轻老师开车撞伤后，还不忘交代他念好清真言；父母因为日常开销发生争执；撞伤爷爷的外地小姐姐有自己的窘迫；大伯给大家分析中印边界的局势；小叔叔调出手机里的一段视频录像，向大家推荐他的婚庆公司；舅舅在说他的儿子在北京的中央民族大学附中上学的不易……这些纷至沓来的信息充斥在阿则尔的视听之中，让他一时难以理清头绪。也正是这些琐碎与繁杂，构成了一个普通回族家庭不同代际与身份的差异性维度，构成了写实色彩浓郁的日常图景。当代小说很难再像19世纪小说那样从总体性上把握碎片化的社会，复杂性的呈现可谓不得已之举，也正是在复杂的碎片之中才能凸显出我们时代的世界感知模式。

二　如何继承"纯文学"遗产

在近些年的观察中，我注意到少数民族文学尤其是小说，很大一部分存在着"滞后的现代性"问题，就是往往会被主流文学的时髦风尚带着走，而在亦步亦趋中丢弃了民族特色的文化传统和美学特色，失其本根；另外还有一部分为了求得边锋突破的效果，又在刻意谋求新奇怪异的风格，尤以所谓"魔幻现实"为代表，不免以似是而非、不知所云来伪装出一种别具一格的美学效果。这是纯文学话语的辐射性结果，它们被建构为当代文学史的知识并进入到文学教育系统之中，使得"纯文学"成为背景性的存在，在如今由于媒介融合与文化融合所造成的"后纯文学"时代，它不（应该）再是主角。如何处理这一在特定历史语境中诞生的文学话语，是所有文学从业者都必须面对的问题。少数民族小说怎么样创造性地继承"纯文学"的遗产，并有所开拓，形式上的创新固然必不可少，而要直面时代所提出的文学要求，更重要的可能还需要在内容与思想上有所拓展，以冲破那种个人主义和现代主义所形成的巨大美学程式。

在青年作家的作品中可以看到先锋小说的深刻印记，这种盛行了三十年的"纯文学"话语影响是如此之大，以至于在许多人那里日用而不知，已经没有"影响的焦虑"了。索南才让（蒙古族）《德州往事》就是这样一篇"内倾型"的小说，完全以叙述者个人的视角讲述了一个充满内在隙缝的情节和令人费解的人物的故事。"我"与父亲在冬日里的收集羊粪之旅中与登知布一家的交往，人物的形象含糊未清，性格与心理动机不明，最终是"我"带着登知布有精神病的女儿花姆离开。也许让情节散逸是作者想要达到的效果，他似乎要写出一种生存境况和人与所处环境之间的互动。但是它的情感无疑是表面化的，如果有情感的话；而又缺乏与现实对接性的象征，使我很难看到它的意义何在。小说并不是猜谜与解题，它需要通过美学的力量来完成作者主旨的表达，从这个意义上来说，走出刻意营造的蛮荒诡谲和异域风情，回到素朴的内心反而可能是诗意和隐喻所能产生的捷径。

相较之下，第代着冬（苗族）《口信像古歌流传》完成度要高一些。这篇小说中的语言、比喻以及叙事中所形成的清新而又奇诡的风格无疑有着类似于先锋小说的格调，让人想起80年代后期格非、苏童与孙甘露的某些作品与语句，然而第代着冬在其中自然地融入了地域性与族群性文化的内容，这使得它没有成为一个先锋小说仿制品。曾祖父终日吟唱的古歌如同萦绕不去的文化幽灵盘旋在人物的头上，但大爷与爷爷的口信则成为新语境中的传统。当大爷踏上了逃跑之路时，曾祖仍然在唱歌。"作为歌师傅，他一直沉浸在祖先迁徙的传说里，就像一个人住在梦中，对梦外的世界充耳不闻。"也就是说古歌是一种无时间性、零度情感的存在，但历史语境已经发生了变化，这是一个红军兴起、中央军与地方军盘剥地方的时代。大爷在逃避拉壮丁身亡后留给家人的口信从远方辗转传来，并没有改变曾祖的状态,却激活了爷爷。爷爷从此走上复仇之路,并且留下口信加入红军。"多年之后,我大爷和我爷爷留下的口信仍然像我大伯吟唱的古歌一样,在大地上流传着。它们如同两只编织生活经纬的梭子,在时光里穿梭。在后来的日子里,两个口信不断跟着陌生人的脚步到达鸭脚坝,它们像古歌里吟唱的族群记忆,在流传中生生不息。"也就是说古歌与口信都成为传统的组成部分。可以说,第代着冬吸收了先锋小说的遗产并加以自己的创新转化,形成了自己的创造性文本。

中国古典小说有着笔记体"计白当黑"的手法,言有尽而意无穷,这是中华美学传统的重要一脉。不过中国现代小说更多受西方现代小说的影响,经过一百多年的发展演进,取今复古,重新从古典说部、民间文学、地方文类中寻找思想与形式的资源也许会在未来成为一条值得摸索的路径。野海(土家族)《菩萨看得起的人》篇幅短小却暗藏玄机,模拟屠夫陈老三的口吻讲述了一个看似粗鄙、实则细腻柔情的情感故事。这个故事始于乡村少年的知慕少艾,终于底层民间的明心见性,从而使得它有种寓言式的隽永之感。陈老三的坦荡直率正应了樊秀兰的评价:"只有你这种纯粹的天真浪漫人才杀得了生,心愿越好,下手越狠,手脚越是干净利落。"而陈老三闻此,"突然好多委屈,好多悔恨,满山满岭都是洪水,滚来堵在心里。她听见我仆倒地上的声音,开门朝我跑来,我摇了摇手。人坍塌了,没谁能扶"。这是一种知音般的恍然大悟,也是压抑多年的释放,更是百感交集的五味杂陈。每个人在其内心深处可能都有渊深海阔的世界,小说赋予了民间伦理含而不露的尊严,也让那些看上去简单淳朴的人有了深度。

三 传统之变

社会转型引起的文化变迁是少数民族文学一直以来的原型式母

题，由此生发出诸多关于身份认同、他者与自我的互动、族群文化传统在现代性语境中的嬗变等书写主题。作为富于活力的概念与指称，"传统"从来都是包含了穷通变革的意味。但变革从来无法局限在线性发展或者启蒙式现代化的单维度进向之中，它一定要包含着各类"小传统"与当代文化语法之间的对话、协商与相互促进。就少数民族小说而言，世俗化时代中书写古老共同体中的神圣、神秘与神性世界的孑遗是一个值得关注现象。

虽然格调迥异，但是句芒云路（苗族）《手语》与罗家柱（彝族）《做仙姑那些日子》可以对照着读，两个小说都涉及对于巫术世界的祛魅问题。《做仙姑那些日子》如同它的篇名一样，是一篇比较简单、较少进行结构与语言打磨的故事。它以第一人称的视角，讲述因为父母双亡而辍学的滇西南彝寨少女二焕与祖母相依为命，为了生存不得不跟随大姨妈学习做师娘婆。在这个过程中，二焕目睹了大姨妈如何打着跳巫舞唱神歌降神的幌子，实际上通过察言观色和暗做手脚，获得别人的信任而骗取钱财。小说中以矿老板王百万、普旺财以及神秘的胖子分别代表了商人、普通民众和官员，他们全部都受惑于大姨妈的装腔作势，有人可能因为无知与恐惧，有人则是出于心理安慰。初中毕业生二焕所受的教育与直观的感受决定了叙述者看待巫术的角度是坑蒙拐骗，这显然是一种现代化的科学理性视角。这种视角失之简单，情节设计也比较机械，在外出打工的大姐归来的支线中漏洞尤为明显，但不妨碍引发读者进一步思考：缘何在一个初中生的眼中能一目了然的装神弄鬼，在那些社会阅历更丰富、人生经验更复杂的商人官员那里却很容易得手呢？只是小说太简单，其背后细致的社会背景与历史文化习俗层面则付之阙如。

《手语》则要精致一些，虽然它采用的通过第二人称叙述的主观视角并不比《做仙姑那些日子》更客观。小说以一个因为朋友介绍而对有着奇特手势造型的防腐木花钵产生兴趣的女青年的探访采风活动为线索展开。女青年得知手势造型来源于云贵山区祭师的手诀，因而到云落村探访唐求福师傅，希望能了解那些手势的意思，进而引出了黛玛父亲云河师傅的爱情故事。在与已经移民海外的黛玛的QQ聊天交流中，一段悲伤的往事浮出水面。当年，云河师傅在取缔迷信期间（这个时间点小说中比较模糊，如果按照人物年龄的时间线和时代刻板印象来推算，应该是"文化大革命"期间）被人陷害致死，黛玛母亲亲眼看到那些仇人一个个死去，被公安认定是凶手而判处死刑。然而在黛玛的叙述中疑窦丛生，云河师傅留下的神秘手势究竟是什么意思，以及黛玛母亲究竟是否是凶手，真相不得而知。小说采取多重主观叙事，过去发生的事情经过未曾亲历者猜测中的几重转述已经扑朔迷离。但真相已经不重要，女青年在最后的解读中，体悟到那手势"显现出无边无尽的温和、慈悲、诡秘"，那就是爱。尽管罗家柱明确地显示出对于神巫的解构，而句芒云路的文本中有"复魅"的倾向，但显然两者都是在世俗化的语境中书写，即便是复魅也摆脱不了书写者本身与神圣世界的疏离。《手语》的叙述推进其实是一个类似于侦探小说式的揭秘过程，而这个过程恰恰是靠理性判断的，也就是说叙述者采取的是科学的方法去探究巫术。在这个意义上，尽管过去的事件充满不可索解之处，但它们已经不得不被祛魅了，那神秘的手语最终只能靠解读者自己的信仰去赋予其意义。

在一些直接书写市场化、城市化进程在乡土社会、族群传统之中导致关系变化的作品中，体现出作家截然不同的情感倾向与态度：或者缩减为一种怀旧型的"文化小说"，即将某种特定族群的文化衰败或更新作为对象；或者完全无视族群传统的影响，而在切己的生活世界中描摹自然主义的现实。侗族的两位作家正好提供了可资对照的个案，潘年英《哭嫁歌》属于前者，而杨芳兰《跃龙门》则属于后者；一个是知识分子式的感伤，一个是底层民众的勇往直前。当然，只要书写者保持了真诚的态度，两者并无价值观上的轩轾，而只有美学上的高低。

如同其题目所显示,《哭嫁歌》是以仪式为中心结撰的叙事。小说以县城里的副科级小干部老东回圭丫村寨子参加外甥女婚礼的两天两夜所见所闻所感,以散点透视式的方式铺排开来,几乎没有贯穿始终的情节,而更多是场景描述。毋宁说,这更像一个虚构性的叙事散文,老东作为贯穿人物的见闻与回忆展示了三十年来的山寨变迁,这些变迁包括随着时间的流逝和社会的发展所带来的生活方式、价值观念乃至精神生态诸多方面。青年一代已经不再学习侗歌,而乡民邻居因为赌博纠纷打得头破血流。"老东来到茂盛家的时候,看到新娘花朵穿戴一新,正与花果等几个'皇客'和'姨孃'一起在茂盛家门口用手机玩自拍,个个都是一副欢天喜地的笑容,完全没有出嫁人的陌生感,老东就觉得,这时代真是变了,变得莫名其妙,连他都不认识了。"在一种浓郁的怀旧情绪中,老东只遇到了一位父亲年轻时候的歌堂伙伴月香可以与他对歌。在叙述中涉及大量的侗族习俗与侗语时,叙述者不断地出来对其进行解释,可以看出这是一个代言式的作品,作者觉得有义务对他人解说自己故乡的文化与传统——在这里恰恰可以看出此种传统的尴尬之处。

杨芳兰来自基层,有着丰富的人生经历,我曾经与她聊过她的写作。《跃龙门》是带有自叙传式的草根人生,李兰香、杨明珠两个来自熬村的女子在县城的打拼显示出新时代语境中农村女孩进城的艰难经历。她们摆地摊、卖毛片、跑乡场、应付城管、私募资金,不乏游走在法律边缘灰色地带,而这一切都是为了"跃龙门"——摆脱旧有的生产生活方式,做个城里人。这里透露出在不经意间转变了的价值观念,金钱成为像李兰香与杨明珠这样新一代农村女孩的向往目标,它被毋庸置疑地允诺能够带来爱情、美好的生活和阶级攀升的途径。当然,一切并没有那么顺畅,中间会充满种种出人意料又在情理之中的挫折,然而无论如何都无法熄灭那已经被点燃的欲望之火。这个小说关涉比较复杂的生活场景转换与情感关系,具备着写成长篇小说的材料，只是作者在急切地想包容进更多经验的时候，缺乏细致的提炼，虽然不乏生机勃勃的原生生活气息，但泥沙俱下、缺乏重点，所以更像是一个未经冶炼的矿藏，有很大的提升空间。

所有的文学作品都无法脱离它生成的社会与时代内容，即便是那些专注于形式探索的作品也有着特定意识形态观念的支撑，因而"现实"其实是无边的现实，而形形色色的各类"主义"与文学潮流归根结底都可以算是对于现实的应答与对话。中国少数民族中短篇小说在新世纪以来取得了较之"十七年"与80年代有了显著的成绩，但总体上尚未出现具有高度凝练概括的人物形象与典范性作品。当然，也许尚需要时间的检验与沉淀才能有更为客观的判断，但无论如何，一种有难度的写作是必需的。所谓有难度的写作，即写作者应该有一种自觉的追求，不能对时代核心命题避重就轻，遁逃入狭窄邪僻之中，一方面要竭力冲破自身的狭隘经验局限，立足于个人、族群而又伸展向社会与时代；另一方面也要对通行的文学话语有所警惕，不能被潮流所驱赶着走，找到属于自己的言说方式与言说内容。它的理想形态应该是形成一个个文本特例，与外部环境和自我内心进行不懈的对话与辩诘，审问而不盲信任何常识性话语，淬炼出具有细密质感与精神光辉的作品。这里不需要矫情的坚守，也没有诞妄的自恋，只需要诚实的内心、反潮流的勇气、鲜活的想象力与踏实可靠的语言表达。

第十四章

远方、自我与集体性

一 无穷远方的无数人们

少数民族文学批评很容易陷入两个方向相反的误区：倾向于认为文学具有普适性意义的人往往不自觉取消少数民族文学的合法性，在他们的头脑中存在着某种看似普遍实则教条的律令，这导致他们苛刻地用某种单一的美学或思想标准来斐削样态不同的文学现实；另一类人则在无法删繁就简的多样性之中，陷入相对主义的迷窟，无法也没有勇气做出价值的判断，并且常常因陋就简地套用"民族性"的话语陈词。这两种批评态度都有问题，普适性的霸道和傲慢在今日固然已经被结构主义之后的各类"后"理论清理并修正了许多，而对于文化相对主义的幽灵也不得不进行反思："相对主义的悲剧，在于它一方面呈现自己的文明高高在上的优越，必须通过理性的繁荣才能抵达；另一方面又低人一等，因为不坚持自己的绝对价值而变成弱势的文明。"①

我们所要做的可能是平衡普适性与差异性、总体性与多样性、整体观与特殊性之间的张力，将"少数民族文学"视为一种观察角

---

① ［法］托多罗夫：《我们与他人：关于人类多样性的法兰西思考》，袁莉、汪玲译，北京大学出版社2014年版，第53—54页。

度，而不是一种本质化存在，即从文本自身出发，并不赋予其先在的"民族性"属性，而是以它们自己的主位视角反观更广阔范围的文学与文化背景。以此来看少数民族的作家作品，是一种眼光的转移，不是从异文化的外部去观察凝视，而是从族群文化的内部放眼与瞻望世界。异文化世界是某个少数族群的远方，而对于异文化世界来说，少数族群本身也是一种远方，两者互相有着想象的诱惑。这是一种互为观照、互相联动的关系。

广西贺州对于全球化的中心或者中国内部的其他发达地区而言，就是这样一个互为的远方。这个山地丘陵为主的地带正是湘、粤、桂"三省通衢"的交界地，汉、瑶、苗、壮等多民族的聚居区，通行汉语七大方言中的五种，并行的还有壮语、瑶族勉语、苗语、标话等少数民族语言，属于"南岭民族走廊"[①]的一个关键节点。对于外来者而言，内部的这种多样性足以消解任何可能意义上的单一刻板想象，让人不得不正视它内含的复杂、歧异和撕裂；同时如果将其置于更广阔的空间，也会发现它与中心城市等所共有的相通层面。当地出生的作家各具特色的作品，更加充分地印证了这一点，他们中有人可能已经远走他乡，有的则固守本地，有的文本中完全不涉及本地，有的则汲汲于自我的表述，他们的参差多态，恰构成了一种自我与他人、本土与远方之间，既对照又互补的斑驳图景，指示着无穷远方和无数人们的切实存在。他们似乎远隔重山，却都与我们彼此相关。

鲁迅曾在一篇文章中说道："无穷的远方，无数的人们，都和我有关。我存在着，我在生活，我将生活下去，我开始觉得自己更切实了……人之有时能要颠和不睡觉，就因为倒是有时不要颠和也睡觉的缘故。然而人们以为这些平凡的都是生活的渣滓，一看也不看。……日常生活，是并不全部可歌可泣的，然而又无不和可歌可

[①] 费孝通：《谈深入开展民族调查问题》（1982年5月），《费孝通民族研究文集》，民族出版社1988年版，第301—302页。

泣之部相关联，这才是实际……"① 无穷远方和无数人们的意义就在于他们是与"我"有关的，狂欢与宁静是关联的，日常的平淡与浪漫的激情是不可分割的，只有在关系性的视野中，生活与世界才是完整的。

纪尘、冯昱、林虹都是贺州的瑶族作家，但是他们的写作呈现出截然不同的风貌。瑶族分支和族称非常复杂②，贺州瑶族就有十二个支系：富川山瑶、富川平地瑶、钟山平地瑶、仙回瑶、包帕瑶、小尖头瑶、土瑶、东山瑶、西山瑶、开山瑶、天堂瑶和石门瑶。③ 我不知道纪尘、冯昱、林虹分别来自什么支系，这些族别背景并没有对他们的写作产生直接的影响。其实从当地盘古到盘瓠再到盘王神话传说的历史发展，可以看到贺州的不同民族之间已经产生了彼此混血的融合特征，族别文化的区分在当代已经愈加模糊。更主要的是，由于写作本身的个体性，我们不能想当然地认为，民族与区域具有地理决定论的先验权威，同为瑶族作家并没有带来相似性，他们之间的联系和区别主要在于如何想象远方和本土的方式上。

"远方"在某种意义上已经成为文学书写中一个隐喻式的存在，它的地理特性在与自我、本地、故土、家乡的对位中，具有了导向未知、神秘、异国风情、奇特历险的修辞意味，最终与后者所形成的日常生活、平庸模式形成了结构上的映照，而形成了浪漫与理想主义的象征。不过仅有这样的"远方"，无疑是片面的。一切都来源于视角的变换，对于"远方"而言，如果从其主观视角观察，它的日常生活与思想毫无特殊之处，"本地"才构成了它充满魅力的远方。"远方"总是不停地随着"自我"所处的位置而游移，只有打破二者之间两两相望的格局，竭力让远方与自我彼此进入，才能获

---

① 鲁迅：《这也是生活》，《鲁迅全集》第 6 卷，人民文学出版社 2005 年版，第 624 页。
② 黄钰、黄方平：《国际瑶族概述》，广西人民出版社 1993 年版，第 9—18 页。
③ 刘挺颂：《论盘古神话的演变及其文化意义》，《贵州文史丛刊》2008 年第 1 期。

得整体性的认知。

二 想象远方的三种方式

作为一个有着强烈远方意识的作家，纪尘喜欢独自背包旅行，迄今为止已行走经过亚欧大陆二十余个国家和地区。她的远行带有"二战"以后美国出现的"垮掉的一代""在路上"的肉体与精神流浪的波希米亚遗风，这无疑是大众传媒影响的后果；但更直接的来自于20世纪80年代中国文化中那种具有宏大求索意图的浪漫想象。我们可以在她的散文集《远方，一无所有应有尽有》中清晰地看到与海子的隔空对话。海子从北京到西北的漫游充满了后启蒙时代个人主义的摸索，青海湖、西藏这样一些对于内地而言的"远方"寄托了精神超越的向往。1988年海子在拉萨写道："更远的地方　更加孤独/远方啊除了遥远　一无所有"①，似乎显示出求索的失落。但是这种精神遗产无疑保留在了纪尘这样的后来者那里，在《西伯利亚的冬天死海的盐》这本记载2009年俄罗斯和中东三国之行的游记的结尾，纪尘写道："没人可能一次性走完、看完这个世界。去路虽被暂时阻截，但理想与爱，是永远年轻的。只要还肯仰望，心存信念，那消隐于黑处的自由与美，将如星空，永不破碎。"这是一种"永远年轻，永远热泪盈眶"般的自我理想化。

旅行是一种带有原型意味的文化行为，它与探索未知的成长密切相关，旅行者走向远方是突破自身阈限的一种行为，旅行就成为一种通过仪式，因而游记总是带有成长小说式的在异文化世界中自我教育与自我超越色彩。荣格提到人都有自我潜能获得圆满实现的冲动，他称之为"心灵的超越机能"，汉德森认为："人可能并不需要摆脱与意味深长的抑制象征之间的一切联系。但是，人的内心中

---

① 海子：《远方》，西川编《海子诗全集》，上海三联书店1997年版，第409页。

却会充满与生俱来的不满精神,这种精神迫使所有自由的人去面对某种新的发现,或者以一种崭新的方式生活……如果他们的生活曾经是充满冒险的、毫无保障的、动荡不安的生活,他们会渴望过一种平静安宁的生活,从宗教信仰里寻求慰藉。但如果他们主要是生活在与生俱来的社会模式之中,他们将会非常需要一种解放自我的变化形式的生活。"① 这种需要可以通过旅行来获得,旅行最深刻的意义在于它不仅仅是外在空间的位移,而且更是对于某种传统价值观的内在超越,创造出一种崭新的生活方式。

纪尘的游记就带有这种解放的自由人格意味,旅行从某种意义上起到了类似于朝圣的灵魂净化功能。然而在现实的签证、过境等实际问题上却存在着诸多龃龉,这构成了旅行内在的分裂——精神的高蹈与现实的某些堪称龌龊滑稽的场景构成了鲜明的对比,比如一再遇到的性骚扰和旅行者本人对异文化的误解、当地人对旅行者的想象。尽管如此,她却在这种由身份变化而带来的误读中,获得了视角的灵活转换,即她在某些时刻可以以一种同情的理解的方式换位思考。这种旅行得来的收获自觉不自觉地也体现在她的小说创作中。在《九月》这个充满南方的溽热、黏腻、激烈的小说里,一个少年断裂、含混、包含一知半解的幻想的记忆形成了一个过往的拼图。我们可以在小说中看到一副奇特的观察眼光,"我"在九月的棉花地只能看到父母片段的身体以及"父亲的弟弟"的古怪形象,尤为诡异的是"我"是在"父亲的弟弟"的眼睛中看到了自己:

> 这三个人三种不同寻常的形象让我产生出一种巨大的恐惧,我想自己会是什么样子呢?是不是也像我的父亲母亲那样只剩下某个部分——还是,统统都消失掉了?我颤栗着将目光游向父亲的弟弟,然后,我便看到了自己——从那双深棕色的小眼

---

① [美]约瑟夫·L.汉德森:《古代神话与现代人》,[瑞士]卡尔·荣格等《人类及其象征》,张举文、荣文库译,辽宁教育出版社 1988 年版,第 165 页。

睛里，我看到了自己。我知道那就是自己，皮肤、嘴和鼻尖的雀斑都向我证实了这一点。我并没有消失，相反，我比任何时候都要清晰。然而那是怎样一种可怕的清晰啊，我甚至可以从那双眼中看到我眼中的他。是的，那个下午，我看见父亲的弟弟不是通过我的双眼，而是，通过他本人的双眼——他眼睛里的我的眼睛。那刻我感觉我们就像冯海军远渡重洋带回的俄罗斯娃娃，我套在父亲的弟弟里面，父亲的弟弟又套在我里面。

目光的交叠，取消了观察者本身的视觉凝视特权，观察者不得不在一种互相的平等映照中看到自己与他者，这可以视为一种超越了主体自身的互为主体性的视角。《蔗糖沙滩》中则更为明确地表述了跨文化侨易中权力话语的消解：

> 她是盲羊人。她来自山上。水边的人们不能说喜爱她，但也不讨厌她，或者干脆说，他们想不起要对她产生任何一种特别的情绪。但那女人表现出的态度令人吃惊——她（女人）几乎是尊敬地望着她。

"盲羊人"（mangyuan）是菲律宾的少数民族之一，世代居于山上，擅长狩猎、攀登和编织，目前一些盲羊人已迁居山下，但下山后的盲羊女孩"她"其实生活在歧视的眼光中，只有在来自中国南部山地的少数民族女子那里，可能因为同情共感的缘故才获得了尊严。下山在异文化世界中生活，也可以视为一种旅行，中国女子和盲羊女孩在各自的旅行中经历成长。到了最后，"她"在经历了一系列成长之后变成了"我"：

> 我透过落地玻璃（新酒店不再需要竹子了）望向大海——除了"MANGYUAN"，其他字我一个也不认识。我没有帮助谁，

讲述这一切只是出于自己的需要,而且,重点在这——我不认为他写的东西是真的。这世界永远没人有能力完全再现他人的故事,一切真相只掌握在当事人手中。不管我对他说了什么,不管他写得多么认真,那些文字都不过是他一厢情愿的幻象。

这个叙述角度的流转,混淆了故事讲述者的身份,"我"的文化与异世界的文化已经交融一起,"我"与"她"已经难解难分。而另一面则是,无论"我"或者"她"以及"他"都不可能讲述出他人的真相,这并不是说远方与他人的不可知,而是表明"当事人"对于"自我"深层次的执守——文化间的交流并没有取消文化主体的存在。

相较于纪尘的不停游走,冯昱则几乎没有离开过贺州,他生于贺州市八步区,毕业于桂林民族师范学校和贺州学院中文系,先后在乡村小学、乡镇初中、教育局、文联等单位工作,现就职于八步区文化馆。这种经历让他的写作带有一种原乡意味。冯昱书写的几乎都是现代性冲击下的山乡巨变,在他那里,乡村的自我在沦陷,而以城市为代表的远方则是罪恶的渊薮、肮脏的象征和堕落的策源地。

乡土已经失去活力,固守在乡村中毫无出路可言,《生长在古树上的亚先》《栖息在树梢上的女娃》和《拔草的女孩》中儿童的困苦和死亡似乎说明了乡村未来的失落,那栖息在树上的孩子,没有卡尔维诺(Italo Calvino)"树上的男爵"式的轻盈和自由,最终死于树下,是现实的溃败。而那些出走乡村,去往远方的人们同样遭受失败者的命运,其中女性的命运尤为触目惊心,她们的进城变成了跳进火坑的寓言——无一例外都是做妓女。《生长在古树上的亚先》一开头就是个患了性病的回乡妓女的死亡,《想看看城市的灯火》里去远方寻母的女孩目睹做妓女母亲的惨死,《每个夜晚的花朵》里的许小花从H城的红楼回乡照顾瘫痪的恋人王大学,但是她的自力更生不过是一场注定要失败的战争。

可以看到，乡土的沦陷在冯昱那里成了对城市的间接或直接的批判，而因为对乡土共同体解体与失败的原因缺乏反思，也没有寻找出路的可能性。之所以如此，可能与他那带有厌女症色彩的远方恐惧有关。在《还愿》中亚记的妻子李妹远走城市打工，其实也是做妓女。小说中有段从亚记视角进行的叙述：

> 记得有一次她的舌头刚进入他的嘴里，他就感觉到一种咸鱼般的腥味。这是他第一次尝到她嘴里有异味。出去打工之前，她的口水都是香喷喷的。这让他差点呕吐，一点兴趣都没了。
>
> 他还记得他们的最后一次，是她出去第四年的农历七月十四回来，在那个大节日的晚上，他压抑了半年多的欲望被她带回来的一瓶好酒燃烧成熊熊大火，上床后，她说身体有些不舒服，他却按捺不住自己，第一次以武力解决了她的抵抗，进入她的身体。然而，他很快就闻到了一股蚯蚓腐烂般的腥臭味。这让他差点当场呕吐，一下子就蔫了。他从没有过那么凶地问她到底是怎么回事。她嘤嘤地哭了，说她在外面可能是睡了不干净的床，或是用了别人不干净的浴缸，也可能是用了不干净的水洗澡，她得病了。
>
> 亚记马上翻身下床，跑去洗澡房冲了个澡，还用香皂把下身洗了三遍，才把那股腥臭味洗掉，但是几天后，他的下身还是出现了问题。

这种原乡式主观洁癖，强调外部世界带来的污染、玷污和丑恶，即便是还盘王愿这种传统仪式也无法拯救这种现实的挫败感。由于污染的入侵，亚记陷入一种失落的哀悼之中，这种对于美好过往的哀悼导致整个小说的基调向一种忧郁症的方向发展。按照弗洛伊德的说法:"对象丧失变成了自我丧失,而自我与所爱之人的冲突变成了横亘在自我的批判性活动和由于认同作用而改变的自我之间的裂缝","忧郁症的情结表现得就像一个敞开的伤口,它从各个方向把宣泄……的能量吸收到自己,并掏空自我,直到它变得完全贫乏。"① 一个从来没有去过远方的人,是没有故乡的人;而一个过于沉溺于自己的原居之地,对远方充满畏惧的人则是自恋的,表现为一种没有主体性的无能自我对远方本能性的拒斥。

对于哀悼者而言,"最大的危险在于他会主动以仇恨来应对自己丧失的所爱之人"②。在两个类似的"忏情录"式的小说中,这种情形表现得最为明显,《雪落坪景冲》里桂东山区的师范生"我"(阿一)与青梅和春桃之间的情爱关系,《落花流水》中乡村教师"我"(谢子安)与蓝、杏、青青之间的欲望纠葛,都是以男主人公始乱终弃而又始终寻找借口的故事为原型。"我"对于自己所负女子的忏悔变成了一个自我解脱的理由,在这个第一人称叙事中,主观性的"我"反而是最为脆弱和让人疑窦丛生的。纯洁爱情的丧失,其实是"我"对于本土文化那种终极归属感的丧失。归属感或者说爱慕的失落,让主体自身同时成为爱慕、憎恨的对象。这个爱恨交织的自我取代了失落的爱情和美好传统,但是,"自我无法成功取代对象。相较于逝者,自我是拙劣的替代品"③。为了建构自我,他必须通过忏悔给自己找到一个合法性存在的理由。忏悔行为是一种脱责和免罪的自我辩解,我们可以在阿一和谢子安对于山村善良美丽女孩由于自己导致的悲剧性命运貌似愧疚的叙述中感受到一种沾沾自喜——那么多女孩都钟情于他,他不主动、不拒绝也不负责——这其实是

---

① [奥地利] 西格蒙德·弗洛伊德:《哀悼与忧郁症》,汪民安、郭晓彦主编《生产》第8辑,江苏人民出版社2013年版,第7、9页。
② [奥地利] 梅兰妮·克莱因:《哀悼及其与躁狂性抑郁状态的关系》,汪民安、郭晓彦主编《生产》第8辑,江苏人民出版社2013年版,第21页。
③ [美] 朱迪丝·巴特勒:《心灵的诞生:忧郁、矛盾、愤怒》,汪民安、郭晓彦主编《生产》第8辑,江苏人民出版社2013年版,第63页。

明知自己的无能与空虚的逃避，带着失落感的深层自我憎恨。这种自我憎恨在《蔗糖沙滩》中那个出走菲律宾的中国女子身上也若隐若现，她因为对父亲的爱而远离，其实是对自己无能为力的厌恶。

对于本土（这个本土隐喻了现实处境）的不满，会引发一个美如幻梦的空间想象，但是躲避到这个空间中的人同样虚弱不堪，他们与总是逃离故乡或厌恶远方的人一样不愿意面对现实，或多或少也有些自我憎恨。如果说纪尘是不停地让自我进入远方，冯昱是排斥远方进入自我，林虹则是让自我虚构了一个模拟的想象性远方。林虹的小说不直接涉及远方与家乡的主题，她大多书写的是对平凡庸常生活的不满，而逃逸到某个飞地之中做短暂的停歇。这个飞地可能是现实的某个超离日常的空间，也有可能仅仅只是一场白日梦境，构成了隐喻意义上的远方。《夜歌》里中年离异女性初夏总是在春节时一个人远游他方。她的行为与心性形成了内在的分裂：旅行本是可以让人接触异文化并且在接触过程中成长的行动，她的充满少女般的幻想却一直拒绝成长。自始至终，她都沉浸在自我的内心之中，因而从本土到异地的空间上的移动并没有实质性地引发心灵上的迁徙。也就是说，她的身体虽然移动了，但其实心思全然没有变化，这注定让她看似高蹈的心灵在现实中备受打击。《啪啪》可以看作《夜歌》的姊妹篇。专卖店员阿苏和她的丈夫司机老三都是平庸之人，却也对现实的晦暗心有不甘、充满憧憬。阿苏夜晚一个人逛街，老三在夜里如梦似幻的情境中与神秘女子接吻，都是对于现实的暂时逃离，现实却抽了他们一记响亮的耳光。贫贱夫妻百事哀，哀的原因是对现状的不满，却又无力改变。

从这个意义上来说，林虹呈现的是当代人普遍性的窘境，她小说中人物心灵是封闭的，他们即便有着逃离的冲动，却没有逃离的行动。她塑造的主人公有着强烈的同质性，男性形象单薄，充满了女性的想象，而女性都极富幻想力。初夏、阿苏以及《暗地》中那个在公司畸情纠葛中的晓岸，都是永远不愿成熟的女孩。尽管在一首叫做《今夜的火车开往湛江》的诗中，作家写道："人至中年，我懒得想象/也不期待/我有我的安心之处/我的山河田园"。但这只是一种表象，她笔下的人物虽然可能已经人到中年，却总是蠢蠢欲动，然而吊诡的是，由于行动力的孱弱，他们最多只能逃离到某块飞地之中。《清澈》里张与徐伊伊的飞地之旅就充分地体现了这种欲望潜滋暗长、主体又无力承担的尴尬。《那夜》中乔艾与程诺的中年危机，显示了一种日常的消磨和对于浪漫的刻板想象。《梦婴宁》里中年女性的梦中出轨，想象中的理想男性其实是被大众传媒塑造的那种完美成功人士。这些主题相似的小说在在显示了对于另类生活的想象力的匮乏，投射了在远方的缺席中，自我如何补偿与遮蔽自我的不满，从而让分裂的欲望达致和谐。

三　在共同体中回归完整自我

虽然同是贺州的瑶族作家，纪尘、冯昱、林虹的写作却呈现出迥异的风格与观念，构成了瑶族内部的参差多态，从而使得某种整一性的瑶族文学观念成为不可能。我们再也不能用某种文化原型式的"瑶族性"对其进行单一的解读，而必须认识到作为中国多民族文学的一分子内含着的生动现实。从另一个方面来看，他们却又具有相似的层面，尤其是在涉及异地与本土、日常及其不满、自我与他者的时候，都不同程度地反映出自我憎恨的深层心理机制。在这些作品中，远方与自我、日常与浪漫之间构筑起了二元式的结构性隐喻。这并非瑶族文学的个案，而是具有共性。如同我曾经在别的地方所说："传统与现代、乡村与城市的二元对立式叙事在当下的少数民族文学中已经构成了一个难以摆脱的书写模式，其表现形式往往是将某个族群及其聚居地（常常是农耕或游牧共同体）表述为一种在城市化进程中的牺牲品，生活于其间的个体和他们的生活遭受来自外部的无法抗拒的强力掠夺，从而形成创伤性的文化记忆、生命体验和伤痛感受。其典型的表述形式是将某一个文化传统具象化为日暮西山或者垂暮衰朽的人物和生活方式，弥漫在文本中的是挥之不去的忧郁与颓丧的情绪。……叙事模式中的现实想象是以'过去'为价值旨归的，或者说在遭逢变革时是以退守型的'不变'为情感皈依的，古老的智慧被赋予了不证自明的价值。这种价值惟一不能解释的是为何自己会在现代进程中处于弱势地位而完全没有转圜余地，作家们似乎也仅仅停留在描摹现象，而没有探究其背后的社会结构、动力因素和各种未来的可能性。这实际上就让'传统'本身空洞化了，成为一种抽象的信仰。"① 从这个意义上说，瑶族文学作为中国文学的一部分，是折射中国多样性文化生态的一个侧面。

列斐伏尔曾经将世界的空间解释为三元的结构，即感知的空间、构想的空间、生活的空间②，米切尔在风景研究中受此启发提出了空间（space）、地方（place）和风景（landscape）的辩证的三一体（triad），类似于拉康所谓的象征域、现实域和想象域。③ 我不想用这种分析框架套用到三位瑶族作家的作品之上，但是毫无疑问，这种三元式结构可以帮助我们理解作家们在处理自我与远方时的不同方式。简略地说原初的统一感、安全感、可靠感就是现实域（本土与故乡的古老与美好幻象），但是它不过是一种在现代性进程中必然要丧失的幻象，纪尘、冯昱、林虹的写作都是从象征域造成的支离破碎（本土与故乡的实际情形）开始的，因为分裂的自我又重回统一的欲望，所以他们的写作是进入想象界的方式（进入或者想象某种远方），通过整体性的矫形试图回归

---

① 刘大先：《千灯互照：新世纪少数民族文学创作生态与批评话语》，暨南大学出版社2017年版，第122—123页。
② Henri Lefebvre, *The Production of Space*, Translated by Donald Nicholson-Smith, Oxford UK& Cambridge USA: Blackwell, 1992, pp. 33-39.
③ [美] W.J.T. 米切尔编：《风景与权力》，杨丽、万信琼译，译林出版社2014年版，第4—6页。

第十四章 远方、自我与集体性

完整的自我。

无疑，随着全球性的政治、经济与交通技术，在速度与激情的推动之下，空间距离缩小了，却并没有让世界变成平的，差异性依然存在，并且可能是断裂性的。纪尘那种自由出走的冲动带有全球化时代离散的特点，因为便捷的交通让种种怀旧式的浪漫乡愁面临瓦解，一个人的精神追求完全可能通过身体力行去体验。林虹塑造的小资女性则是我们时代文化的一种主流，她们在精神上与纪尘有相通之处，却没有行动能力。她们与冯昱写到的那种在精神与肉体双重失败的底层草根，简直是身处一地却实在异邦——从气质上来说，纪尘也许与林虹走过的异国他乡更为精神契合，而与冯昱的山村互为远方。这种断裂性式的存在共生于贺州的土地之上，不能不让人思考无尽远方无数人们都与我们同生于这个世界之上，大家该如何共处？

在面对他者文化尤其是那些我们不太熟悉的少数民族之时，我们常有那种普遍性时间和特殊性空间的暌违之感。似乎远方的他者文化在现代性这种大势之中，是一种特殊性的例外存在，他们被定位在某个地域、族群、文化的范畴之中，以依附性的方式存在于主流话语之中。但这种思路显然无视了既然身处普遍性的共同时间之内，那么他者也必然具有"同代性"，与我有着共通的遭际和命运，而不是所谓的"同时异代"——"同时异代"的表象只是证明了我们时代的区域发展不平衡，或者作为个体的人们之间认知的差异。

贺州瑶族三位作家的作品从一般的审美意义上来说，并不都能带来阅读的快感，甚至会引发排斥性的反应，却提示了某种远方和他者与我们既相同又差异的存在，敦促我们去思考如何在不平衡的多元之中寻求一种共和与互动，毕竟他们、你们都与我们相关，是一个关联性的集体。所有个体的前卫与后进、先发与迟滞、冲击与反应、欢欣与悲伤，放入到人类整个的集体中来看，都是不可或缺的组成部分。必须走出狭隘的自我,关心无穷远方无数人们的命运,哪怕是看起来最微不足道、最孤立无援的部分也显示了整个时代与社会的动态。在个人主义盛行的当下,重提集体性和共同体的诉求,也是文学作为超越性话语的题中应有之义。

参考文献

阿地里·居玛吐尔地主编：《世界〈玛纳斯〉学读本》，中央民族大学出版社2018年版。

阿地里·居玛吐尔地主编：《中国〈玛纳斯〉学读本》，中央民族大学出版社2018年版。

阿云嘎：《满巴扎仓》，哈森译，重庆出版社2014年版。

阿兹乌火：《彝王传》，云南人民出版社2013年版。

白庚胜：《民族文学新声》，作家出版社2018年版。

常书红：《辛亥革命前后的满族研究：以满汉关系为中心》，社会科学文献出版社2011年版。

朝戈金、刘跃进、陈众议主编：《新中国文学研究70年》，中国社会科学出版社2020年版。

陈得芝：《蒙元史与中华多元文化论集》，上海古籍出版社2013年版。

陈岗龙：《多兰诗选》，哈森译，作家出版社2016年版。

陈恒、耿相新主编：《新史学·第四辑·新文化史》，大象出版社2005年版。

陈连开、杨荆楚、胡绍华、方素梅主编：《中国近现代民族史》，中央民族大学出版社2011年版。

陈志让：《军绅政权——近代中国的军阀时期》，生活·读书·

新知三联书店 1980 年版。

陈祖君：《汉语文学期刊影响下的中国当代少数民族文学》，中国社会科学出版社 2009 年版。

程俊英、蒋见元注：《诗经注析》，中华书局 1991 年版。

程树德撰，程俊英、蒋见元点校：《论语集释》，中华书局 1990 年版。

达力扎布编著：《蒙古史纲要》，中央民族大学出版社 2011 年版。

达真：《命定》，四川人民出版社 2016 年版。

单正平：《晚清民族主义与文学转型》，人民出版社 2006 年版。

邓敏文：《中国多民族文学史论》，社会科学文献出版社 1995 年版。

丁雪松等：《作曲家郑律成》，辽宁人民出版社 2009 年版。

杜家骥：《清朝满蒙联姻研究》，人民出版社 2003 年版。

段海珍：《天歌》，作家出版社 2016 年版。

樊义红：《文学的民族认同特性及其文学性生成：以中国当代少数民族小说为中心》，中国社会科学出版社 2016 年版。

方维规：《概念的历史分量：近代中国思想的概念史研究》，北京大学出版社 2019 年版。

方勇译注：《墨子》，中华书局 2011 年版。

费孝通：《费孝通民族研究文集》，民族出版社 1988 年版。

费孝通：《费孝通文集》第 5、11 卷，群言出版社 1999 年版。

费孝通：《论人类学与文化自觉》，华夏出版社 2004 年版。

费宗惠、张荣华编：《费孝通论文化自觉》，内蒙古人民出版社 2009 年版。

冯天瑜：《新语探源：中西日文化互动与近代汉字术语生成》，中华书局 2004 年版。

傅光明：《人生采访者·萧乾》，山东画报出版社 1999 年版。

葛剑雄：《统一与分裂：中国历史的启示》，中华书局 2008 年版。

耿幼壮：《倾听：后形而上学时代的感知范式》，北京大学出版社 2013 年版。

关纪新、朝戈金：《多重选择的世界——当代少数民族作家文学的理论描述》，中央民族大学出版社 1995 年版。

关纪新：《老舍评传》，重庆出版社 1998 年版。

关纪新：《满族书面文学流变》，中国社会科学出版社 2015 年版。

关纪新：《满族小说与中华文化》，社会科学文献出版社 2014 年版。

关纪新主编：《20 世纪中华各民族文学关系研究》，民族出版社 2006 年版。

关捷、杨惠萍、高景新、李晓菲：《满、锡伯、赫哲、鄂温克、鄂伦春、朝鲜族文化志》，上海人民出版社 1998 年版。

贵州民间文学工作组编著：《苗族文学史》，贵州人民出版社 1981 年版。

郭沫若著作编辑出版委员会编：《郭沫若全集·文学编》第 19、20 卷，人民文学出版社 1992 年版。

郭璞注，邢昺疏，李传书整理：《十三经注疏·尔雅注疏》，北京大学出版社 1999 年版。

海伦纳：《青色蒙古》，作家出版社 2017 年版。

黑龙：《满蒙关系史论考》，民族出版社 2013 年版。

洪子诚：《问题与方法：中国当代文学史研究讲稿》，生活·读书·新知三联书店 2002 年版。

胡仲实：《壮族文学概论》，广西人民出版社 1982 年版。

黄光学、施联朱主编：《中国的民族识别：56 个民族的来历》，民族出版社 2005 年版。

黄光学主编：《中国的民族识别》，民族出版社1994年版。

黄钰、黄方平：《国际瑶族概述》，广西人民出版社1993年版。

黄晓娟、晁正蓉、张淑云等：《中国当代少数民族女性文学研究》，上海文艺出版社2014年版。

黄兴涛：《重塑中华：近代中国"中华民族"观念研究》，北京师范大学出版社2017年版。

季羡林：《比较文学与民间文学》，《季羡林文集》第8卷，江西教育出版社1996年版。

郎樱：《玛纳斯论》，内蒙古大学出版社1999年版。

郎樱、扎拉嘎主编：《中国各民族文学关系研究》，贵州人民出版社2005年版。

郎樱：《中国北方民族文学比较研究》，民族出版社2011年版。

黎·穆塔里甫：《黎·穆塔里甫诗文选》，克里木·霍加等译，新疆人民出版社1981年版。

李长中编：《生态批评与民族文学研究》，中国社会科学出版社2012年版。

李长中：《当代人口较少民族文学的审美观照》，社会科学文献出版社2015年版。

李鸿然：《中国当代少数民族文学史论》，云南教育出版社2004年版。

李劼人：《死水微澜》，人民文学出版社2001年版。

李夏：《大地子民》，晨光出版社2015年版。

李晓峰、刘大先：《多民族文学史观与中国文学研究范式转型》，中国社会科学出版社2016年版。

李晓峰、刘大先：《中华多民族文学史观及相关问题研究》，中国社会科学出版社2012年版。

李学智：《大户》，云南民族出版社2007年版。

李杨：《抗争宿命之路：社会主义现实主义1942—1976》，时代文艺出版社1993年版。

李瑛:《台湾少数民族作家文学论》,民族出版社2007年版。

李云忠选编:《中国少数民族现代当代文学作品选》,民族出版社2005年版。

李泽厚:《历史本体论·己卯五说》,生活·读书·新知三联书店2008年版。

梁启超:《梁启超全集》,北京出版社1999年版。

梁庭望、李云忠、赵志忠编著:《20世纪中国少数民族文学编年史》,辽宁民族出版社2004年版。

梁庭望:《中华文化板块结构与中国文学关系研究》,民族出版社2011年版。

梁庭望主编:《中国民族文学研究60年》,中央民族大学出版社2010年版。

廖炳惠编著:《关键词200:文学与批评研究的通用词汇编》,江苏教育出版社2006年版。

林惠祥:《中国民族史》,商务印书馆1993年版。

林琳:《族性建构与新时期回族文学》,暨南大学出版社2018年版。

林孝庭:《民国初年国民党民族政治之再思考(1911—1928)》,中国社会科学院近代史研究所编《民国人物与民国政治》,社会科学文献出版社2009年版。

林蕴晖:《中华人民共和国史·向社会主义过渡——中国经济与社会的转型(1953—1955)》,香港:香港中文大学出版社2009年版。

林志宏:《民国乃敌国也:政治文化转型下的清遗民》,中华书局2013年版。

刘大先:《千灯互照:新世纪少数民族文学创作生态与批评话语》,暨南大学出版社2017年版。

刘大先：《文学的共和》，北京大学出版社 2014 年版。

刘大先：《现代中国与少数民族文学》，中国社会科学出版社 2013 年版。

刘大先：《远道书》，安徽教育出版社 2018 年版。

刘大先主编：《本土的张力：比较视野下的民族文学研究》，中国社会科学出版社 2013 年版。

刘凤云、刘文鹏编：《清朝的国家认同——"新清史"研究与争鸣》，中国人民大学出版社 2010 年版。

刘禾：《跨语际实践：文学、民族文化与被译介的现代性：1900—1937》，宋伟杰等译，生活·读书·新知三联书店 2002 年版。

刘浦江：《正统与华夷：中国传统政治文化研究》，中华书局 2017 年版。

刘小萌：《满族从部落到国家的发展》，中国社会科学出版社 2007 年版。

刘亚虎、邓敏文、罗汉田：《中国南方民族文学关系史》，民族出版社 2001 年版。

刘云主编：《早期北京话珍稀文献集成》，北京大学出版社 2018 年版。

鲁迅：《鲁迅全集（编年版）》第 3、5、6 卷，人民文学出版社 2014 年版。

陆梅林辑注：《马克思恩格斯论文学与艺术（一）》，人民文学出版社 1983 年版。

路地、关纪新主编：《当代满族作家论》，春风文艺出版社 2004 年版。

罗岗：《人民至上：从"人民当家作主"到"社会共同富裕"》，上海人民出版社 2012 年版。

罗岗、孙晓忠主编：《重返"人民文艺"》，上海人民出版社 2019 年版。

罗检秋：《近代中国社会文化变迁录》第3卷，刘志琴主编，浙江人民出版社1998年版。

罗庆春：《双语人生的诗化创造：中国多民族文学理论与实践》，民族出版社2015年版。

罗香林：《唐代文化史研究》，商务印书馆1946年版。

罗志田：《乱世潜流：民族主义与民国政治》，上海古籍出版社2001年版。

罗志田：《权势转移：近代中国的思想、社会与学术》，湖北人民出版社1999年版。

麻赫默德·喀什噶里：《突厥语大词典》，校仲彝等译，民族出版社2001年版。

马长寿著，李绍明整理：《彝族古代史》，上海人民出版社1987年版。

马季：《读屏时代的写作——网络文学十年史》，中国工人出版社2008年版。

马健：《草原霸主：欧亚草原早期游牧民族兴衰史》，商务印书馆2014年版。

马学良、梁庭望、李云忠：《中国少数民族文学比较研究》，中央民族大学出版社1997年版。

马学良、梁庭望、张公瑾主编：《中国少数民族文学史》，中央民族学院出版社1992年版。

玛拉沁夫、吉狄马加主编：《中国少数民族文学经典文库（1949—1999）·理论评论卷》，云南人民出版社1999年版。

买买提·祖农、王弋丁、王佑夫主编：《中国历代少数民族文论选》，新疆人民出版社1987年版。

毛星主编：《中国少数民族文学》，湖南人民出版社1983年版。

毛泽东：《毛泽东选集》第2、3、5卷，人民出版社1991年版。

茅盾：《茅盾全集》第24卷，人民文学出版社1996年版。

《民族政策文件汇编》第三编，人民出版社1960年版。

《民族政策文件汇编》第一编，人民出版社1958年版。

穆儒丐：《北京，1912》，北京出版社2015年版。

穆儒丐：《北京》，台北：酿出版2013年版。

穆儒丐：《梅兰芳》，台北：酿出版2012年版。

欧阳可惺、王敏：《"走出"的批评——当代少数民族文学批评的阐释与实践》，新疆大学出版社2011年版。

彭书麟、于乃昌、冯育柱主编：《中国少数民族文艺理论集成》，北京大学出版社2005年版。

齐木道吉、梁一孺、赵永铣等编著：《蒙古族文学简史》，内蒙古人民出版社1981年版。

祁连休、程蔷、吕微主编：《中国民间文学史》，河北教育出版社2008年版。

潜明兹：《中国少数民族英雄史诗》，天津教育出版社1991年版。

邱婧：《凉山内外：转型期彝族汉语诗歌论》，暨南大学出版社2017年版。

饶宗颐：《中国史学上之正统论》，上海远东出版社1996年版。

人民文学出版社编辑：《新生活的光辉：兄弟民族作家短篇小说合集》，人民文学出版社1960年版。

任继愈主编，康熙帝选，徐乾学等编：《中华传世文选·古文渊鉴》上，吉林人民出版社1998年版。

任一鸣等：《新疆当代少数民族女性文学初探》，新疆人民出版社2016年版。

施联朱：《施联朱民族研究文集》，民族出版社2003年版。

司马光编著，胡三省音注：《资治通鉴》，中华书局1976年版。

斯炎伟：《全国第一次文代会与新中国文学体制的建构》，人民文学出版社2008年版。

孙诗尧:《锡伯族当代母语诗歌研究》,暨南大学出版社2017年版。

孙希旦撰,沈啸寰、王星贤点校:《礼记集解》,中华书局1989年版。

孙星衍撰,陈抗、盛冬铃点校:《尚书今古文注疏》,中华书局1986年版。

孙中山:《孙中山全集》第8、9卷,中华书局1986年版。

汤晓青主编:《全球语境与本土话语:中国多民族文学论坛十年精选集》,社会科学文献出版社2014年版。

特·赛音巴雅尔主编:《中国蒙古族当代文学史》(汉文版),内蒙古教育出版社1989年版。

田兵、黄世贤、罗汛河、陈立浩主编:《布依族文学史》,广西民族出版社1983年版。

托汗·依萨克、阿地里·居玛吐尔地编著:《中国〈玛纳斯〉学辞典》,中央民族大学出版社2017年版。

汪晖、陈燕谷主编:《文化与公共性》,生活·读书·新知三联书店1998年版。

汪晖:《亚洲视野:中国历史的叙述》,香港:牛津大学出版社2010年版。

汪民安、郭晓彦主编:《生产》第8辑,江苏人民出版社2013年版。

汪民安主编:《文化研究关键词》,江苏人民出版社2007年版。

汪荣:《历史再现与身份认同:以新时期以来的"蒙古历史叙事"为中心》,社会科学文献出版社2017年版。

王春霞:《"排满"与民族主义》,社会科学文献出版社2005年版。

王德威:《后遗民写作》,台北:麦田出版社2007年版。

王德威:《现代中国小说十讲》,复旦大学出版社2003年版。

王德威：《想像中国的方法：历史·小说·叙事》，生活·读书·新知三联书店1998年版。

王弋丁、王佑夫、过伟主编：《少数民族古代文论选释》，新疆人民出版社1993年版。

王国维：《王国维全集》第14卷，浙江教育出版社2009年版。

王柯：《民族与国家：中国多民族统一国家思想的系谱》，中国社会科学出版社2001年版。

王明珂：《华夏边缘：历史记忆与族群认同》，社会科学文献出版社2006年版。

王松：《傣族诗歌发展初探》，中国民间文艺出版社1983年版。

王文章：《非物质文化遗产概论》，文化艺术出版社2006年版。

王艳荣：《1993：文学的转型与突变》，中国社会科学出版社2013年版。

王弋丁：《仫佬族毛难族京族文学概况》，广西人民出版社1982年版。

王志彬：《山海的缪斯：当代台湾少数民族文学研究》，中国社会科学出版社2015年版。

王锺翰：《清史满族史讲义稿》，鹭江出版社2006年版。

王锺翰主编，支运亭、关纪新副主编：《满族历史与文化》，中央民族大学出版社1996年版。

乌热尔图：《萨满，我们的萨满》，青海人民出版社2014年版。

乌热尔图编著：《述说鄂温克》，远方出版社1995年版。

邬国义、胡果文、李晓路撰：《国语译注》，上海古籍出版社1994年版。

吴飞：《浮生取义——对华北某县自杀现象的文化解读》，中国人民大学出版社2009年版。

吴秀明主编：《"十七年"文学历史评价与人文阐释》，浙江大学出版社2007年版。

吴重阳、陶立璠编：《中国少数民族现代作家传略》，青海人民出版社 1980 年版。

吴重阳：《中国少数民族现当代文学研究》，中央民族大学出版社 2013 年版。

西川编：《海子诗全集》，上海三联书店 1997 年版。

席慕蓉：《以诗之名》，作家出版社 2011 年版。

萧启庆：《内北国而外中国：蒙元史研究》，中华书局 2007 年版。

肖亦农：《穹庐》，作家出版社 2018 年版。

谢冕、洪子诚主编：《中国当代文学史料选：1948—1975》，北京大学出版社 1995 年版。

徐新建：《多民族国家的文学与文化》，人民出版社 2016 年版。

许倬云：《说中国：一个不断变化的复杂共同体》，广西师范大学出版社 2015 年版。

许倬云：《我者与他者：中国历史上的内外分际》，生活·读书·新知三联书店 2010 年版。

延边文学艺术研究所编：《朝鲜族文学艺术概观》，延边人民出版社 1982 年版。

严复：《严复集》，王栻主编，中华书局 1986 年版。

严可均辑：《全后汉文》，商务印书馆 1999 年版。

杨彬：《当代少数民族小说的汉语写作研究》，中国社会科学出版社 2018 年版。

杨富学：《印度宗教文化与回鹘民间文学》，民族出版社 2007 年版。

杨念群：《"感觉主义"的谱系：新史学十年的反思之旅》，北京大学出版社 2012 年版。

杨松华：《大一统制度与中国兴衰》，北京出版社 2004 年版。

姚大力：《北方民族史十论》，广西师范大学出版社 2007 年版。

姚新勇：《寻找：共同的宿命与碰撞》，中国社会科学出版社2010年版。

叶舒宪、彭兆荣、纳日碧力戈：《人类学关键词》，广西师范大学出版社2004年版。

叶舒宪选编：《神话—原型批评》，陕西师范大学出版社1987年版。

于润琦主编：《清末民初小说书系》第1—10卷，中国文联出版社1997年版。

云南省民族民间文学大理调查队编写：《白族文学史（初稿）》，云南人民出版社1960年版。

扎拉嘎：《比较文学：文学平行本质的比较研究——清代蒙汉文学关系论稿》，内蒙古教育出版社2002年版。

张承志：《三十三年行半步》，青海人民出版社2018年版。

张春植：《日据时期朝鲜族移民文学》，民族出版社2005年版。

张炯、邓绍基、樊骏主编：《中华文学通史》，华艺出版社1997年版。

张文勋主编，张福三、傅光宇主编：《白族文学史》（修订版），云南人民出版社1983年版。

张彦平、郎樱：《柯尔克孜族民间文学概览》，柯尔克孜文出版社1992年版。

张志强主编：《重新讲述蒙元史》，生活·读书·新知三联书店2016年版。

章永乐：《旧邦新造：1911—1917》，北京大学出版社2011年版。

赵鼎新：《国家、战争与历史发展：前现代中西模式的比较》，浙江大学出版社2015年版。

赵志忠主编：《20世纪中国少数民族文学编年》，辽宁民族出版社2006年版。

郑钦仁、李明仁编译：《征服王朝论文集》，台北：稻乡出版社2002年版。

中共中央马克思恩格斯列宁斯大林著作编译局编译：《马克思恩格斯文集》第1卷，人民出版社2009年版。

中共中央文献研究室编辑：《建国以来毛泽东文稿》第10册，中央文献出版社1996年版。

中国电影家协会编：《论中国少数民族电影——第五届中国金鸡百花电影节学术研讨会文集》，中国电影出版社1997年版。

中国社会科学院民族研究所、新疆社会科学院民族研究所编：《准噶尔史略》，人民出版社1985年版。

中国社会科学院少数民族文学研究所编印：《中国少数民族文学史编写参考资料》，北京，1984年。

中国作家协会编：《新中国成立60周年少数民族文学作品选·诗歌卷》，作家出版社2009年版。

中华全国文学艺术工作者代表大会宣传处编：《中华全国文学艺术工作者代表大会纪念文集》，新华书店1950年版。

中央民族学院语言文学系《民族文学编选组》编：《少数民族短篇小说选》，四川民族出版社1979年版。

钟焓：《清朝史的基本特征再探究——以对北美"新清史"观点的反思为中心》，中央民族大学出版社2018年版。

钟进文主编：《中国人口较少民族书面文学研究》，民族出版社2012年版。

钟进文主编：《中国少数民族母语文学研究》，民族出版社2014年版。

周振鹤：《中国地方行政制度史》，上海人民出版社2005年版。

朱宜初：《少数民族民间文学概论》，云南人民出版社1983年版。

朱振宏：《大唐世界与"皇帝·天可汗"之研究》，花木兰文化出版社 2009 年版。

邹红、沈庆利主编：《历史题材文学系列研究·中国现代历史文学的传统与经验》，北京师范大学出版社 2014 年版。

邹容：《革命军》，郅志选注《猛回头：陈天华邹容集》，辽宁人民出版社 1994 年版。

［美］本尼迪克特·安德森：《想象的共同体：民族主义的起源与散布》，吴叡人译，上海人民出版社 2011 年版。

［德］海德格尔：《林中路》，孙周兴译，上海译文出版社 2008 年版。

［德］汉斯-格奥尔格·加达默尔：《真理与方法：哲学诠释学的基本特征》，洪汉鼎译，上海译文出版社 1999 年版。

［德］黑格尔：《美学》，朱光潜译，商务印书馆 1996 年版。

［德］齐美尔：《社会是如何可能的：齐美尔社会学文选》，林荣远编译，广西师范大学出版社 2002 年版。

［德］滕尼斯：《共同体与社会：纯粹社会学的基本概念》，林荣远译，北京大学出版社 2010 年版。

［德］韦伯：《学术与政治：韦伯的两篇演说》，冯克利译，生活·读书·新知三联书店 1998 年版。

［德］韦尔施：《重构美学》，陆扬等译，上海译文出版社 2002 年版。

［德］乌尔里希·贝克：《风险社会》，傅博闻译，译林出版社 2004 年版。

［法］托多罗夫：《我们与他人：关于人类多样性的法兰西思考》，袁莉、汪玲译，北京大学出版社 2014 年版。

［加］泰勒：《现代性之隐忧》，程炼译，中央编译出版社 2001 年版。

［加］威尔·金里卡：《当代政治哲学》，刘莘译，上海三联书店 2003 年版。

［美］W. J. T. 米切尔编：《风景与权力》，杨丽、万信琼译，译林出版社 2014 年版。

［美］博伊姆：《怀旧的未来》，杨德友译，译林出版社 2010 年版。

［美］大卫·格里芬编：《后现代科学——科学魅力的再现》，马季方译，中央编译出版社 1995 年版。

［美］哈维：《后现代的状况：对文化变迁之缘起的探究》，阎嘉译，商务印书馆 2003 年版。

［美］考恩：《创造性破坏：全球化与文化多样性》，王志毅译，上海人民出版社 2006 年版。

［美］孔飞力：《中华帝国晚期的叛乱及其敌人：1796—1864 年的军事化与社会结构》，谢亮生等译，中国社会科学出版社 1990 年版。

［美］拉铁摩尔：《中国的亚洲内陆边疆》，唐晓峰译，江苏人民出版社 2005 年版。

［美］列文森：《儒教中国及其现代命运》，郑大华等译，中国社会科学出版社 2000 年版。

［美］路康乐：《满与汉：清末民初的族群关系与政治权力（1861—1928）》，王琴、刘润堂译，中国人民大学出版社 2010 年版。

［美］洛夫乔伊：《观念史论文集》，吴相译，商务印书馆 2018 年版。

［美］马克·里拉：《当知识分子遇到政治》，邓晓菁、王笑红译，新星出版社 2010 年版。

［美］史景迁：《皇帝与秀才：皇权游戏中的文人悲剧》，邱辛晔译，上海远东出版社 2005 年版。

［美］史景迁：《雍正王朝之大义觉迷》，温洽溢、吴家恒译，广西师范大学出版社 2011 年版。

[美] 詹明信:《晚期资本主义的文化逻辑:詹明信批评理论论文选》,陈清侨等译,生活·读书·新知三联书店1997年版。

[蒙] 策·达姆丁苏荣、达·呈都:《蒙古文学概要》(蒙文),内蒙古人民出版社1982年版。

[日] 宫脇淳子:《最后的游牧帝国:准噶尔部的兴亡》,晓克译,内蒙古人民出版社2005年版。

[日] 石川祯浩:《中国近代历史的表与里》,袁广泉译,北京大学出版社2015年版。

[日] 松本真澄:《中国民族政策之研究:以清末至1945年的"民族论"为中心》,鲁忠慧译,民族出版社2003年版。

[瑞] 卡尔·荣格等:《人类及其象征》,张举文等译,辽宁教育出版社1988年版。

[瑞] 荣格:《荣格文集》,冯川译,改革出版社1997年版。

[苏] 符·阿·库德里亚夫采夫、格·恩·鲁缅采夫等:《布里亚特蒙古史》,高文德译,中国社会科学院民族研究所社会历史室,1978年。

[苏] 普罗普:《故事形态学》,贾放译,中华书局2006年版。

[苏] 伊·亚·兹拉特金:《准噶尔汗国史(1635—1758)》,马曼丽译,商务印书馆1980年版。

[波斯] 拉施特主编:《史集》,余大钧、周建奇译,商务印书馆1983年版。

[英] 安德鲁、尼古拉:《关键词:文学、批评与理论导论》,汪正龙、李永新译,广西师范大学出版社2007年版。

[英] 伯林:《俄国思想家》,彭淮栋译,译林出版社2001年版。

[英] 吉登斯:《现代性的后果》,田禾译,译林出版社2000年版。

[英] 齐格蒙特·鲍曼:《共同体:在一个不确定的世界中寻找

安全》,欧阳景根译,江苏人民出版社 2003 年版。

［英］史密斯:《全球化时代的民族与民族主义》,龚维斌、良警宇译,中央编译出版 2002 年版。

［英］汤林森:《文化帝国主义》,冯建三译,上海人民出版社 1999 年版。

［英］沃特森:《多元文化主义》,叶兴艺译,吉林人民出版社 2005 年版。

［英］约翰·汤姆林森:《全球化与文化》,郭英剑译,南京大学出版社 2002 年版。

Gutmann, Amy, ed., *Multiculturalism: Examining the Politics of Recognition*, Princeton: Princeton University Press, 1994.

Barry, Brian, *Culture and Equality: An Egalitarian Critique of Multiculturalism*, Cambridge: Polity Press, 2001.

Goldberg, David Theo, ed., *Multiculturalism: A Critical Reader*, Oxford UK & Cambridge USA: Blackwell, 1994.

Shneidman, Edvin, *The Suicidal Mind*, New York: Oxford University Press, 1996.

Lefebvre, Henri, *The Production of Space*, Translated by Donald Nicholson-Smith, Oxford UK &Cambridge USA: Blackwell, 1992.

Guibernau, Montserrat, & John Rex, ed., *The Ethnicity Reader: Nationalism, Multiculturalism and Migration*, Cambridge: Polity Press, 2010.

Modood, Tariq, *Multiculturalism: A Civic Idea*, Cambridge & Malden: Polity Press, 2007.

Beck, Ulrich, *Risk Society: Towards a New Modernity Theory*, London: Sage Publications, 1992.

后　　记

2017年，我有一本小书《千灯互照：新世纪少数民族文学创作生态与批评话语》，放在暨南大学出版社"多元一体视域下的中国多民族文学研究丛书"中出版。那套丛书由姚新勇与邱婧主编，共十本，取得了很好的学界反响与社会效益，出版社再接再厉，又组织了第二批。负责该项目的武艳飞跟我联系，再约一本，就是本书《万象共天：多样性文学与共同体意识》。后来第二批丛书由我和邱婧主编，并成功获得了2024年度国家出版基金立项资助。我就抽出了自己这本书，作为中国社会科学院重大创新项目"中华民族文学与铸牢中华民族共同体意识研究"的阶段性成果，转到了中国社会科学出版社。

从"千灯互照"到"万象共天"，背后有一条认识推进的脉络：自然地理环境、经济形式样态、族群人口结构、语言文化构成、民俗信仰风貌、历史发展进程等方面的多样性，造成了中国文学"千灯互照"的丰富性。纷纭复杂的多样性文学，在历史与现实、风险与利益、情感与理性、生活与理想的辩证中，凝聚为"万象共天"的中华民族共同体意识表现。两者之间的关系，类似于费孝通先生所说的从"美人之美，各美其美"到"美美与共"。我在2003年刚刚进入民族文学研究领域时，占据强势的研究话语是多元主义话语，2008年后有一点转型，大约到了2012年前后有了较大改变，强调的是各民族的交流交往交融与中华民族共同体意识。这不仅是某种外在话语范式的转变，同样也是学术研究脉络内在演进的必然结果，回到了本土的历史与现实，体现的是中国文化自信与构建自主知识体系的自觉。

　　本书由中国文化多样性的复合传统与当代实践入手，在梳理学术史脉络的基础上，确立民族文学研究的方法、立场与理论，结合满、蒙、藏、彝、瑶、鄂温克等多民族个案，在现象中提取问题，对自我与他者、地方与国家、族群与人民性、文化寓言与国家认同、集体性与文学共同体等议题进行了初步探讨。这是个人的探索与尝试，欢迎指正，以备将来进一步的深入研究。

刘大先
2024 年 9 月 9 日于北京建国门